U0153466

思想的・睿智的・獨見的

經典名著文庫

學術評議

丘為君　吳惠林　宋鎮照　林玉体　邱燮友

洪漢鼎　孫效智　秦夢群　高明士　高宣揚

張光宇　張炳陽　陳秀蓉　陳思賢　陳清秀

陳鼓應　曾永義　黃光國　黃光雄　黃昆輝

黃政傑　楊維哲　葉海煙　葉國良　廖達琪

劉滄龍　黎建球　盧美貴　薛化元　謝宗林

簡成熙　顏厥安（以姓氏筆畫排序）

策劃　楊榮川

五南圖書出版公司 印行

經典名著文庫

學術評議者簡介（依姓氏筆畫排序）

- 丘為君　美國俄亥俄州立大學歷史研究所博士
- 吳惠林　美國芝加哥大學經濟系訪問研究、臺灣大學經濟系博士
- 宋鎮照　美國佛羅里達大學社會學博士
- 林玉体　美國愛荷華大學哲學博士
- 邱燮友　國立臺灣師範大學國文研究所文學碩士
- 洪漢鼎　德國杜塞爾多夫大學榮譽博士
- 孫效智　德國慕尼黑哲學院哲學博士
- 秦夢群　美國麥迪遜威斯康辛大學博士
- 高明士　日本東京大學歷史學博士
- 高宣揚　巴黎第一大學哲學系博士
- 張光宇　美國加州大學柏克萊校區語言學博士
- 張炳陽　國立臺灣大學哲學研究所博士
- 陳秀蓉　國立臺灣大學理學院心理學研究所臨床心理學組博士
- 陳思賢　美國約翰霍普金斯大學政治學博士
- 陳清秀　美國喬治城大學訪問研究、臺灣大學法學博士
- 陳鼓應　國立臺灣大學哲學研究所
- 曾永義　國家文學博士、中央研究院院士
- 黃光國　美國夏威夷大學社會心理學博士
- 黃光雄　國家教育學博士
- 黃昆輝　美國北科羅拉多州立大學博士
- 黃政傑　美國麥迪遜威斯康辛大學博士
- 楊維哲　美國普林斯頓大學數學博士
- 葉海煙　私立輔仁大學哲學研究所博士
- 葉國良　國立臺灣大學中文所博士
- 廖達琪　美國密西根大學政治學博士
- 劉滄龍　德國柏林洪堡大學哲學博士
- 黎建球　私立輔仁大學哲學研究所博士
- 盧美貴　國立臺灣師範大學教育學博士
- 薛化元　國立臺灣大學歷史學系博士
- 謝宗林　美國聖路易華盛頓大學經濟研究所博士候選人
- 簡成熙　國立高雄師範大學教育研究所博士
- 顏厥安　德國慕尼黑大學法學博士

經典名著文庫088

理論與歷史：對社會與經濟演變的一個解讀

Theory and History: An Interpretation of Social and Economic Evolution

---

路德維希・馮・米塞斯（Ludwig von Mises）著

謝宗林 譯

經典永恆•名著常在

五十週年的獻禮•「經典名著文庫」出版緣起

總策劃 楊榮川

閱讀好書就像與過去幾世紀的諸多傑出人物交談一樣——笛卡兒

五南，五十年了。半個世紀，人生旅程的一大半，我們走過來了。不敢說有多大成就，至少沒有凋零。

五南忝爲學術出版的一員，在大專教材、學術專著、知識讀本出版已逾壹萬參仟種之後，面對著當今圖書界媚俗的追逐、淺碟化的內容以及碎片化的資訊圖景當中，我們思索著：邁向百年的未來歷程裡，我們能爲知識界、文化學術界做些什麼？在速食文化的生態下，有什麼值得讓人雋永品味的？

歷代經典·當今名著，經過時間的洗禮，千錘百鍊，流傳至今，光芒耀人；不僅使我們能領悟前人的智慧，同時也增深加廣我們思考的深度與視野。十九世紀唯意志論開創者叔本華，在其〈論閱讀和書籍〉文中指出：「對任何時代所謂的暢銷書要持謹慎的態度。」他覺得讀書應該精挑細選，把時間用來閱讀那些「古今中外的偉大人物的著作」，閱讀那些「站在人類之巔的著作及享受不朽聲譽的人們的作品」。閱讀就要「讀原著」，是他的體悟。他甚至認爲，閱讀經典原著，勝過於親炙教誨。他說：

「一個人的著作是這個人的思想菁華。所以，儘管一個人具有偉大的思想能力，但閱讀這個人的著作總會比與這個人的交往獲得更多的內容。就最重要的方面而言，閱讀這些著作的確可以取代，甚至遠遠超過與這個人的近身交往。」

爲什麼？原因正在於這些著作正是他思想的完整呈現，是他所有的思考、研究和學習的結果；而與這個人的交往卻是片斷的、支離的、隨機的。何況，想與之交談，如今時空，只能徒呼負負，空留神往而已。

三十歲就當芝加哥大學校長、四十六歲榮任名譽校長的赫欽斯（Robert M. Hutchins, 1899-1977），是力倡人文教育的大師。「教育要教眞理」，是其名言，強調「經典就是人文教育最佳的方式」。他認爲：

「西方學術思想傳遞下來的永恆學識，即那些不因時代變遷而有所減損其價值的古代經典及現代名著，乃是眞正的文化菁華所在。」

這些經典在一定程度上代表西方文明發展的軌跡，故而他爲大學擬訂了從柏拉圖的《理想國》，以至愛因斯坦的《相對論》，構成著名的「大學百本經典名著課程」。成爲大學通識教育課程的典範。

歷代經典·當今名著，超越了時空，價值永恆。五南跟業界一樣，過去已偶有引進，但都未系統化的完整舖陳。我們決心投入巨資，有計劃的系統梳選，成立「經典名著文庫」，希望收入古今中外思想性的、充滿睿智與獨見的經典、名著，包括：

- 歷經千百年的時間洗禮，依然耀明的著作。遠溯二千三百年前，亞里斯多德的《尼各馬科倫理學》、柏拉圖的《理想國》，還有奧古斯丁的《懺悔錄》。
- 聲震寰宇、澤流遐裔的著作。西方哲學不用說，東方哲學中，我國的孔孟、老莊哲學，古印度毗耶娑（Vyāsa）的《薄伽梵歌》、日本鈴木大拙的《禪與心理分析》，都不缺漏。
- 成就一家之言，獨領風騷之名著。諸如伽森狄（Pierre Gassendi）與笛卡兒論戰的《對笛卡兒沉思錄的詰難》、達爾文（Darwin）的《物種起源》、米塞斯（Mises）的《人的行爲》，以至當今印度獲得諾貝爾經濟學獎阿馬蒂亞·森（Amartya Sen）的《貧困與饑荒》，及法國當代的哲學家及漢學家朱利安（François Jullien）的《功效論》。

梳選的書目已超過七百種，初期計劃首爲三百種。先從思想性的經典開始，漸次及於專業性的論著。「江山代有才人出，各領風騷數百年」，這是一項理想性的、永續性的巨大出版工程。不在意讀者的眾寡，只考慮它的學術價值，力求完整展現先哲思想的軌跡。雖然不符合商業經營模式的考量，但只要能爲知識界開啓一片智慧之窗，營造一座百花綻放的世界文明公園，任君遨遊、取菁吸蜜、嘉惠學子，於願足矣！

最後，要感謝學界的支持與熱心參與。擔任「學術評議」的專家，義務的提供建言；各書「導讀」的撰寫者，不計代價地導引讀者進入堂奧；而著譯者日以繼夜，伏案疾書，更是辛苦，感謝你們。也期待熱心文化傳承的智者參與耕耘，共同經營這座「世界文明公園」。如能得到廣大讀者的共鳴與滋潤，那麼經典永恆，名著常在。就不是夢想了！

二〇一七年八月一日　於

五南圖書出版公司

導讀——從歷史學習，「天堂」操之在己

中華經濟研究院特約研究員
謹識於台北市
二〇一九年六月二十五日

夫以銅爲鏡，可以正衣冠，以史爲鏡，可以知興替，以人爲鏡，可以知得失

李世民，《舊唐書．魏徵傳》

「人」是萬物之靈，而「人生爲何？」「何爲人生？」在我小的時候，有「生活的目的在增進人類全體之生活，生命的意義在創造宇宙繼起之生命」這個說法。那個時候，被強逼背誦這兩句話，到數十年後自己成爲經濟研究人員，並且爲人師教授經濟學之後，當「永續發展」成爲大家琅琅上口的流行語之際，突然頓悟這兩句話正是「永續發展」的絕佳詮釋，可是二十世紀中期以來，人類的發展卻愈來愈遠離這個

境界，竟然逐漸走往「毀滅之路」，當代主流經濟學的興起與蓬勃發展可能是主因之一。

主流經濟學的演化

眾所周知，經濟學成為一門學問，始自一七七六年，由亞當．史密斯（Adam Smith, 1723-1790）撰寫的《原富》（*An Inquiry into the Nature and Causes of the Wealth of Nations*，簡稱*The Wealth of Nations*）這本經典大作的出版而奠定。這本書探索的是「財富」（wealth）的本質，以及財富的成因，而食衣住行育樂這些有形和無形產品是最主要的財富，如何促進這些產品的增加也就成為經濟學的主題。史密斯告訴我們「分工」、「自利動機」，以及「無形之手」（市場機能或價格機能）自由運作是關鍵之鑰，政府只在「國防」、「治安」和「法治」上戮力，以「建立並維護一個公平公正安全的生活環境」，自由放任人民去追求財富的成長，揚棄重商主義，主張自由貿易。

在亞當．史密斯及其《原富》的奠定下，古典經濟學派於焉誕生，歷經李嘉圖（D. Ricardo, 1772-1823）、馬爾薩斯（T. Malthus, 1766-1834），以及密爾

（J. S. Mill, 1806-1873）這幾位名家的發揚光大，到馬夏爾（A. Marshall, 1842-1924）演化爲新古典學派，在其一八九〇年出版的《經濟學原理》（*Principles of Economics*）這本經典名著，提供了供需圖形和均衡等分析工具及基本概念，並開始引入數學工具。到一九三六年凱因斯（J. M. Keynes, 1883-1946）的巨著《就業、利息和貨幣的一般理論》（*The General Theory of Employment, Interest, and Money*），提出政府「創造有效需求」解方來消弭不景氣和失業，從此政府能以總體經濟政策對整體經濟體系作「精密調節」的干預，就普遍被接受，而政府擔負救經濟、拚經濟的重責大任也被認爲理所當然。同時「總體經濟學」的大門也開啓，國民所得帳、總體經濟指標也紛紛出現，成爲政府能以政策促進國民所得成長的依據和標的，也助長凱因斯理論的普及。一九四八年面世的《經濟學》（*Economics*）一書，是精通數理的一九七〇年諾貝爾經濟學獎得主薩繆爾遜（P. A. Samuelson, 1915-2009）花了三年才寫成的，出版後洛陽紙貴暢銷全球，該書以簡單明瞭的「數理模式」撰文，成爲往後經濟學教科書範本，經濟學數理化從此成爲主流。同時，「計量方法」也蓬勃開展，使得經濟學可以從事實證，而「數量化」的結果是以「提出證據」大聲說話，尤其重要的是，能對政府的公共政策之影響效果得到數字答案，「計量經濟學」逐漸成爲顯學，經濟學成爲科學，也被稱爲「實證經濟學」。

總體經濟學，凱因斯理論和數量方法日新月異，使政府躍上干預經濟舞台，並成爲主角。另一方面，由於十八世紀工業革命資本主義市場經濟的實施，經濟成長、國民所得提升的結果，貧富懸殊擴大，共產主義、社會主義出頭，要求政府管制、干預市場，並課以重稅、社會福利措施來促進公平分配。此外，一九二〇年庇古（A. C. Pigou, 1877-1959）出版的《福利經濟學》（*Wellfare Economics*）提出外部性、社會成本的概念，「市場失靈」現象普受認定，必須由政府出面校正也理所當然。

被極端忽視的奧國學派

總括來說，主流經濟學的凱因斯主義和社會主義都要現代政府扮演重大角色，前者以「政府創造有效需求」，後者以「政府維護公平正義」的大纛，讓政府名正言順，堂而皇之以各種管制干預政策〔美其名爲公共政策，現今以印鈔救市、量化寬鬆（QE）大行其道〕和重分配政策（社會福利爲代表），利用「法律」強行大力干預並戕害「個人自由」和產權，更讓金融風暴、經濟蕭條、「大債危機」、「債留子孫」緊緊籠罩著，人類深陷於水深火熱、萬劫不復之境。

其實，在凱因斯主義、社會主義、共產主義、集體主義等主張大政府、集權政府的派別之外，尚有繼承亞當・史密斯小而有能政府、自由經濟、個人主義主張的奧地利學派或奧國學派（Austrian School），由門格爾（C. Menger, 1840-1921）在一八七一年出版《經濟學原理》（*Principles of Economics*）開創的，一九〇三年聖誕節前後，讀了這本書之後逐漸成爲此派學者的米塞斯（L. v. Mises, 1881-1973），被認爲是第三代掌門人。他在其《回憶錄》中這樣寫：「凸顯奧國經濟學派，並建立其不朽名聲的特點，在於建立了一門關於人的經濟行爲，而非關於經濟均衡或無行爲的理論。奧國學派也使用靜態與均衡概念，因爲經濟學的推論不可能沒有它們。但奧國學派的學者總是深切知道，靜態與均衡，以及類似輔助概念，純粹只是爲了進行推論而設想出來的思考工具，並沒有與其對應的外在眞實。奧國學派戮力解釋的價格，是實際市場上支付的價格，而非某種絕不可能實現的情況下將會支付的價格。奧國學派拒絕使用數學方法，並非因爲對數學無知或排斥數學的精確性，而是因爲他們並不強調假設性靜態均衡狀態的周詳描述。他們從未陷入幻覺，而誤以爲價值可以計算與衡量。他們從未誤解這個事實：統計數據只屬於經濟史，因此統計與經濟學理論一點關係也沒有。」

現代主流經濟學思想，很明顯常把一些簡單的事實故意弄得很複雜，讓一切看起來很重要，而且還能嚇退一般民眾，讓他們覺得經濟太複雜了，只有專家才能理解。

其實經濟很簡單，今天的運作模式，與千百年前一樣，大家聚在一起彼此自願交易和相互協助。大家各有專精，彼此分工合作皆大歡喜，亞當·史密斯不就這麼說的嗎？

門格爾在《經濟學原理》書中這樣寫著：「貨幣並非國家的創新，也非某項法案的產物；至於還需國家當局的批准，更是與貨幣的定義相去甚遠，即使某種貨品被作爲貨幣使用，也是在經濟行爲中自然而然形成的，完全不需國家在此發揮任何影響力。」

米塞斯認同門格爾說法，主張國家應從整個金融體系中退離，而中央銀行與國家獨占貨幣的概念，也應消除。他在一九一二年出版的《貨幣與信用原理》（*The Theory of Money and Credit*）這本劃時代的巨作中指出，「貨幣供給擴張，絕對無益於整個社會」，他並指明，這種政策只會造成社會財富重分配，並使貨幣的購買力比貨幣供給額增加之前低。如果這個貨幣供給額的提升，經由銀行體系信用擴張順利進行，還會造成繁榮的假象及錯誤投資。

這個當初的信用擴張理論，在一九二七年時準確預測到一九二九年美國華爾街大崩盤，繼而一九三〇年代全球經濟大恐慌出現。不過，迄今這個理論還是受到抗拒，他在《回憶錄》中就寫說：「不出所料，我寫的書，被德國御用經濟學者創辦的各方雜誌，用最粗暴的方式悍然排拒。不過，我一點也不在意。我知道，我的看法很快就會散播各地。而且，我還心存恐懼，看到我所預見的災難即將來到眼前。」他又寫道：「戰後，我身爲金融與銀行專家的聲望如日中天，所以有些大銀行便希望能聘請我去擔任董事。但早在一九二一年前，我就對這類邀約一概拒絕，因爲他們無法採用我的建議。何況稍後，所有銀行在我眼中都形同破產般無可救藥，而且種種事實證明，我的想法是對的。」

道一以貫之的米塞斯

米塞斯主張自由主義（liberalism）和自由市場，毫不妥協。他在一九二二年出版《社會主義：經濟與社會分析》（*Socialism: An Economic and Sociological Analysis*），極力證明社會主義是行不通的，社會民主主義也不行。這本書讓米塞斯一炮而紅，而且讓全球的社會主義者都討厭他。米塞斯在書中寫道：「我相信，我在這本書裡提出的學說，是無可辯駁的。而且就因爲這個無可辯駁的事實，使敵意從社會主義陣營蜂擁而來。對我不滿的，也包括一九三〇年代在德國迅速蔓延的國家社會主義（即納粹主義）。順便一提：國家社會主義與共產主義並不是對立的，它們在精神上是兄弟，只是後來成爲競爭對手。兩者的共通點是它們都是極權主義

（Totalitarianism），以及反對自由經濟制度。」

當時米塞斯心中明白，納粹主義在德國即將取得勝利，並且隨即會威脅奧地利。在《社會主義》出版後，以他的古典自由主義學者立場和猶太人身分，一旦奧地利被納粹占領，蓋世太保一定會來找他。於是在一九三四年，米塞斯遷居瑞士日內瓦。在瑞士期間，他寫出了畢生最重要的千頁著作《人的行爲：經濟學專論》（*Human Action: A Treatise on Economics*），於一九四九年出版，將他的學說衍伸至人的行爲，稱爲「人的行爲學」（Praxeology），他以完美無暇的思考脈絡爲文，寫出和數學公式同樣無懈可擊的理論。該書第二三五頁裡，有這麼幾句話：「當今大多數大學裡以『經濟學』爲名所傳授的東西，實際上是在否定經濟學。」他指的是不是就是總體經濟學、數理經濟學和計量經濟學呢？它們將人「機械化」、「集體化」。

米塞斯一生致力於揭露眞相，一輩子捍衛保護私人財產、公理正義之前人人平等，主張市場自由，卻被像個國家政敵般看待，迄今全球各地的政客仍對米塞斯的學術遺產心存疑懼。爲什麼？菲利浦．巴古斯（Phillipp Bagus）和安德列亞斯．馬夸特（Andreas Marquart）在二〇一四年出版的《國家偷走我的錢》一書中告訴我們說：「顯然他們害怕，萬一人民知道眞相，發現原來國家在經濟與社會上的干預，經由事實證明是錯的，根本弊大於利，那麼他們恐怕就會沉淪到無足輕重的地步。」

爲什麼奧國學派的理論從來沒被一般民眾聽說過呢？這兩位學者認爲：「其一，對國家與政壇人士來說，奧國學派理論讓他們感到超級不舒服。而且因爲還沒有人成功反駁過此學派的學說，所以讓這些東西銷聲匿跡是最簡單乾脆的方法，不准教導，也不許在課堂上講授。無論是大學或其他（公立）學校都不行，而有些教授就算百分之百知道他們自己（必須）傳播的知識是不良理論，也都噤聲不語，因爲太囉嗦，可能工作就不保了。」他們設身處地爲這些教授想：「如果他們對國家統治提出質疑，他們還能繼續坐在位子上嗎？因爲這些議題是禁忌，是神聖不可侵犯的。」當今世道，身爲經濟學家卻支持奧國學派，就會在國家掌控下的教育體系內不得其門而入。而且，不僅尋覓教職難，個人收入與學院名聲都會被大打折扣，就像米塞斯的遭遇那樣——終生被拒於國立大學門外，不曾在那些學校成爲正規教授。

最讓國家和政壇覺得如芒刺在背的，是奧國學派對於市場經濟貨幣制度的大力提倡，如果該主張能落實，必須禁止無中生錢，還要關閉中央銀行，因而央行和銀行業者會全力反對。如果眞的實現，誰來付錢給那麼多的財經專家？他們可寫了很多書，寫了很多文章，字字句句都在爲國家的貨幣政策護航，有的還被包裝成重量級顧問。那些主流經濟學家不爲國家貨幣捍衛是不行的，因爲他們的學者生涯就是建立在這些理念上，而且他們也要養家活口。

絕大多數的奧國學派學者都主張全面的自由市場，也就是無須國家干預的經濟狀態，但政客最熱愛的活動就是給社會制定一堆規定和法律條文。對於國家和政治面來說，他們一定得爲所有經濟與社會問題找到可以怪罪的對象，米塞斯對此早已了然於心，他在一九九四年出版的《官僚制》（*Bureaucracy*）書中就這樣寫著：「經由國家介入而造就的所謂『進步』政治，其支持者最愛用的政令宣傳伎倆，就是把當今世況所有不盡如人意的地方，都歸罪於資本主義，但一切好的、善的，都歸功於社會主義。他們從來不花功夫去爲其令人迷惑的原理提出實證，也向來不爲其國家經濟原理的爭議辯駁。他們全心投注的焦點只在於侮辱對手，以及懷疑對方的動機。但很不幸地，一般人民並無法識破這其中的詭計。」

爲了讓一般民眾不識破這其中的詭計，就得極力將好的學說和更好的理念隱藏起來，以致不良學說與不良思維成爲主流，一代接一代學習流傳。俗話說：「人者心之器」，亦即人的行爲由心所器使，而心者「觀念」是也。凱因斯也在《一般理論》的結語中說：「……經濟學家和政治學家的觀念，無論是對的還是錯的，都比普通人所想像的有力得多。……有些實行家自以爲不受學術思想的影響，其實往往是一些已故經濟學家的奴隸。那些掌權憑空臆度的狂人，也不過是從多年前一些不太知名的著作家那裡導出他們的妄想。」

如今凱因斯干預理論、社會主義、共產主義、集體主義、干預主義盛行，主導政府政策，而「錯誤的政策比貪汙更可怕」，已故美國總統雷根也說：「政府不能解決問題，政府本身就是問題。」爲了截窒世下流，讓奧國學派理論重現人間是一項重要工作，正如米塞斯在《官僚制》中說的：「讓我們的經濟學研究在民間廣爲流傳，其目的，並非想把每個人都變成經濟學家，而是希望每個人都能在一個共同的社會中，發揮其身爲國民的功能。資本主義與極權主義之間的矛盾衝突，事關文明發展的未來出路，而這無法由內戰或革命來決定。這是一場理念之戰，而民意將決定這場戰爭的勝與負。」

米塞斯著作中譯在台灣

米塞斯七十五年前說的話在今天更顯現其先知與眞切。說也眞巧，五南圖書出版公司自二〇一七年底推出「經典名著文庫」書系，也將奧國學派學者的著作納入，就是從米塞斯的作品開始。

首先《人的行爲：經濟學專論》這本米塞斯最重要的經濟學傳世理論千頁巨著，於二〇一七年六月出版中文譯本，接著於二〇一八年一月再出版《反資本主義者的心境》這本不到二百頁的小書，二〇一八年九月再推出《經濟學的終極基礎：經濟學方法論》。這三本書都由謝宗林先生翻譯，謝先生浸淫奧國學派學者著作數十年之久，深得其精髓，尤其對米塞斯更是青睞有加，對其思想有深刻體會，能將艱深難懂的奧國學派作品平易地轉達給中文讀者。

《人的行爲》是米塞斯最核心、最重要、最完整的理論性著作，他將人的行爲科學分爲行爲學和歷史兩部分。經濟學鑲嵌在行爲學中，研究主題是市場現象，最終基礎是人的行爲這個概念。它不只是學者設想出來解釋市場或其他社會的概念，更是每個人以每一個具體行爲所彰顯的眞實情況。

《反資本主義者的心境》是一本爲一般讀者而寫的歷史著作，主要利用歷史學家特有的了解方法和相應的理想類型設計，論述十九世紀中期迄二十世紀中期，西方文明地區（特別是美國）的「反資本主義者」，其心境之所以形成的心理原因與後果，其實是給一般讀者簡要介紹資本主義或市場經濟的本質。

《經濟學的終極基礎》這一本書的主題，在揭露實證論這個基本主張的謬誤，並且敘明該主張所導致的種種災難性後果。經濟學這種人的行爲學，應以先驗論解析，絕不能用實證論。米塞斯強調：「任何人，如果眞想了解經濟學理論的要旨，就應該先使自己熟悉經濟學究竟傳授些什麼定理，對這些定理反覆深思熟慮後，再進而研究相關的認識論問題。」經濟學是行爲學中發展得最爲詳盡、成熟的部門，但與當今主流經濟學大異其趣。

米塞斯的著作甚豐，自一九四〇年避納粹迫害移居美國之後，以英文寫作的最重要作品有四本，依出版日期先後爲：《人的行爲》（1949）、《反資本主義者的心境》（1956）、《理論與歷史：對社會和經濟演變的一個解讀》（1957），以及《經濟學的終極基礎》（1962）。第一本是核心，雖然篇幅超過千頁，卻未能將各部分說清楚，另外三本書就是補足某些重要部分。除了第三本之外，其他三本已譯成中文列入五南的「經典名著文庫」，將近一年之後，《理論與歷史》也由宗林兄翻譯完成，列入「經典名著文庫」出版。

這本書論述人的行爲學的歷史學部分，彌補米塞斯的《人的行爲》中第二章〈人的行爲科學在認識論層次的一些問題〉裡，未能充分闡釋的歷史研究之不足處。如宗林兄在〈譯者序〉中所言：「《人的行爲》第二章一開始就提到的『歷史本身不會提供可用來解決具體問題的知識與技巧』，同時又點到『研究歷史讓人變得比較明智與持重』，但對於爲什麼『研究歷史，以及研究歷史如何讓人變得比較明智與持重』，當時並未有進一步的說明。」本書第十三章對這些問題，就有發人深省的觀察，米塞斯寫道：「如果個人所面對的情況不能用自然科學的方法充分加以描述，向歷史求助便不可避免。」又說：「對於現況的分析，沒有非歷史分析這種事。對現狀的審視與描述，必然是一個關於過去……的歷史記述。」畢竟「歷史並非總是很遠，也並非總是過去，活著的人時時刻刻都是歷史。未來，在人的預期中，也是一種歷史。要處理歷史、要了解歷史，絕不會用到數理經濟學效用函數那一套東西。因爲它是固定不變的，只表述死的東西，而歷史的本質是變動。」

的確，歷史是人的行爲的記錄，人是有血有肉有靈魂、會思考的，經濟學是人的行爲學，不能用自然科學的那一套實證方法。米塞斯在《經濟學的終極基礎》中已告訴我們：「計量經濟學，作爲經濟分析的一個方法，是一種幼稚的數字遊戲，對於闡明眞實的經濟問題並沒有絲毫貢獻。」在本書中，他再說得更清楚，計量方程式中有「常數」，這在自然物理是可接受的，但人的行爲沒有「反應常數」；「在經濟學裡，各種數量之間並沒有固定不變的關係。因此，一切可以確定的數據都是變數，或者換句話說，都是歷史資料。數理經濟學家一再述說，數理經濟學的困境，在於變數太多。然而，他們眞正的困境，其實是：只有變數，沒有常數。在沒有常數的場合，談變數一點意義也無。」

米塞斯一生堅信資本主義、市場經濟、私產制度、個人主義，對共產主義、社會主義、干預主義、集體主義嚴厲批判。就永續發展、增進生活福祉這個可被公認的目標來說，自亞當．史密斯領銜的古典經濟學派就以「分工」、「市場機能」、「不可見的無形手」的自由放任，在比較利益原理發揮下，私利和公益相調和，主張自由貿易，理性的「人」在和諧分工下，發揮所長搭配資料、科技、知識、自然資源，讓生產力達到極致，在市場調配下提升生活水準。而社會的分工合作，不是靠強制，而是自發性的。至於共產主義、社會主義、集體主義和干預主義，採信人與人間利益衝突，不是和諧的，不同族群間相互爭鬥；他們鼓吹戰爭、使用暴力，不容異己。馬克思主義要人們相信共產主義社會的來臨是預先注定的，另一方面又想方設法鼓動人們要有革命精神。

受忽視的理論與歷史

我們可以簡單地說，主張資本主義或市場經濟者基於「性善」——人有道德，有利他之心，能和諧分工合作，在市場機能引導下，可達至善境界。共產和社會、集體主義者則以「性惡」出發，自私自利的個人，會「剝奪」別人，必須由政府來主持正義，才有公平的社會。米塞斯在這本書中，以各種角度一再剖析，指出後者的矛盾、錯誤，而前者較能讓人類生活更好，在歷史長河中，也證實這種看法是對的。蘇聯、古巴、北韓和中國實施共產主義，納粹德國、法西斯義大利、社會主義的阿根廷和委內瑞拉，都可用水深火熱來形容，而實施資本主義的國家，不論物質和精神文明都發展得很好。米塞斯在書中，以四大篇、十六章，四百多頁的篇幅，反覆論證這樣的景象，但到二十一世紀的今天，共產主義、社會主義、干預主義、集體主義不僅沒被世人唾棄，甚至還滲透到全球，連號稱資本主義國度的美國也不例外。其實，米塞斯自己在本書最後一章〈目前的一些趨勢與未來〉中第五節〈「經濟」自由遭到抑制〉所陳述的，就是這種心理現象的呈現，「人的妒嫉心、不滿狀態、幻想美好未來」被共產主義、社會主義者抓個正著而充分利用。畢竟平凡的世人根本不重視歷史的教訓，或者壓根兒就輕視歷史，或都很容易遺忘歷史。由米塞斯這本《理論與歷史》問世以來，一直乏人問津，即使是對奧國學派經濟思想感興趣的年輕學者也不例外，已可見其一斑了。

其實，當今以「社會主義」爲代表的種種學說，都充斥共產主義基因，不只是「包著糖衣的毒藥」，其本質是一個「邪靈」，它由「恨」及低層宇宙中的敗物所構成，它仇恨且想毀滅人類，它不以殺死人的肉身爲滿足，還要讓人的道德敗壞到無可救藥的地步，使生命眞正的死亡。「共產邪靈」就是要使全人類都跌入萬劫不復的深淵中，讓人類毀滅，從它出現迄今一百年已造成上億人的死亡，如今更隱匿在社會主義下，由中共經濟的發展來毒害全人類，此刻正處於毀滅的懸崖邊，除非世人能趕緊覺醒，將邪靈剷除、消滅，否則人類就要滅亡。米塞斯這本書將馬克思及其共產主義的本質講清楚、說明白，世人都應該讀一讀它來破除心魔，也應將它廣傳。說眞的，這本書並不那麼好讀，但將方法論和各種學術學說忽略，只就米塞斯的白話解析好好看一看，也就可以清楚明白了。

以史爲鏡走回傳統路

當看到本書「歷史」的書名時，我心中就浮出唐太宗李世民「以史爲鏡」的名言。唐太宗的「貞觀之治」流傳千古，在其治下開啓大唐盛世，而其之所以得以讓國家繁榮強盛，人民富足、天下太平、文化輝煌，由其「以銅爲鏡，可以正衣冠，以史爲鏡，可以知興替，以人爲鏡，可以知得失」的說詞可知一斑，時時警惕自己，傾聽名臣魏徵的諍言免於犯錯或知錯即改，更由歷史獲取正面教訓，向明君學習，以昏君、暴君爲警惕，因而得以行「德政」，仁民愛物成就盛世。我們也都知道，歷史記載古代明君，當出現天災時都是「下詔罪己」，向神明懺悔認錯，重新再起。可嘆的是，當代人不重視歷史，不從歷史獲取教訓，還一直犯同樣的錯，竟然有「歷史的教訓就是從來沒從歷史得到教訓」的口頭禪，難怪會向下沉淪、道消魔長，向邪靈傾斜，走向毀滅之路。

最後，就共產主義、社會主義許人類「烏托邦」完美世界，和新古典經濟學派的「均衡」，甚至「一般均衡」或「完全競爭」、「柏拉圖至善的供需均衡點」等完美境界而言，前者只是空話，騙人的語言，畢竟人類都是凡人，政府、君王、帝王都不是神，根本沒有辦法、也沒有能力創造烏托邦，它只存在夢裡。至於經濟學的「均衡」和「供需圖」，只是一種概念，是靜止的狀態，也是一個「天堂」，但眞正的經濟學家不是將之視爲現實世界，而是一種分析工具，在「供需圖」中可說明讓價格隨著人的供需行爲自由彈性變動，會引領我們向均衡點（天堂）趨近。但人的行爲時刻都在移動，因而「永遠」不可能在均衡點上靜止不動，畢竟「人間沒有天堂」，但具道德善念的千千萬萬無數「個人」，在自由市場裡，在「不可見之手」的價格自由變動指引下，最能向天堂趨近。所以，讓我們回到亞當．史密斯和奧國學派的世界去吧！

譯者序

米塞斯（Ludwig von Mises, 1881-1973）在這本首次出版於一九五七年的著作裡[1]，論述人的行爲科學中的歷史學部分，補足了他在一九四九年出版的《人的行爲：經濟學專論》[2]裡，特別是該書第二章〈人的行爲科學在認識論層次的一些問題〉，受限於篇幅，當時未能充分闡釋歷史研究的缺憾。

謝宗林　於台北

二〇一九年六月八日

---

❶ 本書原著名稱*Theory and History: An Interpretation of Social and Economic Evolution*（New Haven, Yale University Press, 1957）。

❷ Ludwig von Mises, *Human Action: A Treatise on Economics*（London, 1949）；中譯《人的行爲：經濟學專論》（上、下冊）（台北市，五南圖書，2024年）。

例如：《人的行爲》第二章一開始便提及「歷史本身不會提供可用來解決具體問題的知識與技巧」，同時又點到「研究歷史讓人變得比較明智與持重」；但，對於爲什麼要研究歷史，以及研究歷史如何讓人變得比較明智與持重，當時並未有進一步的說明。對於這些問題，本書第十三章〈歷史研究的意義與用處〉有發人深省的觀察：「如果個人所面對的情況不能用自然科學的方法充分加以描述，向歷史求助便不可避免」；「對於現在狀況的分析，沒有非歷史分析這種事。對現狀的審視與描述，必然是一個關於過去……的歷史記述」；「在人間世事的領域，要知道某一件事情，就必須熟悉它是如何發展而來的」[3]；「研究歷史，還有更多、更重要的理由。它不僅提供擬定政治決策時不可或缺的知識。它打開人的心房，迎向了解人的天性與天命。它增加智慧。它是遭到許多誤解的那個教養領域——通識或博雅教育（a liberal education）——的眞正本質。它是通向人文主義修養——傳統對於人性特有的、使人有別於其他生物的、人所特別關心的那些事項的認識——的最重要途徑」[4]。

另外，對於歷史知識的性質和研究方法，本書核心的第三篇（第九至第十四章），相較於《人的行爲》第二章，也有更爲深入淺出、充分與精確的闡述。對於這一點，讀者如果細心比較兩書對於「理想類型」或「理念類型」（ideal type）的處理，當更能體會，《理論與歷史》已超越《人的行爲》在相關論述上對韋伯（Max

Weber, 1864-1920）的倚賴，而更契合行爲學的邏輯脈絡。

米塞斯思想在美國的主要傳人和闡揚者，羅斯巴德教授（Murray N. Rothbard,1926-1995），爲本書原著於一九八五年再版所寫的序裡，感嘆米塞斯劃時代的四本著作中，《理論與歷史》最爲人所忽視。他說，米塞斯一九一二年發表的《貨幣與信用原理》（*The Theory of Money and Credit*）[5]、一九二二年發表的《社會主義》（*Socialism*）[6]以及一九四九年發表的《人的行爲：經濟學專論》（*Human Action: A Treatise on Economics*）[7]等三本著作，即便遭到僞經濟學界的抗拒，但

---

❸ 以上的引文來自本書第十三章第二節。

❹ 以上的引文來自本書第十三章第五節。

❺ 米塞斯的這本著作成功整合貨幣與價值理論，勾勒後來非常著名的奧國學派景氣循環理論，從而確立他在經濟學界的地位。

❻ 米塞斯在這本著作裡證明，社會主義沒有任何可供生產決策者執行經濟計算的方法，因此不可能在社會分工的情況下，進行適合消費者最迫切需要的生產決策，所以社會主義絕對不是一個可以實現的社會經濟體系。

❼ 米塞斯在這本著作裡綜合他之前的創見，從經濟學的認識論基礎出發，闡述人的行爲科學架構，把全套經濟學理論牢牢地鑲嵌在行爲學裡。中譯《人的行爲：經濟學專論》（上、下冊）（台北市，五南圖書，2024年）。

畢竟獲得迴響、產生了一些衝擊效果，唯獨《理論與歷史》自問世以來一直乏人問津，即便是對奧國學派經濟思想感興趣的年輕學者也不例外。究其原因，他認爲，與其說因爲《理論與歷史》富於哲理，而一般經濟學者，由於盲目學術專業化（blind academic specialization）的緣故，對一切比較廣泛的哲理討論都退避三舍，不如說因爲他們無法接受《理論與歷史》所論述的哲理內涵，也就是，他們無法接受本書一開頭便揭示的方法二元論（methodological dualism），而這又是因爲他們相信，經濟學若要成爲眞正的科學，就必須以物理學爲師，採用實證論（positivism）所闡述的自然科學研究方法。

沒錯，實證論的確和歷史的觀點格格不入。自然科學預設與探索事物彼此之間「不變」的連結規律，而歷史的本質卻是「變化」，所以自然科學與相關的認識論（實證論）可以說是非歷史的（ahistorical）。但，非歷史的，或者說，否定歷史與人的行爲領域存在的，並非只有實證論，還有形形色色的歷史主義（historicism）、歷史哲學（philosophy of history）、完美人類狀態的妄想等等，而對後面這些謬論的揭發，在本書所占的篇幅，還遠大於對實證論的批駁[8]。就此而言，羅斯巴德所寫的序，略過歷史主義的相關討論不提，對《理論與歷史》的評介未免美中不足。

其實，米塞斯對實證論的批駁，主要見諸一九六二年出版的《經濟學的終極基礎：經濟學方法論》（*The Ultimate Foundation of Economic Science: An Essay on Method*）。在那本書裡，他說：「關於人的行爲科學，目前在認識論層次有許多誤解。但，如果暗示所有這些誤解都應歸咎於不當採取了實證論的認識觀點，那就錯了。除了實證論，還有其他一些思想學派也混淆了行爲學（praxeology）和歷史學（history）在認識論層次上的差異，而且混淆的程度更爲嚴重，例如：歷史主義（historicism）」[9]。

就我個人來說，翻譯這本書的最大收穫，是當翻譯至第十六章第三節〈完美人類狀態的妄想〉時出現了頓悟：任何所謂均衡或「最後」狀態與秩序等概念，充其量只是理論家用來分析現實的思想輔助工具，在現實世界中沒有它們的對照狀況；如果把握不住這一點，或者說，把這些概念實體化，它們就變成某種愚蠢的、否定歷史與行爲的「完美社會新版本」。歷史與行爲的本質是改變，所以歷史與行爲沒有最終或完美，只有綿延不絕的過程。這個頓悟讓我發現，米塞斯和另一個通常也被歸類爲奧國

---

❽ 詳見本書第十一章第一節。

❾《經濟學的終極基礎：經濟學方法論》（台北市，五南圖書，2024年），第三十二至三十三頁。

經濟學派大師的海耶克（F. A. Hayek），兩者之間的根本差異就在於：後者仍然鍾情於探求自己所嚮往的社會秩序，而非專注於社會變遷過程的分析。在台灣與大陸，海耶克比米塞斯更爲著名，所以把這一點記下來，謹供研究海耶克思想的學者參考。

本書關於術語的翻譯，大多採取網際網路上可查找到的通行譯名，除了Behaviorism一詞譯爲「觸動主義」，可能會引起爭議。Behaviorism通常譯作「行爲主義」，但由於不管是在《人的行爲》或是在本書裡，「行爲」一詞已保留給Action作爲專屬的譯名，而米塞斯所闡釋的「science of human action」（譯作「人的行爲科學」）又和Behaviorism根本不同，所以有必要改變Behaviorism的通行譯名，以免混淆。有人曾將Behaviorism譯爲「唯動作論」，這裡所以未予沿用，只因「動作」出現一個站立的「人」，太有人味了。除了要除掉這個人味，將Behaviorism譯爲「觸動主義」的另一個考量是：Behaviorism嘗試以自然科學的實驗方法，在刺激—反應的架構下，研究人的所謂「行爲」（其實只能是人的無意義「反應」）；我覺得「觸動」一詞比較能捕捉住「刺激—反應」的意思。

最後，我要感謝劉天祥先生，他的細心校訂讓本書更爲可讀。

目次

第三篇　歷史的認識論問題

導論

一、方法二元論

難免一死的凡人，不知道這宇宙和它所包含的一切，在一個超人的心智看來像是什麼。超凡偉大的心智，面對這宇宙的一切現象，也許能夠琢磨出一套完整和條理一貫的一元論解釋。但，人，在面對隔開心智與物質、隔開騎士與坐騎，也隔開石匠與石頭的那一道鴻溝時，儘管他百般嘗試，企圖彌合兩邊之間巨大的差距，卻總是——至少迄今——遭遇可悲的失敗。如果把這失敗當成一個理由，說它充分證明某種二元論（或雙本源）的哲理健全可靠，那就荒唐了。我們從這失敗所能得出的結論，只是：科學——至少暫時——必須採取某種二元論的觀點，當作研究方法上的一個策略（即，方法二元論），而不是當作一個哲理的解釋。

方法二元論，對於任何關於本質或形上學概念的問題，沒有什麼話要說。它只關心這個事實：我們不知道，外部那些可以用物理學、化學和生理學的術語充分描述的事件，如何影響人的思想、理念和價值判斷。這一點的無知，把知識領域分裂成兩部分，一爲外部事件的領域，通常稱作自然界或自然的領域，另一爲人的思想和行爲的領域。

早些時候，學者從道德或宗教信仰的觀點看待這個議題。唯物一元論

（materialist monism）遭到排斥，因爲它和「創世主相對於所創造的世界」，以及「不朽的靈魂相對於難免一死的身體」等基督教的二元論信仰，並不相容。決定論（determinism）遭到排斥，因爲它和道德，以及刑法的根本原則，並不相容❶。在這些爭議中，各方爲了辯護自己的立場而提出的理由，大多是非必要的，甚至從現代方法論的觀點來說，也是不相干的。例如：決定論者大多只是一再重申他們的主張，卻沒提出任何理由予以支持。而非決定論者則一再否定對方的陳述，卻未能擊中對方的弱點。相關的辯論很冗長，但其實無濟於事。

爭議的焦點，在新的經濟科學進入思想界之後，發生了變化。有一些政治團體，一方面，激烈排斥經濟思想的成果在實務方面必然導致的一些結論，而另一方面，卻沒辦法提出任何站得住腳的理由駁斥相關的結論，於是不得不把爭議的主題，轉移至認識論和方法論的場域。他們宣稱，自然科學的實驗方法是唯一適當的研究模式，而

❶ 譯者注：關於決定論，請參見本書作者的另一本著作《經濟學的終極基礎》（台北市，五南圖書，2024年），第一章第七節、第八節，以及第七章第一節。又，根據《經濟學的終極基礎》，眞正和道德與刑法的根本原則不相容的，其實並非決定論，而是唯物論。

且以感官經驗爲根據的歸納法，是唯一合格的科學推論模式。他們在做此宣稱時，好像他們從來沒聽說，歸納法本身有一些邏輯方面的問題[2]。在他們眼中，凡是既非實驗方法，也非歸納法所得到的成果，都是「形上學」（metaphysics）——他們把這個術語當成「廢話」的同義詞來使用。

二、經濟學與形上學

人的行爲科學從下面這個事實出發：人，有意地追求自己所選擇的目的。然而所有形形色色的實證論（positivism）、觸動主義（behaviorism）和泛物理主義（pan-physicalism），或者想要全盤否定的，或者想要悶不吭聲、置之不理的，恰恰是前述這個事實。但，若直接否定「人的動作，表面上看似瞄準某一目的」，那就未免太過荒唐。因此，這個「否定人的動作或姿態有其意向」的主張，若要看似合理，就只能宣稱：人只是表面上看似在選擇目的與手段，而其實人的一切動作，終究取決於一些可以用物理和化學的術語充分描述的生理事件或過程。

儘管這是「統一科學」學派的根本主張，但，即使是該學派最爲狂熱的捍衛者，也不敢毫不含糊地以前述這樣直率的說法，宣稱他們這個根本的主張。他們有很好的理由保持含蓄。只要人的理念，和那些據稱按照某種規律產生這種理念的物理或化學事件，兩者之間還沒發現有任何明確的關係，那麼，實證論者的根本主張，便只是認識論方面的一個假說，一個並非以科學所確認的經驗事實爲根據，而是以某個形上學的世界觀爲根據的假說。

實證論者告訴我們說，有一天將會出現一門新的科學，實現他們的承諾，也就是，這門新的科學將會鉅細靡遺地描述那些，在人的身體裡，產生一切理念的物理和化學過程。但，我們現在無須爲這種將來的事情爭吵不休。因爲，很明顯地，這樣一個形上學的主張，絕不可能使人的行爲科學的理性論證失效。實證論者，基於一些情緒上的理由，不喜歡行爲人必須從經濟學的教誨推演出來的那些結論。但，不管是在經濟學的論證中，或是在以經濟學爲根據的實務推論中，他們都找不到任何瑕疵，所以他們採取一些形上學的謀略，企圖詆毀經濟學的認識論基礎和經濟學的方法論觀點。

形上學並不是什麼壞東西。再說，人也不能沒有形上學。實證論者把「形上學」

❷ 譯者注：關於歸納法的邏輯問題，請參見前引中譯本第一章第五節。

當作「廢話」的同義詞使用，其實犯了可悲的錯誤。但，任何形上學的主張，絕不可以牴觸理性論證的結果。形上學並不是科學，所以，在針對科學的問題進行邏輯檢視的場合，訴諸形上學的見解是無效的。這也同樣適用於實證論這種形上學，儘管實證論的支持者將實證論稱爲「反形上學」。

三、規律與預測

從認識論的觀點來說，我們稱爲自然界的那種現象，其特徵在於現象的發生順序與連結有某種可以確定的必然規律。另一方面，我們稱爲人的領域，或稱爲歷史，或最好稱爲人的行爲領域的那種現象，其特徵就在於沒有自然界那種普遍存在的規律性。石頭，在相同的情況下，總是以相同的方式反應相同的刺激；對於這種有規律的反應方式，我們能探知一些相關資訊，然後利用這種資訊，引導我們的行爲，達到某些目的。我們給自然界的事物分門別類，以及我們給這些類別命名，都是前述這種認識的一個後果。石頭，是一種按一定方式反應外來刺激的東西。但，人以不同方式反應相同刺激，而同一個人在不同時候，對相同刺激的反應，可能不同於他先前或後來的反應。不可能把人分成數類，確定每一類所有成員總是按同一方式反應外來的刺激。

但，這並不表示，人的未來行爲完全不可預測。人的未來行爲，是可以用某一方式，在某一程度內預料的。但，預料人的未來行爲時，所採用的那些方法，以及它們的有效程度，就邏輯和認識論的觀點而言，完全不同於預料自然事件時，所採用的那些方法，而且有效程度也有所不同。

四、自然法則的概念

經驗，是過去所發生的事件而爲人感受到的東西。經驗，指涉過去曾經存在而現在已消失的東西，指涉永遠淹沒在歷史長河中的事件。

許多現象的發生順序與連結有其規律，此一認識並不影響前述經驗的本質，也就是，經驗總是指涉過去某個時候和某個地點，在當時和當地盛行的情況下，曾經發生的某件事情。對於規律的認識，也僅僅指涉過去所發生的事件。經驗，充其量，只能告訴我們：在所有過去觀察到的事例裡，有某種可以查明的規律。

自古以來，無論什麼人種與文明，所有的人都理所當然地認爲，過去所觀察到的規律，將來也會成立和有效。因果觀和「未來的自然事件將遵循它們過去所顯現的規律」這個理念，是人的思想和行爲所倚賴的根本原理。我們的物質文明，是以前述根本原理爲依據的行爲所獲致的成果。對於這些根本原理以往在人的行爲領域裡的有效性，如果有任何懷疑，只消瞧瞧應用科學的諸多設計成果，便會煙消雲散。歷史無可辯駁地告訴我們，我們的先人和我們自己，直到此時此刻，確實夠聰明，就因爲我們的行爲一向採納這些根本原理。就實用主義賦予「眞理」這個概念的意思來說，它們就是眞理。它們行得通，或者更爲確切地說，它們一向行得通。

姑且不論因果觀和其所隱含的形上學問題，我們必須知道，各種自然科學完全建立在這樣假設之上：它們所探究的領域裡，現象的關聯，隱含某種規律。它們所探究的，並非只是頻繁的關聯，而是有規律的關聯；這種關聯，毫無例外，出現在所有過去觀察到的事例裡，而且預期也將以同一方式出現在所有未來會觀察到的事例裡。當自然科學實際所能發現的只是頻繁的關聯時——例如：生物學便時常出現這種情況——自然科學家會認爲，這純粹是由於他們的研究方法有所不足，以致暫時未能發現嚴格的規律。

不變的關聯和頻繁的關聯，這兩種概念絕不可混淆。當人們講不變的關聯時，他們的意思是，從來沒見過有任何關聯的情況偏離相關的規律（或法則），而且他們也確信——如果人還能確信什麼事情的話——不可能有，而將來也永遠不會有偏離相關規律的情況發生。要說明「自然現象的連結或關聯，遵循永遠不變的規律」這個觀念，最好的辦法是拿「奇蹟」這個概念和它對照。一個奇蹟事件是一件，就我們所知，絕不可能在正常的世事發展過程中發生的事情，因爲自然法則無法解釋這種事情的發生。儘管如此，如果居然有報導宣稱發生這種事情，那麼，對此報導便會有兩種不同的解讀，然而，這兩種解讀卻完全一樣理所當然地認爲，自然法則絕不會變。虔誠者會說：「在正常的世事發展過程中，這種事情不可能發生。而它之所以發生，只因爲上帝擁有不爲自然法則所限的行爲能力。這種事情，對人心來說，是不可思議和無法解釋的，它是一樁神祕事件，一件奇蹟。」而理性主義者則會說：「這種事情不可能發生，所以它並未發生。報導這種事情的人，要麼是騙子，要麼是妄想症患者。」自然法則，如果不是指絕不會改變的規律，而只是指頻繁的關聯，人們便根本不會費神去想像什麼是奇蹟。他們將只會說：A常常跟隨在B之後發生，但B的這種效果有時並未出現。

沒有人會說：石頭，若是以四十五度角投向空中，「常常」會墜落到地上；或人的四肢，若因發生意外而失去，「常常」不會再長出來。我們的一切思想和行爲，都接受這種知識的引導，即認爲「在前述這些場合，我們所面對的，不是常常重複的相同連結，而是按規律重複的連結」。

五、人的知識的侷限性

人的知識，受到人的心智能力制約，也受到人的感官所能察覺到的範圍限制。在這個宇宙，也許有一些東西，我們的感官察覺不到，有一些關係，我們的心智不能理解。在我們稱為宇宙的範圍之外，也許還存在著某些物質體系，但我們無法探知任何關於這些體系的訊息，因為目前沒有任何顯示它們存在的跡象，穿透到我們所能感知的範圍，或影響到我們的感官。再說，我們目前在自然現象領域所觀察到的這種關聯規律，也許並不是永恆的，而只是一時的，也就是，只出現在宇宙史的現階段，而將來有一天會被另一種安排所取代。

前述這樣和類似的思量，也許會促使一絲不苟的科學家，在表述他的研究成果時，極為謹慎。它也理應使哲學家，在處理因果觀和自然現象的連結規律等先驗的概念時，更加含蓄。

人的思考和推理所遵循的這些先驗的形式與概念，無法溯源至其他什麼東西；換言之，它們不是其他什麼東西在邏輯上必然的結論。如果期待邏輯能有助於證明根本的邏輯原則是正確的或有效的，那就矛盾了。關於這些先驗的形式與概念，我們只能說，對人心而言，否定它們的正確性或有效性，顯然是荒唐的，而另一方面，它們所引導的思考，向來導致成功的行爲模式。

休謨的懷疑論（skepticism），回應哲學的絕對確定說，指出人不可能獲得絕對確定的知識。有一些神學家是對的，他們認爲，除了獲得天啓，否則人不可能擁有完全確定的知識。人的科學探索活動，不可能推進到超出人有所不足的感官能力和他狹隘心智所限定的範圍之外。因果觀和不完全歸納法的放大推論（ampliative inference）等科學實踐所根據的認知原則，正確與否，不可能會有演繹性質的證明；爲了使這些原則的採納看似正當，我們只能宣稱，一切自然現象的關聯都遵守嚴格的規律；但，這個說法的正當性，也同樣難以獲得演繹性質的證明。如果我們沒拿規律不變作爲理由，自然科學的一切陳述將似乎只是冒失的歸納結論。

六、規律與選擇

關於人的行爲，主要的事實是：人的行爲，沒有自然現象那種關聯規律。沒錯，人的行爲科學，迄今並未成功發現任何確定的刺激反應規律；但，這並不是人的行爲科學的一個缺點。並不存在的東西，誰也發現不了。

如果自然界沒有任何規律，對於各類事物的反應，便不可能做出什麼斷言。這時，必須對每一件事物，個別加以研究，然後把所獲得的成果合併，作成一份歷史報告。

爲了論證，且讓我們假設，所有我們稱爲常數的那些物理學的量，事實上是不斷變動的，只是由於我們的探測方法有所不足，以致發現不了這些緩慢的變動。我們沒將這些變動納入考慮，因爲它們對我們的處境，以及對我們的行爲結果，都沒有任何可察覺的影響。所以，我們可以說，實驗的自然科學所確立的這些量，無妨視爲常數，因爲它們在遠遠超過我們可能事先計劃、預爲準備的期間中，保持不變。

但，對於在人的行爲方面所觀察到的那些量，卻不容許有類似前述的主張。這些量顯然是會改變的。它們的變化，對我們的行爲結果，顯然是有影響的。在這方面，每一個我們能觀察到的量，都是一個歷史事實，這種事實若要充分予以描述，就須標明發生的時間和地點。

計量經濟學家無法否認前述這個把他的立論基礎完全摧毀的事實。他不得不承認人的行爲沒有「反應常數」。儘管如此，他仍執意要引進一些——隨意根據某一歷史事實而選定的——數字，作爲「未知的行爲反應常數」。他爲此所提出的唯一藉口是：他的假說「只是說，這些未知數在若干年內會保持相當固定」。[3]且說，只有在事後才能確認，這樣一段據稱有某個數字保持不變的期間還沒結束，或者該數字已經發生了變化。從事後看來，也許可能——儘管這種情況相當罕見——宣稱，在某一（很可能相當短的）期間內，有某一近似穩定的比例——計量經濟學家比較喜歡說「相當」固定的比例——存在於兩個因素的數值之間。但，這種一時「相當」固定的比例，和物理學所稱的常數根本不同。它只斷言某一歷史事實，而不是在斷言什麼可供我們在嘗試預測未來事件時應採用的常數。

如果暫時不談人的意志或自由意志的問題，我們便可以說：非人的物體按照定律反應外來的刺激，而人本身則會選擇如何反應。人，首先選擇最終目的，然後選擇手段，以便達成該目的。這些選擇取決於思想和理念，而自然科學對於思想和理念，至少就目前來說，不知道如何著手處理。

在以數學方法處理物理學的問題時，常數與變數的區分是有意義的；這種區分，是科技計算必要的基礎。在經濟學裡，各種數量之間並沒有固定不變的關係。因此，一切可以確定的數據都是變數，或者換句話說，都是歷史資料。數理經濟學家一再述

❸ 參見Cowles Commission for Research in Economics, *Report for Period,* January 1, 1948-June 30, 1949 (University of Chicago), p. 7。

說，數理經濟學的困境，在於變數太多。然而，他們眞正的困境，其實是：只有變數，沒有常數。在沒有常數的場合談變數，毫無意義。

七、手段與目的

所謂選擇，就是在兩個以上可能採取的行動方案之間挑出一個，而捨棄其餘的方案。每當某個人的處境有多個彼此互斥的行動方案供其選擇時，他就會選擇其中一個。於是，生活意味不停的選擇。行為，是受選擇指揮的行動。

決定某個選擇之具體內涵的那些心思活動，若非指涉最終目的，就是指涉用來達成最終目的的手段。前一種心思活動，稱為價值判斷，而後一種心思活動，則是從相關的事實命題推衍出來的技術性決定。

嚴格地說，行為人只追求某個最終目的，即，他想達到某個比其他可能的情境更為適合他的情境。對於這個不可否認的事實，哲學家和經濟學家，以宣稱「人偏好使他較多快樂的事物，甚於使他較少快樂的事物」，也就是，「他追求快樂」[4]，來加以描述。快樂——就倫理學使用這個術語時所採用的那種純粹形式的意義來說——是唯一的最終目的，而其他一切事物和事態，都只是用來實現這個最高終極目的的手段。然而，由於習慣採用一種比較不精確的表達方式，所以時常有人也把所有能夠直接並立即產生滿足的那些手段，稱爲最終的目的。

一切最終目的的特徵，在於它們完全取決於每一個人的個人主觀判斷；個人主觀的判斷，是他人不能予以審查和測量的，更不用說予以糾正。每一個人，對於關係到他自己的滿足與快樂的事物，是唯一與最終的仲裁權威。

由於時常有人認爲，前述這個根本認識和基督教的教義並不相容，所以這裡從基督教信仰的早期發展史，拿幾個例子來說明該根本認識確實無誤，也許是恰當的。許多殉教者爲了得到救贖與永恆的幸福，而拒絕他人視爲無上喜悅的東西。他們不理會

---

❹ 過去兩千餘年來，不時有人反對幸福論、享樂主義和功利主義。這裡無須重新駁斥他們所提出的反對理由。關於「快樂」和「痛苦」的概念，在前述這些學說的論述脈絡中，特有的形式意義與主觀性質，請參見Mises, *Human Action*（New Haven, Yale University Press, 1949, pp. 14-15）〔中譯《人的行爲：經濟學專論》（上冊）（台北市，五南圖書，2024年，四版，48-50頁）〕, and Ludwig Feuerbach, *Eudämonismus, in* Sämmtliche Werke, ed., Bolin and Jodl（Stuttgart, 1907）, *10*, pp. 230-93。有一些人，除了性高潮、酒精等等所給予的「快樂」外，並不認識其他「快樂」；這些人當然會繼續重複古老的錯誤和扭曲。

同胞善意的勸告，說只要他們向神聖的帝王雕像鞠躬，便可拯救他們自己的性命；他們寧願為自己的信仰獻身，也不願意以放棄永恆的天國幸福，換得他們的身軀健全。某個人能提出什麼理由，去說服他的同胞別當殉教者？他可以嘗試駁倒教徒的信仰所倚賴的精神基礎，使教徒對福音書的要旨，以及對教會所作的相關解讀失去信心。這等於嘗試去動搖教徒的信心，使他懷疑他的宗教信仰，作為獲得救贖與永恆幸福的手段，是否足夠有效。如果這種嘗試結果無效，則任何進一步的勸說也將產生不了什麼效果，因為這時只剩下兩個最終目的——永恆的天堂幸福和永恆的地獄懲罰——之間的抉擇問題。於是，殉教看來便是達到某個目的的手段，而該目的，在殉教者看來，保證永恆的極樂。

一旦人們大膽質疑或審查某個目的，他們便不再把它當成目的來看待，而是把它當作一個達成某個更高層次目的的手段來處理。最終目的，超出任何理性檢視的範圍。其他一切目的，都是暫時的或階段性的目的。一旦它們被拿來和其他目的或手段相比較，它們就會變成手段。

各種手段，按照它們產生某些具體效果的能力，接受判斷或評價。價值判斷是個人的、主觀的和最後的，而關於手段的判斷，基本上則是根據某些事實命題而做出的推論，這些事實命題陳述相關手段產生具體效果的能力。對於某個手段產生某一具體效果的能力，每個人可能有不同的意見和爭議。至於最終目的的價值評估，則不存在人人適用的標準。

手段的選擇，可以說，是一個技術性問題；這裡，「技術」一詞，是就最廣泛的意義來講的。最終目的的選擇，則是一件切身的和主觀的個人事情。手段的選擇，是一個理性問題，而最終目的的選擇，則是一個事關靈魂與意志的問題。

第一篇　價值

第一章　價值判斷

一、價值判斷和存在命題

斷言某某存在或不存在，也就是，肯定某某存在或否定某某存在的命題，都是敘述性命題。這種命題斷言某件關於整個或部分宇宙的事情。這種命題的眞假，是有意義的問題。它們絕不可和價值判斷相混淆。

所有的價值判斷，都是唯意志論的。它們的吐露，表示吐露者個人的感覺、品味或偏好。它們沒有任何眞假的問題可言。它們是最後的斷言，無待任何證明或證據。

每一個價值判斷，都是當事者個人的心思活動，都必須和當事者嘗試用來告訴他人關於他自己的價值判斷內涵的敘述句，嚴格區分開來。某個人也許基於某個理由而謊說他的價值判斷。我們可以用如下方式描述這種情況：每一個價值判斷，本身也是這宇宙實際狀況裡的一個事實，因此可以是某些存在命題的主題。「我偏好貝多芬甚於萊哈爾（Franz Lehar）」，這句話指陳某一價值判斷。如果視爲一個存在命題，而我又言行一致，表現出眞的偏好貝多芬甚於萊哈爾，那麼，這句話就是一句眞話；而如果我事實上偏好萊哈爾甚於貝多芬，但因爲某個理由而謊說我自己眞正的感覺、品味或偏好，那麼，這句話就是一句假話。「保羅偏好貝多芬甚於萊哈爾」，這句話可能爲眞，也可能爲假。在宣稱價值判斷沒有眞假問題時，我們指的是價值判斷本身，而不是用來把價值判斷的內涵傳達給他人的那些敘述句。

二、價值排序與行為

一個價值判斷，如果並未促使當事人嘗試任何作為，便只是一個純理論、無實效的判斷。有一些價值判斷必定歸於紙上談兵，因為當事者斷無能力採取這些價值判斷所訴求的行為。某個人可能偏好星光燦爛的夜空甚於星光黯淡的夜空，但他沒有能力將後一種他比較不喜歡的狀態，轉變成前一種他比較喜歡的狀態。

價值判斷的重要性，就在於它們是行為的動機。人，接受他自己的價值排序的引導，想要以他覺得比較舒服的情況，取代他覺得不舒服的情況。他使用手段，以便達到所追求的目的。

因此，記述人間世事的歷史，一定會處理到那些激發並引導行為的價值判斷。歷史上所發生的事情，如果不參照行為人個別的價值判斷與排序，我們便不可能了解和敘述。然而，歷史學家，作為歷史學家，並不會對他所研究的那些人的行為擅加價值判斷。歷史，作為一門知識，只記述存在命題。但，歷史所記述的存在命題，往往指涉行為人心中是否存在某些特定的價值判斷。確定行為人的價值判斷有什麼具體的內涵，是歷史科學特有的了解方法的一個任務。

例如：歷史的一個任務，是追溯印度種姓制度的起源至某些人的價值判斷，究竟是哪些具體的價值判斷，促使好幾世代的印度人去發展、完善和保存該制度？歷史的進一步任務，是對該制度的各種後果或效應，以及這些效應如何影響後來世代的價值判斷，進行了解。但，對種姓制度本身的好壞擅加價值判斷，或者說，擅加讚揚或譴責，並不是歷史學家分內的工作。歷史學家必須處理該制度在歷史過程中各方面的影響分量，他必須拿該影響分量和該制度的倡議者與附和者的意圖作比較，他必須描述該制度的實際效果。他必須探究行爲人所採取的手段是否足夠達到所欲追求的目的。

事實上，幾乎未曾有哪一位歷史學家，完全沒對他所研究的對象下過價值判斷。但，這一類判斷終究只是眞正的歷史敘述之餘的附帶意見。當歷史學家吐露這種意見時，他是以一個普通人的身分，而不是以歷史學家的身分，表示他自己個人的好惡。

三、價值判斷的主觀性

所有的價值判斷都是個人主觀的判斷。除了我偏好什麼、我比較喜歡什麼、我希望怎樣，等等的斷言外，不會有別的價值判斷。

誰也不能否認，不同的人，在個人的感覺、品味和偏好方面，彼此差異頗大，甚至同一個人，在不同的生命階段，對於相同的事物，也往往會有不同的評價。因此，討論絕對與永恆的價値，是不可能有結果的。

但，這並不表示，每一個人的價値判斷，都是他從自己的心窩裡掏出來的。絕大多數人的價値排序，可以說，是他們從生養和教育他們的社會環境照搬過來的；該環境塑造了他們的個性。很少有人能夠擺脫傳統價値的束縛，建立起自己用來評量事物好壞的標準。

價値判斷主觀性定理的意思是：並沒有任何標準可供我們，像排斥某一存在命題明顯爲假那樣，據以排斥某一終極價値判斷，說它是錯的、假的，或不正確的。像爭論某個存在命題的眞假那樣，去爭論終極價値判斷的是非對錯，那是徒勞的。一旦我們開始論證，駁斥某個終極價値判斷，我們便是把它視爲用來達成特定目的的手段。這時我們只是把議題轉移到另一個層面。我們不再把爭論中的原則視爲終極價値，而是把它視爲用來達成某個終極價値的手段，但，這解決不了眞正的問題。例如：我們可能嘗試向某位佛教徒證明，行爲如果遵循他所信仰的教義，那就會導致一些我們認爲非常不好的結果。但，如果他回答我們說，他認爲這些結果，相較於背棄他的行爲準則所導致的結果而言，是比較小的傷害，甚至根本不是傷害，那麼，我們就不再有什麼話可說。對於什麼是至善，什麼是喜悅和什麼是至福，他的想法和我們不同。他不在乎批評者所關切的那些價值，他在批評者所追求的事物之外，追求滿足。

四、價值判斷的邏輯與句法結構

一個價值判斷，是從吐露者個人的觀點，看待事物。它不是關於事實如何的斷言。它表露某個人對一定事態，相對於其他事態的情感反應。

價值不是什麼東西的內在性質。價值並不存在於事物或事態本身，而是出現在價值判斷者心裡。人，絕不可能單獨判斷某一事物或事態的價值。價值判斷，總是拿某一事物或情況，和另一事物或情況作比較。它給外在世界的不同事態劃分等級。它拿某一事物或事態（不管是眞實的或想像的），和另一事物或事態（不管是眞實的或想像的）作比較，然後把兩者分別安排在某個顯示價值判斷者比較喜歡什麼，以及比較不喜歡什麼的等級排序表裡。

有時候，可能發生這樣的情況：某個人認爲他所預見的兩個事物或情況，價值不分軒輊。他不在乎情況究竟是A或是B。這時，他的價值判斷呈現中立。這種中立的態度不可能導致任何行爲。

有時候，表達某個價值判斷的，是一個省略句，聽者必須加以補充才會有意義。「我不喜歡麻疹」意味「我比較喜歡沒染上麻疹，而不喜歡染上麻疹」。所有提到自由（freedom）或免於什麼的價值判斷，都有這種語法省略的情形。自由總是意味免於某個明示或隱含的東西。這種價值判斷的語法形式，也許可以稱爲消極的。但，如果有人想從這種表述某一類價值判斷的慣用語法，推衍出任何關於該類價值判斷內涵的命題，並以該類價值判斷反映某種據稱的消極主義爲由，而加以譴責，那就徒勞了。陳述任何價值判斷時，都容許以正面或反面的方式列出比較有價值的和比較沒價值的事物或事態，雖然有時候某個語系可能尚未發展出適用的詞彙。新聞自由（freedom of the press）隱含拒絕或否定新聞檢查。但，如果明說，新聞自由意味撰述者單獨決定他的出版品內容，社會治安部門沒有權利干預出版事務。

行爲必然涉及捨棄某個被認爲比較沒有價值的事物，以便獲得或保持某個被認爲比較有價值的事物。譬如：捨棄某一時數的閒暇，以便獲取某一勞動時數的成果。捨棄閒暇，是獲得某一比較有價值之事物的手段。

有一些人，他們的神經是如此敏感，以致無法忍受任何人，就人的身體的生理性質和人的行爲的邏輯性質的許多事實，給予坦率的陳述。這樣的人一聽到「人必須在最莊嚴的事物及最崇高的人生理想，和他身體的欲望之間作出取捨」，就會生氣。他們覺得，這樣的陳述貶低那些高等事物的莊嚴崇高。他們拒絕承認，人生難免會有某些時刻，被迫必須在忠於崇高的理想，和滿足像是進食這種動物性衝動之間作出取捨。

每當人必須在兩個事物或事態之間作選擇時，他的決定都是一個價值判斷，不管他是否以通常用來表述這種價值判斷的文法形式說出了該決定。

第二章　知識和價值

一、偏見論

早在馬克思把所謂的偏見論納入他的學說之前，便有人指控經濟學家的見解據稱偏頗或不中立。現代的作家和政客普遍贊同這樣的指控，不過，他們雖然在許多方面受到馬克思學說的影響，卻不能簡單視為馬克思主義者。我們必須賦予他們的指控一個特別的意義，和相同的指控在辯證唯物論的脈絡裡所具有的意義不同。所以，我們必須區別兩種不同的偏見論：馬克思主義的和非馬克思主義的。前一種偏見論，我們在稍後對馬克思主義的唯物論進行批判分析時，會加以處理。這裡僅討論後一種偏見論。

這兩種偏見論的支持者都承認，如果他們只責怪經濟學據稱的偏頗或不中立，卻沒責怪所有其他科學部門也犯了同樣的錯誤，他們的立場就會非常的脆弱。因此，他們把偏見論一般化，涵蓋了所有科學；但，這個一般化的偏見論，我們這裡無須討論。我們可以專注於它的核心主張：經濟學必然不是價值中立的，而是受到根源於價值判斷的某些成見與偏見的汙染。因爲所有提出來支持一般偏見論的理由，也都被用來企圖證明指涉經濟學的特殊偏見論，而另一方面，有一些提出來支持特殊偏見論的理由，顯然不適用於證明一般偏見論。

在我們這個時代，偏見論的一些守護者，嘗試連結偏見論與佛洛伊德的學說。他們說，經濟學家所呈現的那種偏見，並非有意識的偏見。經濟學家並未意識到他們自己的預先判斷，而且他們也並非刻意去思索出一些結果，以便支持自己預先定下的結論。某些壓抑在潛意識深處，連思想者自己都不知道其實存在的欲望，一方面干擾思想者的推理，一方面引導思想者的思維，趨向和思想者受壓抑的欲望及衝動吻合的結論。

然而，人們究竟贊同哪一種偏見論，其實是無關緊要的。因爲，這兩種偏見論的每一種都有相同的弱點和問題，同樣都站不住腳。

因爲，如果指控者無法清楚證明，爭議中的學說究竟錯在什麼地方，那麼，再怎麼主張對方有偏見，不管是刻意的或是潛意識的，也無濟於事。眞正要緊的是，爭議中的學說究竟健不健全。而這就必須透過反覆推敲的理性論證來確認。即使暗中鼓舞創作的那些心理力量被揭露出來，那也絲毫無損於所創學說的健全性與正確性。思想家究竟基於什麼動機而思索，對於認識他的思想成就而言，是一個無關緊要的問題。有一些傳記作家，現在正忙於解釋天才的作品，說它是天才的各種情結及性衝動的產物，說它是天才性飢渴的一種昇華。他們的研究，對心理學，或者毋寧說，對情理學（thymology，見後文第十二章）而言，也許是很有價值的貢獻，但對傳記主人翁實際功績大小的評鑑而言，卻是毫無用處。針對巴斯卡（Blaise Pascal）一生最爲詳盡精緻的心理分析考察，絲毫不會爲我們解答，他的數學與哲學學說究竟是不是健全的科學知識。

如果某個學說的一些疏漏和錯誤遭到反覆推敲的理性論證揭露了，歷史學家和傳記作家在嘗試解釋爲什麼會發生這些疏漏和錯誤時，可以刨根問底，把原因追溯至學說創作者的心態偏頗或不中立。但，如果提不出站得住腳的理由駁斥某個理論，那麼，相關理論家究竟受到什麼動機的鼓舞，便無關緊要。即便他的心態是偏頗的，我們也必須承認：他據稱偏頗的心態，產生了某些成功擊退所有反對理由的定理。

探究思想家據稱偏頗的心態，不等於以站得住腳的理由駁斥他的學說。那些指責經濟學家心態偏頗的人，只顯示他們不知道怎樣以批判性分析法去駁斥經濟學。

二、公共福祉相對於特殊利益

所有經濟政策都旨在達成某些特定目的。經濟學在討論經濟政策時，並不質疑行爲人所認爲的這些目的的價值。對於經濟政策，經濟學只探討兩個問題：首先，相關的經濟政策，是否適合用來達成政策建議者及實施者想要達成的目的。第二，這些政策是否可能會產生其他一些，從建議者及實施者的觀點來看不好的影響。

沒錯，許多經濟學家，特別是前幾代經濟學家，在表述他們的研究成果時，用字遣詞很容易引起誤解。在討論某個政策時，他們所採取的那種表述方式，如果從那些考量採取該政策以便達到一定目的者的觀點來看，將會是適當的。正因爲經濟學家沒有偏見，也不會貿然質疑行爲人的目的選擇，所以經濟學家才以這種——把行爲人的價值判斷視爲理所當然的——表述方式，說明他們（經濟學家）考量的結果。當人們訴諸關稅或法定最低工資率時，他們想要達成某些目的。當經濟學家覺得該等政策會達成政策支持者想要的目的時，他們（經濟學家）便稱該等政策爲好的政策，就像一位醫生會稱某個治療方法爲好的方法，因爲他把治好他的病人視爲理所當然的目的。

李嘉圖（David Ricardo, 1772-1823）的比較成本理論，是古典經濟學家所發展出來的一個最著名的定理。一百四十餘年來❶，數以百計激烈反對經濟學的學者企圖攻擊該定理，但都未能提出任何站得住腳的理由。如果可以根據這個事實蓋棺論定的

---

❶ 譯者注：本書原著出版於一九五七年，所以，如果從現在往前推算，則文中的一百四十餘年便該改爲二百餘年。

話，該定理便稱得上是一個顛撲不破的眞理。該定理遠遠並非只是一個處理自由貿易與產業保護的理論。它所論述的，其實是人們在分工下合作、專業化與職業別形成的根本原理，也就是說，它論述人的社會連結的起源與逐步加強所涉及的根本原理，因此，稱之爲結社律（the law of association）應該更爲恰當。對於了解文明的起源和歷史的演變來說，它是一個不可或缺的定理。和流行的理解相反，它並沒說，自由貿易是好的政策，而產業保護則是不好的政策。它只是證明產業保護不是一個增加產品供給的手段。至於產業保護政策是否適合用來達成其他目的，譬如：在戰爭中使一國維持獨立的前景更爲光明，它卻是沒說什麼。

那些指責經濟學家心態偏頗的人，指的是經濟學家據稱熱心爲「利益」服務。在他們的指控脈絡裡，所謂「利益」指特殊團體追求私自幸福而傷害公共福祉。且說，有一點必須記住，那就是「公共福祉」就社會所有成員的利益和諧的意思而言，是一個現代的理念，而且這理念恰恰起源於古典經濟學家的學說。古典經濟學興起之前的學者認爲，人人彼此之間以及人民團體彼此之間，有不可調和的利益衝突。某個人所獲得的利益，必然來自他人的損失；誰也得不到利益，除非他人受到損失。這個信條可以稱作蒙田（Montaigne）教條，因爲在現代論述者當中，蒙田是第一個闡述該信條的人。這個信條是重商主義的根本教義；古典經濟學家對重商主義的批判，主要針對的，就是這個信條；和蒙田教條對抗，古典經濟學家提出他們的「利益和諧說」——市場社會所有成員正確了解的（或長期的）利益彼此和諧。社會主義者和干預主義者拒絕接受「利益和諧說」。社會主義者宣稱，一個國家內部各不同社會階級彼此有不可調和的利益衝突；無產階級的利益，要求以社會主義取代資本主義，而資產階級——剝削者——的利益，則要求維持資本主義。民族主義者宣稱，各不同國家彼此的利益衝突不可調和。

很明顯地，如此矛盾的學說彼此對立問題，只能以邏輯推理的方法來解決。但，「利益和諧說」的反對者，並不願意接受邏輯推理檢驗他們的見解。一旦有人批評他們所提的理由，並且努力證明「利益和諧說」時，他們就大喊那人有偏見。只有他們，而他們的對手並沒有，提出偏見的指責；光是這個事實，便清楚顯示他們不能以理性思辨駁斥對手的學說。他們在討論相關問題時預先認定，只有偏心爲邪惡利益辯護的人，才可能質疑他們的社會主義或干預主義教條的正確性。在他們眼中，某人如果不同意他們的理念，那便足以證明他的心態偏頗。

他們這樣的心態，如果追根究柢，隱含他們堅持多元邏輯說（polylogism）。多元邏輯說否認人心邏輯結構的一致性，也就是說，否認所有人的心皆有共同的邏輯結構。他們說，每一個社會階級、國家、種族或歷史時期都有其特屬的邏輯，和其他社會階級、國家、種族或歷史時期的邏輯不同。因此，資產階級的經濟學和無產階級的經濟學不同，德國的物理學和其他國家的物理學不同，亞利安人的數學和猶太人的數學不同。對於這些形形色色的多元邏輯說，這裡無須討論它們的根本教義[2]。因爲各種多元邏輯說向來僅止於簡單宣稱，人心的邏輯結構大不相同，卻從未指出人心的邏輯結構究竟如何不同，例如：無產階級的邏輯如何不同於資產階級的邏輯。多元邏輯說捍衛者，只是一味以對手的邏輯怪異爲由，卻沒指明哪裡怪異，便拒絕接受對手所明確陳述的各項命題。

三、經濟學和價值

古典「利益和諧說」的主要論述，從區分短期和長期利益開始，後一種利益也稱爲正確了解的利益。且讓我們檢視長短期利益的區分和特權問題的關係。

某項特權如果授予某一群人，該群人無疑會獲益。一群生產者如果受到關稅、補貼或其他任何現代保護主義措施的保護，得以免受比較有效率的對手競爭，則該群生產者便可以藉由消費者的犧牲而獲益。但，一國的其他人民——納稅人和受保護之產品的消費者——眞的會容忍少數的一群人享有特權？只有當他們自己也從某項類似特權獲得利益時，才會默許他人享有特權。於是，每個人以作爲消費者所損失的利益，和作爲生產者所獲得的利益一樣多。另外，所有的人都會因爲比較沒效率的生產方法取代了比較有效率的而受害。

如果經濟學家是從這種區分長短期利益的觀點在討論經濟政策，那就沒有理由指控經濟學家心態偏頗或不中立。經濟學家之所以譴責鐵路工人要把工場變成安樂窩（featherbedding）的主張，並非因爲這樣的主張傷害其他某些人的利益，而經濟學家比較喜歡其他這些人。經濟學家證明，鐵路工人不可能阻止安樂窩的主張變成一種普遍的慣例，因此，長期而言，鐵路工人的安樂窩主張，對他們自己的傷害，不會少於對他人的傷害。

針對社會主義者和干預主義者的計劃，經濟學家所提出來的反對理由，對於某些人來說，當然不具有任何分量。他們不贊同西方文明視爲理所當然的一些人生目的，寧可過著貧窮與奴隸般的生活，而不願意享有物質幸福，以及一切唯有在物質生活無

---

❷ 請參見Mises, *Human Action*, pp. 74-89，或《人的行爲：經濟學專論》（上冊）（台北市，五南圖書，2024年），第三章。

慮的情況下，才可能發展出來與維持的事物；他們當然可以把經濟學家所提的反對理由，視爲馬耳東風。但，經濟學家一直以來不斷地強調，他們是從西方文明普遍接受的價值觀點，在討論社會主義和干預主義的問題。社會主義者和干預主義者不僅並未——至少並未公開的——否定西方文明的人生價值，而且還一直竭力宣稱，實施他們自己的計劃，將可使人們所追求的價值，得到遠比實施資本主義時更好與更多的滿足。

沒錯，大多數社會主義者，以及許多干預主義者，認爲生活水準人人平等，是一個值得追求的重要價值。經濟學家並不質疑這個平等化主張所隱含的價值判斷。經濟學家只是指出，將生活水準拉平會有哪些不可避免的後果。經濟學家沒說：你們所追求的目的不好；而是說：這個目的的實現，將導致一些你們自己認爲比生活水準不平等更爲不可取的後果。

四、偏見與不容異己

很明顯的，有許多人讓他們自己的推理受到價值判斷的影響，而且價值不中立也的確時常使一些人的思想錯誤百出。應該予以駁斥的，是流行的偏見論，此論認爲討論經濟問題不可能沒有預設的價值立場，並且認爲無須揭露對手在哪一個推理環節犯錯，只要指責對手價值不中立或有偏見，便足以駁倒對手的理論。

偏見論的出現，隱含持此論者事實上明確承認，偏見論所責怪的經濟學說，在推理論證上無懈可擊。偏見論的出現，是返回從前不容異己與對異議者施加迫害的第一個步驟，而不容異己與迫害異議者也的確是我們這個時代的一個主要特徵。異議者心態偏頗，所以理應予以「肅清」。

第三章　絕對價値之探求

一、問題

我們在談論價值判斷時，談的是事實，也就是，人們實際選擇了哪些最終目的。雖然許多人的價值判斷相同，雖然容許說某些價值的高低排序人們幾乎普遍接受，但，若是否定人的價值判斷彼此有所不同，那就顯然違背事實。

自古以來，絕大多數人都比較喜歡和平的合作——至少是有限的數人之間和平的合作——所產生的效果，而不喜歡假想的人人孤立謀生的後果，或假想的一切人對一切人戰爭的後果。相對於自然狀態，他們比較喜歡文明狀態，因為他們追求盡可能達到某些目的——他們想要盡可能保持生命與健康，而正如他們所正確了解的，這些目的需要彼此和平交往的合作，或者說，需要社會合作。但，不可否認的是，過去曾經有，而現在也仍然有，一些人排斥這些文明的價值，而偏愛隱士般的孤獨生活，甚於社會裡的生活。

因此，很明顯，任何關於價值判斷問題的科學論述，都必須充分考量到價值判斷事實上是主觀和變動的。科學尋求知道事實如何，以及力求有系統地陳述種種描述這宇宙實際如何運作的存在命題。關於價值判斷，科學所能探究與斷言的，僅止於哪些價值判斷是哪些人所表述的，以及它們所引導的行為必定會產生哪些效果。任何逾越這些界限的探索步驟，都無異是在以個人的價值判斷取代事實的認識。科學以及我們的知識體系，只論述事實如何，並不論述事實應該如何。

前述這個認爲只處理存在命題的科學領域，和價值判斷領域有別的主張，曾遭到某些學說駁斥；這些學說認爲，這宇宙有一些永恆的絕對價值，而就像探索物理法則是科學或哲學研究的任務，所以探索這些絕對價值也一樣是科學或哲學研究的任務。這些學說的擁護者堅決主張，有一個絕對的價值高低排序。他們試圖爲至善下定義。他們說辨別價值判斷的眞假對錯，如同辨別存在命題的眞假對錯，是可允許的，也是必要的[1]。科學並非僅限於描述事實如何。他們認爲，有另一個完全正統的科學部門，亦即，應然的倫理科學，它的任務是揭示眞正的絕對價值，以及爲人們建立正確的行爲規範。

在這派哲學的擁護者看來，我們這個時代的困境，在於人們不再承認這些永恆價值，並且也不接受這些價值引導他們的行爲。過去的社會情況遠優於現在，因爲當時所有西方文明的民族，都一致贊同基督教倫理所教導的價值。

---

❶ Franz Brentano, *Vom Ursprung sittlicher Erkenntnis*, 2nd ed. Leipzig, 1921.

下面，我們就來處理這派哲學所提出的一些議題。

二、社會裡的衝突

我們前面談到，人對於價值的判斷和最終目的的選擇，彼此意見不同；相對於前述這個事實，我們必須強調：有許多通常視爲價值判斷方面的衝突，其實是因爲在選擇用來達成某一目的的最佳手段時，大家的意見不一致所造成的，然而對於該目的，大家卻是一致同意的。特定手段適不適合的問題，理當用存在命題而不是用價值判斷來解決。處理這種問題是應用科學的主要課題。

所以，在處理人的行爲爭執時，我們必須搞清楚人們的意見不一致，究竟是關於目的的選擇，還是關於手段的選擇。這時常是一個困難的任務，因爲同一事物對某些人來說是目的，而對其他人來說卻是手段。

如果把人數少到幾乎可以忽略不計的一些言行一致的隱士排除在外，便可以說，所有的人都一致認爲，某種人與人之間的社會合作，是達成他們所企盼的任何目的的最佳手段。這個不可否認的事實，提供了一個共同的對話基礎，使人與人之間的政治對話成爲可能。所有的人類個體在精神和理智方面的統一性，表現在這個事實：絕大多數人，把同一件事——社會合作，視爲每一個人所固有的那些生物性衝動——保持個人生命與健康，以及繁衍後代——獲得滿足的最佳手段。

如果有人把社會合作幾乎普遍爲人所接受的事實，稱爲一個自然現象，那是可允許的。如果採取這個表述方式，而宣稱人與人有意的結社符合人的天性，那是要表達以下這個意思：人之所以爲人，特徵就在於具備理性，從而能夠察覺在這宇宙主導生成與演化的偉大法則，亦即，偉大的差異化與整合法則，並且能夠有意地利用這個法則來改善他的處境。但，我們絕不可認爲，同一物種的個體間合作，是一個普遍的自然現象。對每一物種來說，生存資源都是稀少的。因此，生物性競爭，一種不可調和的生死「利益」衝突，盛行於所有物種的成員之間。出生在世的生物個體，只有一部分能存活下來。有些生物個體喪生，因爲同一物種的其他個體奪走它們的生存資源。一種難以和解的生存鬥爭，在每一物種的成員之間進行著，恰恰因爲它們屬於同一物種，對特定資源有相同的倚賴，從而彼此競爭同一類爲數稀少的生存與繁衍機會。只有人，憑藉他的理性，才能以社會合作取代生物性競爭。當然，社會合作之所以可能形成，原因也在於一個自然現象，即，在分工與專業化原則下，所完成的勞動有比較高的生產力。但，只有當人們發現了這個自然原則，理解了它對人的處境的含義，並且有意地運用了它作爲「生存鬥爭」的一個手段，該自然原則才會發生作用。

前述關於社會合作的根本事實，遭到社會達爾文主義學派和該派的批評者誤解。前一派學說主張，人與人之間，交戰是一個必然的現象，一切嘗試在各民族之間締造永久和平的努力，都違反自然。而後一派則反駁說，生存鬥爭不會發生在同一物種的成員間，而是發生在不同物種的成員間。老虎通常不會攻擊其他老虎，而是「柿子要挑軟的吃」，攻擊比較弱小的動物。因此，他們推斷說，人與同一物種的其他人戰爭，違反自然[2]。

這兩派學說都誤解了達爾文的「生存鬥爭」（struggle for survival）概念。「生存鬥爭」，並非只是打鬥與打擊的意思，而是一個比喻的說法，意謂各個生物在面對一切危害它們的因素時，自然而然呈現頑強的求生衝動。由於生存資源稀少，生物性競爭盛行於所有的生物個體間，不管它們屬不屬於同一物種，只要它們倚賴同一類資源為生。老虎是否彼此爭鬥，是一個無關緊要的問題。每一物種的每一個體之所以是其他每一個體的死敵，只因它們在努力攫取一份充足的食物時，實際上存在生死競爭的關係。這種無可奈何的競爭關係，也存在於成群結隊、四處遊蕩的群居性動物間，存在於同一堆的螞蟻間以及同一群的蜜蜂間，存在於同一對公母鳥所孵化的雛鳥間以及同一株植物所結成的種子間。只有人類有能力，在某一限度內，訴諸有意的合作，以擺脫這種生物性競爭法則的宰制。只要有社會合作，而且人口還未增加到超過最適量，生物性競爭便會暫停。所以，在討論人類的社會問題時，如果去參考一般動植物的情況，那是不恰當的。

雖然人們幾乎普遍承認社會合作的原則，然而此一事實並未導致人，對於所有人際關係的安排，意見一致。雖然幾乎所有人都一樣將和平的社會合作視爲實現人生一切目的的首要手段，不管是什麼目的，然而對於社會合作在何等程度內適合他們所追求的目的，以及應該採用到什麼程度，他們的意見不一致。

我們稱爲和諧論者的那些人，把他們的論點建立在李嘉圖的結社律和馬爾薩斯的人口論之上。和他們的某些批評者所相信的不一樣，他們並不認爲所有人，就生物學的觀點而言，是相同或相等的。他們充分考量到不同民族間以及同一民族的各人間，其實存在著先天的生物性差異。李嘉圖的結社律證明，在分工的原則下進行合作，對所有的參與者都有利。對每一個人來說，和其他人合作都是有利的，即使這些其他人在每一方面——包括智能、體能與技巧、勤勉的程度，以及德行修養等等——都不如

❷ 關於這個爭論，請見Paul Barth, *Philosophie der Geschichte als Soziologie* (4th ed. Leipzig, 1922), pp. 289-92。

他。從馬爾薩斯的人口論，我們可以推斷出，對應於一定的資本財供給狀態，和一定的關於如何充分利用自然資源的科技知識狀態，有一最適量的人口。只要人口尚未增加到超過這個最適量，增加新人參與合作，會改善，而非傷害，那些已經參與合作者的處境。

在反和諧論者的哲學中，亦即，形形色色的民族主義和種族主義，必須區分兩個不同的論述路線。其中一個論述路線的教條認為，不可調和的敵對態勢，主導不同人類族群，諸如不同民族或種族之間的關係。在這一派反和諧論者看來，共同利益只存在於同一族群的成員間。每一族群及族群內每一成員的利益，不可調解地和所有其他族群及其成員的利益相互對立。所以，不同族群之間不斷交戰，是很「自然的」事情。這種自然的，每一個族群對抗其他每一個族群的戰爭狀態，有時候可能因為出現若干誤稱為和平時期的停戰時期而暫時中斷。而在戰爭中，某一族群有時候也可能和其他一些族群合作，締結聯盟共同作戰。但，這種聯盟只是暫時的政治權宜手段，長期而言，對於不同族群間自然的，所以無法改變的利益衝突情況，不會有任何影響。一旦和某些同盟族群攜手合作打敗了若干敵對的族群，同盟中的領導族群便會翻臉，對先前和它結盟的族群開戰，企圖也把它們消滅掉，從而建立起它自己的世界霸權。

民族主義者與種族主義者所論述的第二教條，被其擁護者視為前述第一教條的一個邏輯推論。在其擁護者看來，人的處境必然永遠有不可調和的衝突如影隨形相伴，首先是不同族群之間彼此爭戰，後來，等到優等族群獲得最終勝利，便會出現優等族群和其餘被奴役的人類之間的戰爭。因此，最爲優越的精英族群必須隨時準備戰鬥，首先是粉碎敵對族群，然後鎮壓奴隸的反叛。永遠備戰的狀態，促使優等族群不得不參照軍隊模式去組織社會。這種軍隊不是一種預定用來服務國家的工具，而是社會合作的眞正本質，其他一切社會制度和機構都須順從它。人不是某個國家的公民，而是一支戰鬥隊伍的士兵，因此必須無條件地服從最高統帥所下達的命令。他們沒有公民的權利，只有從軍者的義務。

就這樣，即使事實上絕大多數人將社會合作視爲達成所有想要目的的首要手段，人們也無法根據該事實基礎，就關於追求什麼目的或採用什麼手段的問題，找到廣泛同意的解答。

三、對中古時期據稱價值統一的短評

在檢討一些關於永恆絕對價值的學說時，我們也必須注意一下，歷史上是否眞有某個時期，所有西方文明的民族都統一接受某個一體適用的倫理規範體系。

在第四世紀開始之前，基督教信仰的傳播，一直是透過人們自願地改信皈依。後來，也有一些個人，甚至整個民族，自願改信基督教的情事。但，自從迪奧多西一世（Theodosius I）❸統治時期以後，武力便開始在基督教的傳播過程中，扮演一個重要角色。異教徒和外道人士迫於武力威脅而服從基督教教義。有好幾個世紀，宗教問題由戰役和戰爭的結果來解決。軍事行動的勝敗，決定整個民族擁護什麼宗教信仰。東方的基督教徒被迫接受回教信仰，而歐洲和美洲的異教徒則被迫接受基督教信仰。在新教改革和反新教改革的鬥爭中，世俗權力也發揮了舉足輕重的影響。

中古世紀的歐洲，宗教信仰統一，因爲異教、異端和外道都被烈火和屠刀根除。所有西歐和中歐的人民，都承認羅馬教宗爲基督在這塵世的代表。但，這並不表示，人們在價值判斷和行爲守則方面看法完全一致。中古世紀的歐洲，很少有人按照福音書的箴言過活。關於據說體現眞正基督教精神的騎士守則，以及關於引導武士行爲的那種宗教理想主義，曾經有許多著述與介紹。然而，很難想像有什麼行爲準則，會比騎士守則，更不見容於路加福音6:27-9❹。中古世紀英勇的武士，肯定不會愛他們的仇敵，不會爲詛咒他們的人祝福，更不會湊上左臉，給打了他們右臉的人再補上一拳。當時，天主教教會有權力阻止學者和作家挑戰教宗和教會所定義的教條，有權力強迫世俗統治者對教會的一些政治主張讓步。但，教會爲了保持權力，只能縱容普通信徒自行其是地藐視——即使不是全部，也是大部分的——福音書箴言。決定統治階級行爲的那些價值，和教會所傳布的價值完全不同。小農階級也一樣不遵守馬太福音6:25-8[5]。法庭和法官也無視馬太福音7:1：「你們不要論斷人，免得你們被論斷。」

四、自然法的理念

在所有探索絕對與永恆價值標準的嘗試中，影響最爲深遠的當推自然法學說。

---

❸ 譯者注：西元三四七年至三九五年間的羅馬帝國皇帝。

❹ 譯者注：「(27)只是我要告訴你們這聽道的人，你們的仇敵，要愛他！恨你們的，要待他好！(28)詛咒你們的，要爲他祝福！凌辱你們的，要爲他禱告！(29)有人打你這邊的臉，連那邊的臉也由他打。有人奪你的外衣，連裡衣也由他拿去。」——引自香港聖經公會印製的《聖經》。

❺ 譯者注：「(25)所以我告訴你們，不要爲生命憂慮吃什麼，喝什麼；爲身體憂慮穿什麼。生命不勝於飲食嗎？身體不勝於衣裳嗎？(26)你們看那天上的飛鳥，也不種，也不收，也不積蓄在倉裡，你們的天父尚且養活牠。你們不比飛鳥貴重得多嗎？(27)你們哪一個能用思慮使壽數多加一刻呢？(28)何必爲衣裳憂慮呢？你想野地裡的百合花怎麼長起來；它們也不勞苦，也不紡線。」——引自香港聖經公會印製的《聖經》。

「自然法」一詞，曾經有許多不同的哲學與法理學門派宣稱屬於他們。許多學說，以合乎天理或本於自然爲由，試圖使它們所假設的公理看似正當。許多人以自然法爲名，提出了許多似是而非的學說。這些學說大多含有一些共同的謬論，而要駁倒這些謬論並不困難。所以，難怪許多思想家一聽到有人提起自然法便犯疑。

然而，要是忽視所有形形色色的自然法學說其實都含有一個健全的觀念，那就犯了一個嚴重的錯誤；該健全的觀念，既不會因爲受到一些荒誕論述的牽連而受損，也不會因爲遭到任何批評而失色。早在古典經濟學家發現，在人的行爲領域，有某種規律主導現象的發生順序之前，自然法的眾多擁護者便已隱隱約約地意識到前述這個不可避免的事實。從形形色色皆以自然法爲名，從而令人眼花撩亂的學說中，最後出現一組觀念和定理，無論怎樣吹毛求疵加以批評，都駁不倒。首先是這個觀念：有一個自然給定的事物秩序存在，任何人如果想達到他的目的，都必須調整他的行爲，以適應該秩序。第二是：唯一可供人們用來認識這個秩序的手段，是思辨與推理，而且沒有什麼現有的社會制度，不能用思辨與推理加以檢視與評估。第三是：沒有任何標準可以用來評估任何——無論是人們個別的，或是群體的——行爲模式，除了這等行爲「所產生的功效」這個標準。自然法的理念，推演到最終的邏輯結果，最後會導致理性主義和功利主義。

社會哲學在往前述這個不可避免的結果邁進的過程中，因爲遭到許多不易移除的障礙羈絆而步履蹣跚。這條路上有無數的陷阱，而且相關哲學家自身也遭到許多思想顧忌的拖累。處理這些學說的演化、變遷與浮沉，是哲學史的一項任務。在這裡所研究的課題脈絡中，只須談談這些問題中的兩個就夠了。

首先，當時有理性的學說和教會的教條之間對立的問題。有一些哲學家傾向於認爲，就眞理的位階而言，後者絕對是至高無上的。他們宣稱，只有在上帝的啓示中，才找得到確定無疑的眞理。人的理性可能犯錯，而且人永遠無法保證，他的思索不會被撒旦導入歧途。另有一些思想家並不接受此一解決前述對立的辦法。他們認爲預先就排斥理性是荒謬的。理性也源自於上帝，是上帝將理性賦予人，所以在教條和正確的理性學說之間絕不會有眞正的矛盾。而哲學的任務，就是證明兩者終究會導致一致的眞理。經院哲學的核心問題，就在於證明人的理性，在沒有啓示和聖經的協助下，只倚靠理性自己的適當推理方法，便能夠證明啓示所賜的教條，其實是適當推理必然會達到的眞理[6]。信仰和理性之間不存在眞正的衝突。自然法和上帝給定的法並非不一致。

---

[6] Louis Rougier, *La Scholastique et le Thomisme* (Paris, 1925), pp. 102-5, 460-562.

然而，事情這樣處理，並未眞的抹除前述的對立問題，而只是把它轉移到另一個層面。對立的不再是信仰和理性之間的衝突，而變成是多馬斯哲學（Thomist philosophy或經院哲學）和其他哲學門派之間的衝突。我們可以擱置諸如創世、降生（或道成肉身）和三位一體等眞正的教條不論，因爲它們對人際關係（或社會制度）問題的討論沒有直接影響。但，仍然有許多和人際關係相關的議題，基督教各教會與宗派，即使不是全部也是大部分，不願意接受凡俗推理的結論，尤其不願意接受凡俗的理性，從社會功效的觀點，對各種社會制度的評估。基督教神學就這樣只是有條件地承認自然法，也就是，基督教各教會與宗派只承認某一類型，和他們各自所解讀的基督教教義沒有不符的自然法論述。換言之，基督教神學並不承認理性高於信仰。基督教神學和功利主義哲學的根本原則並不相容。

阻礙自然法哲學往一個一致且全面關於人的行爲之理論體系發展的第二因素，是一個錯誤的，堅持所有人類在生物學意義上皆相等的理論。許多主張「法律之前人人平等」的學說，在駁斥某些用來支持法律歧視與身分社會（status society）的理由時，逾越了眞理的分際。主張「人類的嬰兒出生時，無論遺傳了什麼，都像量產的福特車那樣相同」[7]，無異是在否認眾所皆知的事實，只會使整個自然法哲學聲名狼藉。咬定人類無生物性差異的自然法學說，把一切支持「法律之前人人平等」的正當理由，全部擱置在一旁，從而爲各式各樣主張法律歧視某些個人或某些族群的理論開門鋪路，方便它們的傳播，終至取代了古典自由主義哲學的教誨。它煽起仇恨與暴力，煽起對外戰爭和國內革命，使人們在心理上更容易接受傾向侵略的民族主義和種族主義。

自然法哲學的主要成就，在於拒斥某個（有時候稱爲法律實證論的）學說，該學說認爲，成文法的終極來源在於立法者擁有優勢武力，能夠把所有藐視法令者打到屈服。自然法哲學告訴人們說，成文法可能是惡法，而和這種惡法相對的，則是源自於神或自然（或天理）的良法。但，只有陷入幻想的人才會否認，除非有優勢武力作爲執法的後盾，否則再怎麼優良的法律體系都不可能實施。然而，對於明顯的歷史事實，自然法哲學家卻閉上眼睛。他們拒絕承認，他們所謂的正義之所以獲得伸張，只因他們所認同的那一派黨徒，打敗了守護所謂邪惡的另一派黨徒。基督教信仰所以成功傳播，是由於在很長的一系列戰鬥和戰役中——從敵對的羅馬大將軍和皇帝之間的多次爭鬥，直到打開東方大門，方便傳教士活動的多次軍事行動——信仰基督教的一方獲得了勝利。美國的獨立大義所以獲得勝利，乃是因爲英軍遭到反叛軍和法國人聯

❼ Horace M. Kallen, "Behaviorism," *Encyclopaedia of the Social Sciences* (Macmillan, 1930-35), 3, p. 498.

手擊潰。戰神總是站在武力強大的那一方陣營，而不是站在正義這一邊；這雖然令人傷心，卻是永遠不會打折的事實。要是堅持與此相反的看法，那就是隱含相信：武裝衝突的結果，是一個戰鬥考驗（或審判），而在這類戰鬥中，上帝總是會把勝利賜予正義的捍衛者。但，這樣的假說無異宣告自然法的根本論述全部作廢，因爲自然法的基本理念就是認爲，相對於那些掌權者所頒布和執行的成文法，存在著一種「位階比較高的」法，植根於人類最深層的天性。

然而，所有這些缺點和矛盾，都不應阻止我們認識自然法學說正確的核心。埋藏在一大堆幻想和完全武斷的先入之見底下的，是這個正確的理念：國家的每一條有效的法律，都可以用理性加以批判檢視。關於在這樣的檢視中，應該採用什麼標準，老一輩的自然法學說代表性人物只有一些模糊的想法。他們訴諸自然（或天理），因爲他們不願承認，善惡的終極標準必須在法律所產生的效果裡尋找。功利主義最後完成了古希臘的詭辯家所開始的知性演化（intellectual evolution）。

但，不管是功利主義，或是形形色色的自然法學說中的任何一種，都不可能，而事實上也沒有找到任何辦法消弭對立的價值判斷彼此衝突的問題。只是一味強調自然（或天理）是善惡對錯最終的裁判，那是沒用的。自然（或天理）並未清楚啓示人們它的計劃和意向。因此，訴諸自然的法律解決不了爭議，而只是把關於價值判斷的爭執，轉換成關於自然的法律如何解讀的爭執。另一方面，功利主義根本不處理終極目的和價值判斷問題，而只是一成不變的論述手段問題。

五、啓示

啓示教（revealed religion）的權威和眞實可信性，來自它所傳達的據說是上帝的旨意。上帝的啓示，讓信徒有不容置疑的確定感。

然而，對於上帝所啓示的眞理內容，以及這內容的正確——正統——解讀，人們的意見卻是大大不同。儘管宗教的情懷極其偉大、莊嚴和崇高，各種不同的信仰或信條之間，還是存在著一些不可調和的衝突。即使對於啓示的歷史記述是否詳實可靠，人們能達成統一的看法，仍然會有各種不同版本的啓示釋義，其眞確性如何判定的問題。

每一個教派都主張，它的信仰絕對正確無誤。但，沒有哪一個教派知道什麼和平的辦法，必定可以用來促使不同信仰者自願拋棄他們的誤信，轉而採納眞正的信仰。即使信仰不同的人想要碰面，以便和平地討論他們彼此的歧異，他們也找不到對話所需具備的共識基礎，除了下面這則提示：憑著他們的果子，就可以認出他們來[8]。

然而，只要對於評斷結果的好壞，究竟該採取什麼標準，人們的意見不一致，那麼，前述這則《聖經》裡的功利主義提示便行不通。

在宗教信仰方面，訴諸絕對永恆的價值，並不會終止價值判斷的衝突，而只會導致宗教戰爭。

六、無神論者的直覺

其他嘗試發現某個絕對價值標準的努力，則完全不提存在某個神。形形色色的著述者斷然排斥一切傳統宗教，並給他們自己的學說冠上「科學」的稱號，企圖建構某種新信仰，以取代舊信仰。他們聲稱確切知曉，指揮一切宇宙現象生成與轉化的神祕力量，給人類的命運做了什麼安排。他們宣告某個絕對的價值標準。善，就是沿著這股神祕力量要人類遵循的路線前進的事物；其他一切事物皆為惡。在他們的語彙裡，「進步」是「善」的同義詞，而「反動」則是「惡」的同義詞。進步必將戰勝反動，因為人類絕不可能改變該股神祕的原動力所擬定的歷史發展軌跡。這就是馬克思的形上學，也就是我們這個時代自稱為進步主義的形上學信仰。

馬克思主義是一門革命的學說。它明確宣示，歷史原動力所擬定的計劃將由內戰來完成。它隱含：在內戰的衝突中，代表正義的這一方，也就是代表進步的這一方，終必獲勝。屆時，所有關於價值判斷的衝突將會消失。將所有的異議者予以肅清，絶對永恆的價值標準、無可置疑的至高地位便可確立。

這套解決價值判斷衝突的公式，當然並非新發明。自古以來，它便是一個爲人所熟悉和實際採用的爭端解決辦法。殺死異教徒！燒死異端分子！新的只是，它現在貼上「科學」的標籤推銷給民眾。

七、正義的理念

人之所以有動機探尋某個絶對永恆價值標準，原因之一是他們預先認定：只有在

---

❽ 譯者注：這則提示出自新約《聖經》〈馬太福音〉7：16。前後文如下：「(15)你們要防備假先知。他們到你們這裡來，外面披著羊皮，裡面卻是殘暴的狼。(16)憑著他們的果子，就可以認出他們來。荊棘上豈能摘葡萄呢？蒺藜裡豈能摘無花果呢？(17)這樣，凡好樹都結好果子，唯獨壞樹結壞果子。(18)好樹不能結壞果子；壞樹不能結好果子。……(20)所以，憑著他們的果子就可以認出他們來。」──引自香港聖經公會印製的《聖經》。

接受相同價值判斷引導的人之間，才可能有和平的合作。

顯然地，如果絕大多數人不認爲社會合作是達成他們所有目的的手段，社會合作自始便不會發展出來，即使一時出現，也不能長久保持。一個爲維持自己的生命，並盡可能去除所感覺到的不適而奮鬥的人，把社會視爲手段，而不是視爲目的。對於這一點，人們的意見其實也並非完全一致。但，我們可以忽略苦行修道者和隱士可能提出的不同意見，不是因爲他們爲數甚少，而是因爲即使其他人爲了實現自己的計劃而進行社會合作，他們的生活也不會受到影響。

社會的成員間，對於組織社會的最佳辦法，每每有不同的意見。但，這是關於手段而非關於終極目的的爭議。相關問題的討論，用不著提到價值判斷。

當然，幾乎所有的人，因爲拘泥於傳統處理倫理規範的方式，都會斷然拒絕前述這個對於問題癥結的解釋。他們斷言，社會制度必須是公平的。他們說，僅根據社會制度是否合適達成某些目的去判斷社會制度的好壞，是一種卑鄙的想法，不管從任何其他觀點來說，那些目的是如何值得追求。第一重要的是公平正義。這個理念的極端表述方式，是如下這則拉丁文箴言：「*fiat justitia, pereat mundus*」；讓正義得以伸張，即使世界因此而毀滅。正義優先論的大多數支持者，肯定會拒絕這則箴言，說它過分不切實際、荒謬和自相矛盾。但，和其他任何指涉某個任意的絕對正義的主張相比，它不見得更爲荒謬，而只是更爲聳人聽聞罷了。它清楚顯示，直觀倫理學（intuitive ethics）所應用的那些方法錯誤百出。

這個規範性的準科學所採取的論述步驟，是先從直覺獲得一些行爲規範，而再進一步論述時，似乎認爲：實際採納這些規範作爲行爲指南，絲毫不妨礙達成其他任何值得追求的目的。道德家毫不關心，他們的主張一旦落實，必然會有哪些後果。我們無須討論某些人的態度，因爲就這些人來說，訴求正義，顯然是一個藉口（不管這藉口是他們有意識的選擇，或是他們潛意識的選擇），用來掩蓋他們的短期利益；另外，對於諸如公正的價格與公平的工資等流行概念[9]所涉及的權宜正義的概念，我們也無須揭露它僞善的眞面目。那些在他們的倫理學著述中，把正義視爲至高無上的價值，並以正義的尺度來臧否一切社會制度的哲學家，並未犯下前述這種虛僞的過錯。他們並未支持一些自私的團體利益，並未宣稱唯獨這些團體的利益是公正的、公平的和善良的；另一方面，他們也並未汙衊所有和他們意見不同的人，並未詆毀異議者爲不公不義的主張辯護。他們是柏拉圖學派中人，相信有一個常年不變的絕對正義理念

[9] 參見米塞斯《人的行爲：經濟學專論》（下冊），（台北市，五南圖書，2024年），第二十七章第四節。

存在，而人類的責任就是按照這個理念，組織人世間的一切制度。人被一股心裡的聲音，也就是直覺，賦予了對正義的認識。這個學說的捍衛者沒問，他們稱爲正義的那些方案，如果實施會有什麼後果。他們默默地假定，這些後果將是有利的，而即使不然，人類也勢必會甘願忍受正義的苦果，不管多麼痛苦。這些道德家當然更不會去注意，對於心裡的那股聲音如何解讀，人們可能會有，而事實上也的確有不同的意見，並且這種意見紛爭找不到任何和平解決的辦法。

所有這些倫理學說都未能理解，在社會的連結之外，並且無論是就事實發生的先後次序而言，或是就邏輯推演步驟的先後次序而言，在社會存在之前完全沒有什麼稱得上「公正」或「公平」的東西。一個假想，孤立的人，在生物性競爭壓力下，必定把一切他人視爲死敵。他的唯一關切，是保存他自己的生命和健康；他不需要注意自己的生存對他人的影響；他不需要，也用不著「正義」。他唯一的考量，是個人的健康與防衛。但，在與他人合作的社會連結中，他被迫不得做出不見容於社會生活的行爲。只有在這個時候，才會出現公正與不公正的行爲區別。公正與否，總是指涉人與人之間的社會關係。有利於個人，但不影響他人的事項，譬如：使用藥物時遵守某些規則，仍僅屬於個人健康的範疇。

判斷正義與否的最終標準是，是否有助於維持社會合作秩序。合適於保持社會秩序的行爲是公正的，而有害於社會秩序之保持的行爲則是不公正的。根本不會有按照某個預先任意設想的正義理念的要求去組織社會的問題。眞正的問題是：如何組織社會，最有助於實現人們透過社會合作想要達到的那些目的？社會功效是判斷正義與否的唯一標準，也是立法的唯一指導原則。

因此，自利與利他間、經濟學與倫理學間，以及個人利益與社會利益間，並沒有不可調和的衝突。功利主義的哲學和它最完善的結晶——經濟學——把這些表面的衝突，歸結爲長、短期利益之間的對立。社會不可能形成，又或即便一時形成，也不可能長存，除非所有社會成員正確了解（或長期）的利益是和諧的。

要處理社會組織與社會成員行爲的一切問題，只有一個方法，那就是行爲學與經濟學所採用的那個方法。其他任何方法都無助於相關問題的剖析。

法理學（jurisprudence）所使用的正義概念，指的是合法性，也就是合乎國家現行法律的規定。這種正義指的是現行法律之內的正義（justice *de lege lata*）。法科學（the science of law）沒有未來法（*de lege ferenda*）的問題，也就是沒有未來的法律應該如何制定的問題。制定新法與廢除舊法，是立法機關的任務，而立法的唯一準繩則是社會功效。立法者所能期待於法學家提供的，只是立法技術方面的協助，這種協助無關法令的實質要旨。

這世界不存在規範性科學這種東西，也就是，不會有研究應該是什麼的科學。

八、功利主義學說之重述

功利主義哲學在社會問題方面的主要學說，可以重述如下：

人的努力，在分工原則下，於社會合作中運用，其他情況相同下，每單位投入所達成的產出，大於孤立的個人，獨自努力，每單位投入的產出。人的理性能夠認識這個事實，並且能夠調整他的行爲適應這個事實。於是，對幾乎每一個人來說，社會合作成爲達成一切目的的主要手段。一個顯著的人類共同利益——保持與強化社會連結——取代了殘酷的生物性競爭——一般動、植物生命的顯著特徵。人，變成一種社會性的生物。他不再迫於自然法則把所有和他同類的其他動物個體視爲死敵。其他人變成他的夥伴。對一般動物來說，每一個新同類個體的產生，意味出現一個新的生存競爭對手。然而，對人來說，直到最適量人口達到之前，每一個新人類個體的產生，都意味原來的人有比較好，而不是比較差的機會追求他的物質幸福。

人，儘管有許多出色的社會性成就，但在生物性結構上，他仍然是一個哺乳動物。他最迫切的需要，是吃飽、穿暖和休憩安全。只有在這些需要獲得滿足後，他才會關心其他一些需要——一些僅見之於人類的需要，所以也稱爲人性特有的或比較高級的需要。這些需要的滿足，一般來說，至少在某種程度上也有賴於各式各樣有形的物質類東西的供應。

由於社會合作，對行爲人來說，並非目的，而是一個手段，所以社會合作要進行，不需要人對於價值有一致的判斷。沒錯，幾乎所有的人都會當作目的，追求一些被象牙塔裡的道德家蔑視爲卑鄙與不體面的享樂。但，同樣不能否認的是，人如果不先滿足他們身體的需求，即使想追求最爲崇高的目的也辦不到。生活在社會之外的人，絕不可能完成任何哲學、藝術與文學方面的偉大作品。

道德家稱讚那些爲了某件事物本身的價值而追求該事物者，說他們人格高貴。華格納（Richard Wagner）宣稱，「說某人是德國人，意味他爲了做某件事而做該件事」[10]。而納粹尤其把這句格言當作他們所奉行的那些信條的根本原則。且說，當作某個最終目的而受到追求的某件事物，在追求者眼裡的價值，就是該事物達成時直接

[10] "Deutsch sein heisst eine Sache um ihrer selbst willen tun," in *Deutsche Kunst und Deutsche Politik*, Sämtliche Werke (6th ed. Leipzig, Breitkopf and Härtel), 8, p. 96.

爲追求者帶來的滿足。如果有人以省略句宣稱，追求者爲了該事物本身的價值而追求該事物，那是無妨的。於是，前述華格納的那句話，就化約成如下這則老生常談的自明之理：最終目的，是目的，而不是達成其他目的的手段。

道德家還指責功利主義犯了（倫理）唯物論的錯誤。就這一點而言，他們也誤解了功利主義的學說。這個學說的要旨，在於認識：行爲追求某些選定的目的，因此要品評行爲的好壞，不會有其他標準，除了行爲所產生的效果是否可取。倫理學的誡律，旨在保持而非摧毀這個「世界」。道德家可以告誡人們應該忍受一些短期不可取的後果，以避免產生更爲不可取的長期後果。但是，道德家絕不可以建議一些所產生的後果連他們自己也認爲不可取的行爲，而只一味著眼於這些行爲並不牴觸某個任意從直覺得來的規範。「讓正義得以伸張，即使世界因此而毀滅，」這種說法已被駁斥爲全然荒謬。未充分考量行爲後果的倫理學說，只是一種離奇的幻想罷了。

功利主義沒告訴人們說，應該只追求身體的享樂（雖然功利主義承認，大多數人，或至少許多人是這樣行爲）。再則，功利主義也沒沉湎於價值判斷。功利主義憑藉「社會合作，對絕大多數人來說，是達成他們一切目的的一個手段」這個認識，掃除了「社會、國家、民族或其他任何社會體，是一個最終目的，而個別的人都是該社會體的奴隸」這樣的見解。功利主義拒絕全體主義（universalism）、集體主義

（collectivism）和極權主義（totalitarianism）的哲學。就這個意思來說，我們可以把功利主義稱爲一種個人主義的哲學。

集體主義的學說未能看出社會合作對人來說，是達成人的一切目的的一個手段。集體主義認爲，集體的利益和個人的利益之間經常存在不可調和的衝突，而在這種衝突中，集體主義是毫無條件地站在集體這一邊的。眞實存在的唯獨集體，而個人的存在則是以集體的存在爲先決條件的。集體是完美的，絕不可能犯錯。個人，一般來說是卑鄙的與冥頑不靈的；他們怙惡不悛，必須由上帝或天理（God or nature）所託付主持社會事務的權威當局來抑制與約束。使徒保羅說，凡掌權的，都是神所命的[11]。而無神論的集體主義者則說，凡掌權的，都是天理或指揮一切宇宙事件的那個超人力量所命的。

但出現兩個問題，需要集體主義者解答。首先：如果集體的利益和人們個別的利益眞是彼此不可調和的對立，社會怎麼可能運作？我們或許可以假定，人們將受到武力的阻止而不會公開造反。但是，誰也不能假定，僅憑武力強制，便可保證獲得人們

[11] 新約《聖經》羅馬書13：1。

主動的合作。一個生產體系，如果害怕受到懲罰是其中唯一的工作誘因，是不可能長存的。正是此一事實，使奴隸制——作為生產活動的一個管理體系——在歷史長河中消失。

第二：如果集體不是人們可以個別用來達成他們目的的一個手段，如果集體的興隆需要人們個別做出犧牲，而人們個別得自社會合作的好處又沒超過所付出的犧牲，那麼，究竟是什麼促使集體主義的擁護者認爲，集體的利益優先於或高於人們個別希望達到的目的呢？對於爲什麼如此抬舉集體的地位，集體主義的擁護者除了他個人的價值判斷，還能提出其他什麼理由嗎？

每個人的價值判斷，當然都是他個人自己的判斷。某個人如果認爲某個集體利益的價值高於他的其他利益的價值，並且按照此一價值判斷而行爲，那是他自己的事。只要集體主義哲學家眞的這麼想，那就沒什麼好反對的。但，其實他們不是這麼想的。他們把自己個人的價值判斷，抬高到某個絕對價值標準的高度。他們敦促他人必須放棄照自己的意志進行價值判斷，必須無條件地採納集體主義者認爲永遠絕對有效的行爲規範或訓誡。

當我們再想到形形色色的集體主義政黨彼此激烈競爭，都想成爲人們唯一效忠的對象時，集體主義觀點的無效與任意性便益發明顯。不同的集體主義政黨領袖和宣傳家，儘管使用相同的字眼代表他們的集體主義理想，但他們心裡想的東西其實根本不同。拉薩爾（Ferdinand Lasalle）稱為上帝並且賦予至尊地位的那個邦國，並非恰恰是黑格爾和斯塔爾（Frederick Julius Stahl）所崇拜的那個集體主義偶像——霍亨索倫皇室（Hohenzollern）的邦國。是否人類全體才是唯一正當的集體概念，還是每一個國家也都是正當的集體？講德語的瑞士人唯一效忠的對象，究竟該是瑞士聯邦，還是包括所有講德語的人民在內的那個所謂德語族共同體（*Volksgemeinschaft*）？所有諸如民族、語言族群、宗教社群、政黨組織等重要的社會體，都曾被高舉為至尊的集體，享有使其他一切集體黯然失色的至高尊嚴，並且聲稱理應獲得所有思想正確的人全心全意的服從。但是，一個人只可能對某一個集體，宣誓放棄自主的行為，全心全意地服從。這一個集體究竟應該是哪一個集體，只能取決於某個完全任意的決定。集體主義的信條，必定是排外的和極權的。它渴望完整擁有每個人，絕不想和其他集體分享任何人。它想要建立某個唯一的價值體系，成為獨一無二、至尊、有效的價值判斷標準。

當然，只有一個辦法能使某人自己的價值判斷成為至尊判斷，那就是把所有持不同意見者打到屈服。這也正是所有形形色色的集體主義學說的代表性人物奮鬥的目標。他們終究無一例外建議使用暴力，主張毫不留情地消滅所有遭到他們斥為異端的異議人士。集體主義是一個鼓吹戰爭、不容異己與迫害異己的學說。假使眞有任何信奉集體主義的團夥奮鬥成功，所有的人，除了大獨裁者，將會被剝奪他們的根本人性。他們將變成只是某個大魔怪手中沒有靈魂的卒子。

自由社會的特徵是，儘管社會成員在許多價值判斷上意見不同，社會依然能夠運作。在市場經濟裡，營利事業不僅爲多數族群，也爲形形色色的少數族群提供服務，只要這些少數族群，就滿足他們的特殊需要所需的經濟財而言，需求量不是太少。哲學的論文也會有人出版——雖然很少有人閱讀這種論文，社會大眾要麼比較喜歡其他類書籍，要麼任何書籍都不喜歡——只要相關出版商預料有足夠多的讀者群，成本回收沒問題。

九、論審美價值

並非只在倫理學的領域，才有人探求絕對價值標準。這種追求也觸及審美價值。在行爲倫理方面，只要人們一致認爲保持社會合作，是達成他們一切目的的最重要手段，他們便有了一個據以選擇行爲規範的共同基礎。於是，幾乎任何關於行爲規範的爭議，便僅指涉手段，而非指涉目的。因此，人們便可能從是否有助於社會和平運作的觀點，來評估這些行爲規範的好壞。甚至直觀倫理學的堅定支持者，最後也不得不訴諸行爲對人的幸福產生什麼影響的觀點，來評估行爲是否合宜⑫。

關於審美的價值判斷，情況和前述不同。在審美方面，人們沒有類似「社會合作是達成一切目的的最重要手段」這樣的關鍵共識。因此，一切爭議總是指涉價值判斷，而非關於實現某一共同目的所需手段的選擇。沒有辦法調和相互衝突的判斷。沒有任何標準，能夠用來糾正「它讓我覺得愉快」或「它讓我覺得不愉快」這樣的判斷。

有些人傾向把人的思考與行爲的一些不同面相實體化，這個不幸的思維傾向導致他們嘗試設想「美」的定義，然後拿這個任意設想的概念當作審美的標準。然而，除了「那讓人覺得愉快的」之外，「美」其實沒有其他可被接受的定義。沒有關於「美」的規範，也沒有規範性的美學訓練學科這種東西。一個專業的美術與文學批評家所能說的，除了歷史與技巧方面的評述之外，就只有他本人喜歡或不喜歡相關作

⑫ 甚至著名的直觀倫理論者，康德（Immanuel Kant），也是如此。見*Kritik der praktischen Vernunft*, Pt. I, Bk. II, Sec. 1 (Insel-Ausgabe, 5, 240-1)。另外，也請比較Friedrich Jodl, *Geschichte der Ethik* (2nd ed. Stuttgart, 1912), 2, pp. 35-8。

品。某件作品也許激發他寫出深奧詳細的長篇評論，但，他的審美判斷依然是他個人主觀的價值判斷，而且未必對他人的判斷會有影響。一個有眼力的人，會興趣盎然地注意一位思想豐富的評論家，對某件藝術作品有哪些有趣的印象和觀點。但，他是否允許自己的判斷受到他人判斷的影響，不管這判斷是多麼傑出，端視他自己的心意而定。

藝術和文學的愉悅享受，預設人們具備一定的氣質和感性。只有少數人天生有藝術品味。其他人若要擁有享受藝術的能力，則須後天加以培育。一個人若想成爲藝術鑑賞家，必須學會很多事情，有很豐富的閱歷。但，不管一個人作爲見聞廣博的藝術鑑賞行家，能力多麼突出、名聲多麼響亮，他的價值判斷依然是他個人主觀的判斷。一些最傑出的批評家——就這一點而言，最著名的文藝作家、詩人與藝術家也一樣——鑑賞傳世的藝術名作，得出的見解往往大不相同。

只有崖岸自高的學究才會認爲，存在絕對的藝術規範，可以用來分辨美醜。他們嘗試從過往的藝術作品淘出一套，他們自以爲，將來的文人作家與藝術家應該遵守的創作規則。但，有藝術天分的人，是不會如這些學究所願，配合他們演出的。

十、絕對價值之探求的歷史意義

價值爭議，並不是一個只有吹毛求疵的學者才感興趣的學術爭辯議題。它涉及人生一些重大的問題。

現代理性主義所取代的昔日世界觀，並不容忍不同的價值判斷。光是表達異議，便被視爲傲慢無禮的挑釁，被認爲是對他人情感的致命傷害。結果就是綿延不絕的宗教戰爭。

目前在宗教問題方面，雖然仍有一定程度的不容異己、偏執狂與迫害欲，但宗教激情近期內不太可能點燃戰火。我們這個時代的侵略欲，出自另一個源頭，出自一些團夥奮力要使國家變成極權機器，剝奪個人自主的權利。

沒錯，社會主義和干預主義的支持者，在建議各種組織社會的方案時都會說，這些方案只是達成他們和所有其他社會成員所共同追求的一些目的的手段。他們聲稱，按照他們的原則所組織的社會，最能供應人們辛勤工作想要取得的那些物質類財貨。有誰能想出什麼樣的社會事態，比馬克思告訴我們的「各取所需的共產社會高級階段」更爲令人嚮往呢？

然而，社會主義者儘管百般嘗試，卻完全未能證明他們的建議確實可行。對於某些人針對各種社會主義計劃的次要缺陷，甚至在他生前便已提出的一些有確實根據的反對理由，馬克思完全不知道如何著手加以反駁。正是他在這方面的不知所措，促使他去發展那三條他自以爲是的思想體系中的根本教條[13]。後來，當經濟學證明，社會主義的社會，爲什麼必然因欠缺任何經濟計算的方法，而絕不可能像一個有活力的經濟體系那樣運作時，一切曾用來支持社會主義偉大改革計劃的僞道理，便全部轟然粉碎、倒塌。從那時候開始，社會主義者便不再把希望建立在他們所提道理的說服力上，而是建立在人民群眾的怨憤、嫉妒和仇恨上。如今，甚至所謂「科學社會主義」的辯護能手，也完全倚賴這些情緒性因素。當代社會主義和干預主義的基礎是價值判斷。社會主義被推崇爲唯一公平的社會經濟組織模式。所有社會主義者，包括馬克思主義者和非馬克思主義者，都鼓吹唯有社會主義符合某個任意設想出來的絕對價值尺度。他們聲稱，對所有正派人士而言，這個價值尺度是唯一有效的價值尺度，尤其是對工人——現代工業社會裡的多數——有效。這個價值尺度被認爲是絕對的，因爲它們獲得多數的支持，而多數是永遠正確的。

一個關於統治問題的膚淺見解，認爲自由與獨裁的分別，在於統治與行政體系的一個外在特徵，也就是在於有多少人對執行脅迫與強制的社會機器（或者說政府）擁有直接掌控的權力。這樣一個算術標準，是亞里斯多德那著名的政府型態分類法的基礎。君主政體、寡頭統治政體和民主政體等概念的區分，仍然保留前述這種處理統治問題的方法。然而，這個分類法的缺陷是如此明顯，以致所有哲學家都難免要提到一些和它不相符，所以認爲矛盾的事實。例如：一個普遍獲得古希臘哲學家承認的事實是，專制政體（包括君主政體和寡頭統治政體）過去時常、甚至經常受到多數群眾支持，所以就此意義而言，這樣的專制政體是民主政體。現代的學者一向以「凱撒政體」（Caesarism）表示這種型態的專制政體，並且繼續把這種型態的專制政體視爲奇特情況下才會出現的例外；但，對於這些情況究竟是哪裡奇特，他們卻一直提

⓭ 請參見Mises, *Socialism* (new ed., New Haven, Yale University Press, 1951), pp. 15-16。爲了讀者的方便，關於這三條根本教條，譯者加注如下：第一條教條，否定邏輯對所有的人類，以及在所有的時候，普遍有效；它說，思想取決於思想家所屬的社會階級；思想，事實上是思想家所屬階級利益的「意識型態上層結構」；於是，那種用來駁斥社會主義的論證，被「揭穿」是「資產階級」的論證，旨在辯護資本主義。第二條教條說，歷史的辯證發展必然導致社會主義；一切歷史的目的與歸宿，就是要將剝奪者的財產加以剝奪——落實否定之否定——把生產手段收歸社會所有。第三條教條說，不該允許任何人，像從前的烏托邦主義者那樣，提出任何建構社會主義樂土的方案，因爲社會主義的來臨是不可避免的，「船到橋頭自然直」，所以，科學最好放棄一切研究社會主義性質的嘗試。

不出圓滿的解釋。然而，執迷於傳統分類法，人們還是一聲不吭地默認前述這個膚淺的解釋，只要不得不加以解釋的，在現代歐洲歷史上，看似只有法蘭西第二帝國[14]這一個所謂例外的例子。直到必須面對「無產階級專政」和希特勒、墨索里尼、貝隆（Peron）以及其他古希臘僭主（Greek tyrants）的現代接班人，等等層出不窮的獨裁案例時，亞理斯多德分類法的地位才終於倒塌。

兩百多年前，蘇格蘭哲學家大衛．休謨（David Hume）發表的一篇不朽的論文，《論統治的第一原理》（*Of the First Principles of Government*）[15]，爲自由與奴役概念的務實分辨，打開了一扇大門。統治，休謨說，永遠是少數人對多數人的統治。所以，力量最後總是在受統治者這一邊，而統治者，除了獲得輿論支持，別無任何依靠。這個認識，邏輯推演至它的最終結論，完全改變了關於自由的論述。機械式和算術的觀點遭到拋棄。如果統治結構最終是由輿論來決定，那麼，輿論也就是那股決定人是否自由，或是否被奴役的力量。有力量使人不自由的因素，實際上只有一個，那就是專制暴虐的輿論。爭取自由的鬥爭，追根究柢，並非對獨裁者或寡頭執政者的抵抗，而是對輿論專制暴虐的抵抗。爭取自由的鬥爭，其實並非多數抵抗少數的鬥爭，而是少數——有時候甚至是單一個人的少數——抵抗多數的鬥爭。最不好也最危險的專制統治形式，是某一多數不容異己的專制統治。這就是托克維爾

（Tocqueville）和約翰·穆勒（John Stuart Mill）所獲致的結論。

約翰·穆勒在一篇檢討邊沁（Jeremy Bentham）的論文中指出，爲什麼這位傑出的哲學家未能看出眞正的問題，以及爲什麼他的學說被當時一些最高貴的心靈所接受。穆勒說，邊沁活在「現代歐洲反抗貴族統治的時代」。他那個時代的改革者「慣常看到占大多數的人民群眾，到處受到政府不公平的壓制，到處遭到政府踐踏，而政府不理不睬，反倒是他們最好的遭遇」。在這樣的時代，有些人可能很容易忘記，「所有那些長期持續進步的國家，或經久保持偉大的國家，之所以持續進步或保持偉大，原因在於隨時有一股有組織的力量在抵抗統治權，不管這統治權的屬性爲何……。幾乎所有歷史上那些偉大的人物，都是這股抵抗力量賴以形成的一部分。凡是沒有某些這樣的爭吵持續進行的地方——凡是這樣的爭吵，已經因爲某一參與競爭的原則獲得全面勝利而終止，又沒有新的原則爭論取代舊爭論的地方——社會要不是已經像中國那樣停滯、僵化，就是已經崩潰、解體。」⓰

⓮ 譯者注：指拿破崙僭位稱帝。

⓯ 譯者注：這篇論文發表於一七四一年。

⓰ John Stuart Mill on Bentham, ed. By F. R. Leavis under the title *Mill on Bentham and Coleridge* (New York, Stewart, 1950), pp. 85-7.

邊沁的政治學說中，有許多健全的見解，遭到同代人的輕視，也遭到後來世代的否定，因此幾乎沒有什麼實際的影響。但，他未能正確分辨專制與自由的見解，十九世紀大多數著述家卻毫不猶豫地接受。在他們看來，眞正的自由，意味多數的恣意專制。

這些廣受讚美的所謂「進步的」著述家欠缺邏輯思考能力，也對歷史和理論無知，以致放棄啓蒙運動的基本理念：思想、言論和出版自由。並非所有這些著述家都像孔德（Comte）和列寧（Lenin）那樣直言不諱；但，他們全都宣稱，自由只意味有權利說正確的話，並不意味也有權利說錯誤的話，從而實質上把思想和信仰自由轉變成這些自由的反面。鋪平道路迎回不容異己的心態，乃至對異議者加以迫害的，並非教宗庇護九世（Pope Pius IX）所發布的《謬思綱要》（*Syllabus of Errors*），而是社會主義者的那些著作。在自由的理念取得短暫勝利之後，奴役又捲土重來，但僞裝成自由理念的進一步圓滿完善，僞裝成未竟革命的終於完成，僞裝成個人的終極解放。

絕對永恆的價值概念，現在是極權主義意識型態中一個不可或缺的元素。這個意識型態確立了一個嶄新的關於眞理的定義。眞理是掌權者宣布爲眞的東西。持不同意見的少數方人民是不民主的，因爲這少數方拒絕接受多數方的意見爲眞理。一切用來「肅清」這些叛逆不良分子的辦法，都是「民主的」，所以也都是道德良善的。

第四章　對價值判斷之否定

在處理各種價值判斷時，我們一直把它們視爲最終給定的事實，也就是，無法溯源至其他事實的事實。我們並不是說，人們說出口，並實際用來引導行爲的價值判斷，是獨立於這宇宙其他一切情況之外的本源事實。這樣的假定將是荒謬的。人是這宇宙的一部分，他是這宇宙中一些作用力的產物，並且他的一切思想和行爲，就像星星、原子和動物等等，也是自然的要素。而所有自然的要素，都嵌在一切現象和事件不可阻擋的相繼連鎖中。

我們說價值判斷是最終給定的事實，意思是：人的心智無法把價值判斷，溯源至自然科學所處理的那些事實與事件。我們不知道，一定的外在世界情況，爲什麼，以及如何，在個人的心裡激起一定的反應。我們不知道，不同的人，以及同一人在不同的生命階段，對相同的外在刺激爲什麼會有不同的反應。外在事件和它在人心裡所產生的理念，兩者之間必然有一定的聯繫，但我們無法確定那是什麼樣的聯繫。

爲了要闡明前述這個議題，我們必須分析某些見解和前述相反的學說。我們必須處理一切形形色色的唯物論學說。

第二篇　決定論和唯物論

第五章　決定論和它的批評者

一、決定論

無論這宇宙和所謂眞實的眞正性質是什麼，關於這性質人所能得知的，僅限於人心的邏輯結構使人得以理解或掌握的部分。理性——人的科學與哲學的唯一工具——並不會給人捎來絕對知識和終極智慧。思索終極的事物是徒勞的。在人探索的眼光看來，某個終極給定的事物，也就是某個無法再進一步分析，進一步溯源至其他更爲根本因素的事物，對某個比人更爲完美的智能來說，也許是也或許不是終極給定的事物。究竟是或不是，我們人不知道。

人，既不能理解「絕對空無」的概念，也不能理解「無中生有」的概念。曾被巴斯卡（Pascal）在他的《沉思錄》（*Mémorial*）裡，拿來和「哲學家與科學家」的神相對照的亞伯拉罕、以撒和雅各等人的神，對虔誠的信徒來說，是一個活生生的形象，具有明確的意義。但，哲學家如果企圖建構某個神的概念，包括這個神的屬性和祂對這世界的作爲，就會陷入許多無解的矛盾與悖論。某個神，如果祂的本質和行爲方式，難免一死的凡人能乾淨俐落地加以限制和定義，那麼，祂肯定不像先知、聖徒和神祕家的神。

人心的邏輯結構要人接受決定論和因果等根本概念。在人看來，凡是發生在這宇宙的事情，都是某些力量、能力與性質必然的演化，而這些力量與性質，在某個衍生出一切事物的X的初始階段便已存在。這宇宙裡的一切事物都是互聯的，一切變化都是事物固有能力發生作用的結果。任何變化無不是先前存在狀態必然的後果。一切事實都倚賴於也制約於它們的原因。絕不可能有偏離必然發展過程的事情，一切事物都受制於永恆的法則。

就這個意思來說，決定論是人在探求知識時的認知基礎[1]。人甚至無法想像，一個不受決定的宇宙是個什麼樣子。在不受決定的世界裡，絕不可能察覺到什麼物質類的東西和它們的變化。這樣的世界看來像是一團毫無意義的混亂。沒有什麼可以識別的東西，沒有什麼東西可以和其他東西區別開來。處在這樣的環境中，人將宛如有人用陌生的語言對他講話那樣覺得徬徨無助。他將無法構思任何行爲，更不用說付諸執行。人所以是他現在這樣的人，原因在於他生活在一個有規律的世界，而且具有構思

---

❶「科學相信決定論；這個信念是先驗的；科學假設決定論，因爲如果沒有這個假設，便不可能有科學。」("La science est déterministe; elle l'est *a priori*; elle postule le dé-terminisme, parce que sans lui elle ne pourrait être." Henri Poincare, *Dernières pensées* (Paris, Flammarion, 1913), p. 244.

因果關係的心智能力。

任何認識論方面的思索，必定都導向決定論。但，接受決定論會引起一些看似無解的理論難題。雖然從來沒有哪一門哲學曾經證明決定論是錯誤的，但人們一直無法使一些認爲是對的理念和決定論相契合。決定論之所以遭到激烈的攻擊，原因就在於人們相信，決定論最後必定會導致一些荒謬的命題。

二、對意識型態因素之否定

許多著述者向來認爲，決定論由於充分隱含邏輯一貫的唯物論，所以全然否定人的理念或思想意識，在事件發展的過程中，能扮演任何產生作用的角色。因果關係在如此理解的決定論脈絡中，意謂力學的因果關係。一切變化都是物質類的東西、過程和事件所造成的。思想意識，不過是某一物質類因素產生一定物質類效果過程中的過渡階段。思想意識並不是什麼自律自主的存在，而只是產生思想意識的那些物質類東西所處狀態的一種鏡像。沒有思想史和思想所引導的行爲史，只有產生思想的那些實質因素的演化史。

從這個徹頭徹尾的唯物論——它是唯一邏輯一貫的唯物論學說——觀點看來，歷史學家和傳記作家慣用的那些方法，是應予拒絕的唯心論胡說。探究某些思想如何從其他先前存在的一些思想發展出來是徒勞的。例如：描述十七和十八世紀的哲學思想，如何從十六世紀的哲學思想發展出來是「不科學的」。歷史要是「科學的」，就必須描述每一個時代的哲學原理，如何必然從該時代某些實質的——物質的和生物性質的——情況衍生出來。把聖・奧古斯丁（Saint Augustine）的理念發展，當作一個心路歷程來描述，說這個過程從西塞羅（Cicero）的理念出發，把聖・奧古斯丁引向摩尼教，再從摩尼教把他引向天主教，是「不科學的」。傳記作家要是「科學的」，就必須揭示那些導致相關哲學思想的生理過程。

仔細檢討唯物論，是一個須保留到下面幾章再來處理的任務。這裡只須確立下面這個事實：決定論本身並無任何贊同唯物論觀點的含義。決定論並不否定下面這個明顯的事實：理念是一種本身存在的東西，理念導致其他理念的出現，不同的理念彼此相互影響。決定論並不否認思想意識的因果關係，並不排斥歷史，並不將之視為形上學的和唯心論的錯覺。

三、關於自由意志的爭議

人在互不相容的行爲模式之間作選擇。這種選擇，自由意志論者說，基本上不是外在因素所決定或導致的；這種選擇並非前置情況不可避免的結果。這種選擇毋寧是人的根本性情的展現，顯示他內在不可磨滅的道德自由。這個道德自由是人性的根本特徵，把人提升到這宇宙中一個獨特的地位。

決定論者拒絕前述的自由意志論，說它是一種幻覺。決定論者說，人若是以爲他選擇了什麼，那是在自欺。其實是某個不爲他所知的因素在指揮他的意志。他以爲，他心裡權衡了留待他抉擇的各個選項的利弊得失，然後做了一個決定。他未能意識到，先前存在的情況強力要求他採取一定的行動，而他也沒辦法規避這要求的壓力。人並沒有選擇什麼行動，要對外在情況產生什麼作用，而是外在情況對他產生作用，在他身上促成一定的行動。

不管是自由意志論，還是決定論，都疏忽了理念的角色，都未給予適當注意。個人所做的選擇，取決於他所採納的理念。

決定論者斷言，這世界所發生的每一件事，都是先前存在事態必然的後果。就這一點來說，他們是對的。個人在他生命中任何時刻的所作所爲，完全取決於他過去的經歷，也就是取決於他的生理遺傳，以及他在從前的日子裡所經歷的一切。但，這個見解的重要性，卻因爲實際上沒人知道理念產生的方式而大大降低。決定論如果以唯物論爲基礎，或者和唯物論連接在一起，決定論便站不住腳❷。而如果沒有唯物論的支持，決定論其實也沒多少可說，當然支撐不了決定論者排斥歷史學方法的立場。

自由意志論正確地指出，人的行爲和一般動物的行動根本不同。一般動物不得不屈服於當下主要的生理衝動，而人則在互斥的行爲模式之間作選擇。人，甚至能夠選擇屈服於最具強迫性的本能衝動——自衛的本能衝動——或選擇追求其他目的。所有來自實證論者的嘲諷，都抹煞不了這個事實：理念是一種眞實的存在，並且是眞正具體決定事態發展過程的因素。

人的心思活動所衍生出來的東西——那些指導個人行爲的理念和價值判斷——無法被追溯到它們的原因，因此，就這個意思來說，它們是相關論述的最終根據和事實。我們以人的個性（individuality）這個概念來指涉它們。但，這絕不表示我們認爲理念和價值判斷是無中生有、自然發生，和它們出現之前已經存在的一切東西毫無

❷ 參見後文第六章第一和第二節。

關聯。我們只是在確立這個事實：我們完全不知道究竟是什麼心智過程，在個人心裡，產生那些回應他所處物質與意識型態環境的思想或理念。

前述這個認識，是自由意志論中的那一絲眞理。然而，許多情緒激昂嘗試駁倒決定論，並搶救自由意志論的努力，卻和前面的個性問題毫不相干。這些努力是由於人們認爲，決定論必然導致宿命論者的清淨無爲與道德責任的免除等嚴重的實際後果而引起的。

四、預先注定和宿命論

神學家告訴我們，神以其無所不知，預知這宇宙所有未來將發生的一切事情。而神的遠見所以無限，並非只是因爲神知道決定一切事件如何生成的法則。即使在一個有自由意志的宇宙，不管這自由意志是什麼，神的預知也是完美的。神充分正確的預料到，任何人將可能做出的一切任意決定。

拉普拉斯（Laplace）自豪地宣稱，他的理論體系無須訴諸神存在的假說。但，他在自己的腦海裡，建構了某個類似神的形象，稱之爲超人的智能。這個假想的智能，預知一切事物和事件，但只因爲它熟知所有永恆不變，控制一切精神與物質事件如何生成的法則。

「神無所不知」這個概念，通常被想像成一本書，書中記載一切將發生的事情。任何事情絕不可能偏離書中記載的發展路線。一切事情的發展，結果都將和書中所記載的一模一樣。凡必定要發生的都將發生，無論難免一死的凡人做了什麼努力想要改變結果。因此，邏輯一貫的宿命論斷言：人無論怎樣行爲都是徒勞的。如果每一件事情最後必定達到某個預先注定的結局，人又何苦煩惱？

宿命論是如此違背人性，以致很少有人願意全盤接受它所指向的結論，按照其結論調整他們的行爲。有人說，在伊斯蘭教創立最初幾個世紀，阿拉伯征服者所以連戰皆捷，應歸功於穆罕默德的宿命論教條；其實，這是一則神話。那些指揮穆斯林軍隊在令人不能置信的很短時間內征服地中海一大片區域的領導者，對阿拉的信心並非建立在宿命論上。恰恰相反，他們相信他們的神永遠和員額龐大、裝備精良與調度得宜的部隊站在一起。撒拉森（Saracen）❸戰士所以英勇，並非由於盲目相信命運，而是另有原因；而成功阻止他們繼續前進的馬特（Charles Martel）與利奧（Leo the

❸ 譯者注：羅馬帝國早期，撒拉森一詞僅指稱西奈半島上的阿拉伯人，到了東羅馬帝國時代，才用來泛指所有阿拉伯民族。

Isaurian）軍隊裡的基督徒，雖然心裡完全沒有宿命論的想法，但英勇的程度並不亞於穆斯林士兵。再說，後來在伊斯蘭教民族裡傳播的那種懶散萎靡的心態，也並非他們宗教裡的宿命論所造成的。而是專制獨裁，癱瘓了伊斯蘭教臣民的主動性。那些殘酷壓迫轄下廣大民眾的伊斯蘭教暴君，本人肯定一點也不懶散萎靡，或麻木不仁。他們對權力、財富和享樂的追求，是不屈不撓、永不懈怠的。

有一些算命師聲稱，對於這本記載著將來所要發生的一切事件的大書，他們至少知道其中幾頁的內容。但，這些算命師沒有哪一個邏輯一貫到排斥採取行動，以致從來不建議他們的信徒，靜靜等待預言應驗的日子到來。

馬克思主義是這一點的最佳例證。馬克思主義一方面要人們相信共產主義社會的來臨完全是預先注定的，而另一方面又想方設法鼓動人們要有革命精神。如果無論人們做了什麼，結果事情都必不可免的按照某一預先注定的計劃而演變，那麼，進行革命又有什麼用？如果社會主義無論如何會「像自然法則是人力無法改變的那樣」勢必來臨，為什麼馬克思主義者還如此忙於到處組織社會主義政黨，忙於到處破壞市場經濟的運行？為了辯解，有人宣稱社會主義政黨的任務，並非親手建立社會主義，而只是在社會主義誕生時，提供婦產科醫生那樣的協助。但，這其實是一個蹩腳的藉口。婦產科醫生畢竟改變了事情發展的過程，使事情的發展和沒有他的干預時不同，否則待產的媽媽肯定不會請求醫生幫助。然而，馬克思主義者的辯證唯物論的根本教義，自始排除任何政治的或意識型態的事實能夠影響歷史發展過程，因爲他們認爲歷史發展過程基本上取決於物質生產力。招致社會主義的因素，是「資本主義生產模式本身內在法則的運行」[4]。思想意識、政黨和革命行動，不過是上層結構，既不能延緩，也不能加速歷史前進的步伐。當社會主義誕生的物質條件，在資本主義社會子宮裡成熟的時候，社會主義就會不遲不早地來臨[5]。如果馬克思向來言行一致，他就不至於從事任何政治運動[6]。他將靜靜等待「私人資本家財產的喪鐘響起」的那一天[7]。

討論宿命論時，我們可以忽略算命師的主張。決定論其實和算命師、水晶球占卜

---

❹ Marx, *Das Kapital* (7th ed., Hamburg, 1914), *I*, p. 728.

❺ 請參照後文第七章第二節開頭，以及第四節末了。

❻ 同樣，他也就不至於寫下時常被引述的第十一句批評費爾巴哈（Feuerbach）的警語：「哲學家向來只是以不同的方式解釋這世界，但眞正要緊的是改變這世界。」根據辯證唯物論的教義，唯有物質生產力的演變能改變這世界，哲學家不能。

❼ 見前引Marx, *Das Kapital*同頁。

術、占星家的技藝，以及「歷史哲學」撰述者更爲自大的吹噓，完全無關。決定論並不預測未來事件。決定論只是斷言：宇宙一切現象的關連是有其規律的。

那些認爲要駁斥宿命論就必須採納自由意志論的神學家，其實大錯特錯。對於神的無所不知，他們的想像有一個非常嚴重的瑕疵。照他們的想像，他們的神將僅知道完美的自然科學教科書裡所記載的知識，以致不知道人心在想些什麼。他們的神將預料不到，有些人可能採納宿命論的教條，坐著兩手手指交疊，絕望無助地等待，那誤判他們不會沉迷於無所作爲的神，已經分配好要降臨到他們身上的事情。

五、決定論和刑罰學

對於決定論所隱含實際後果的誤解和疑慮，過去時常出現在決定論爭議的場合。所有非功利主義的倫理體系，都將道德律視爲手段與目的連結範疇之外的東西。認爲道德律無關人的幸福快樂，無關方便合適，無關世俗追求的目的。認爲道德律是他律的；換句話說，是一股不爲人的理念意識所左右，也不理會人的悲歡喜樂的力量，命令人必須遵守道德律。有一些人認爲這股力量是上帝；另一些人認爲，這股力量是祖先的智慧；還有一些人則認爲，這股力量是一股神祕的，活躍在每一個正直人良心裡的聲音。認爲凡是違背這種道德律的人，都是犯了某種罪過，而他的罪過使他應受懲罰。這懲罰不在乎對人所追求的目的是否有促進作用。世俗的或神權的政府當局，是爲了克盡道德律，以及道德律的制定者，所託付的責任，而對犯罪者施以懲罰。政府當局有義務去懲罰過失與罪行，無論所施加的懲罰會有什麼後果。

且說，前述這些形上學的過失、罪行與報應懲罰等概念，和決定論的學說並不相容。如果人的一切行爲都是相關原因不可避免的結果，如果人不得不按照行爲前的情況促使他採取的方式去行爲，那就不再有任何罪過的問題。如果某個人只是做了永恆的宇宙法則所決定的事，那麼，因此而去懲罰他，那是何等高傲的僭越！

那些根據前述這些理由而抨擊決定論的哲學家與法律學者未能看出，主張某個無所不能與無所不知的神存在的學說所導致的一些結論，和促使他們挺身駁斥決定論哲學的理由一模一樣。如果神無所不能，凡是神不希望發生的事情，便不可能發生。如果神無所不知，便預知一切將要發生的事情。神無所不能也罷，無所不知也罷，人都不能被認爲需要負責[8]。班傑明．富蘭克林（Benjamin Franklin）年輕時，曾「根據所謂神的屬性」做出如下的推論：「當神著手建設並統治這個世界時，由於神有無限

❽ 參見Fritz Mauthner, *Wörterbuch der Philosophie* (2nd ed. Leipzig, 1923), 1, pp. 462-7.

的智慧，所以知道什麼樣的世界最好；由於神無限善良，所以必然希望有一個最好的世界；而且由於神無限強大，所以必定能夠如願實現希望。所以，這世界一切都是對的、無可挑剔的。」[9]事實上，所有嘗試根據形上學與神學的理由，辯護社會有權利對那些以行爲危害和平的社會合作者施加懲罰，都會遭到和決定論哲學所遭到的一樣的詬病。

功利主義的倫理學從一個不同的角度切入，處理刑罰問題。犯罪者所以被懲罰，不是因爲他是壞人理當受罰，而是爲了使他和其他人將來不至重複同樣的罪行。懲罰，不是當作報應與報復，而是當作一個防止未來發生罪行的手段，施加於犯罪者。立法者和法官不是受託執行某種抽象的報復性正義的人。他們受命對抗反社會分子的侵犯，捍衛社會的平順運行。這樣在處理決定論的問題時，便能夠排除一些非常愚蠢的顧慮——無謂地擔心決定論的一個實際後果是否定刑法的正當性——所造成的困擾。

六、決定論和統計

十九世紀，某些思想家斷言，統計已經不可辯駁地推翻了自由意志論。據說，統計顯示某些行爲的發生，例如：犯罪活動與自殺呈現一定的規律。阿道夫・凱特勒（Adolphe Quetelet）和亨利・巴克爾（Henry Thomas Buckle）說，這種規律是嚴格的決定論正確無疑的經驗性證明。

然而，關於人的行爲事實的統計，眞正顯示的並非規律，而是不規律。犯罪活動、自殺和健忘症發生的次數——這在巴克爾的推論中扮演一個顯著的角色——年年不同。這些逐年的變化通常很小，並且時常——但，並非總是——在數年的期間內顯示一定的趨勢，或者傾向上升，或者傾向下降。這些統計數字所顯示的，其實是歷史變化，而非自然科學所謂的規律性。

歷史科學特有的了解方法，能用來解釋過去這些變化爲什麼會發生，以及預料未來可能發生的變化。爲了了解過去和預料未來可能的變化，歷史學家會去探究什麼樣

---

❾ Benjamin Franklin, *Autobiography* (New York, A. L. Burt, n.d.), pp. 73-4. 富蘭克林很快便放棄這個推論。他宣布：「我發現，形上學的推理得不到確定的答案，這讓我感到厭惡，於是我放棄那種方式的推理，並且著手研究其他比較圓滿的推理方式。」在Franz Brentano死後出版的論文中，有一篇駁斥前述富蘭克林的思想火花，但駁斥的理由相當不能令人信服。該篇論文收錄在Oskar Kraus所編輯的Brentano論文集Vom Ursprung sittlicher Erkenntnis (Leipzig, 1921), pp. 91-5。

的價值判斷決定了最終目的的選擇，探究什麼樣的理性論證與因果知識決定了手段的選擇，以及探究相關個人的心理和情理特徵（thymological traits）[10]。歷史的了解，或遲或早，但不可避免，必定會達到某個只能訴諸人的「個性」（individuality）加以解釋的極限。歷史科學對相關問題的處理，從頭到尾，必定遵照每一個審視人間世事的人所採取的觀點和方法，也就是，必定採取目的論的觀點和方法。因此，必定根本不同於自然科學的方法。

但，巴克爾，由於他所處的實證論偏執環境使他喪失了判斷力，以致毫不猶豫地如此格式化陳述他的定律：「在一定的社會狀態下，有一定數目的人必定會自殺。這是一般的定律；至於個別的誰會自殺的問題，當然取決於個別的定律；然而，個別定律所決定的個別行為總計，必定遵循這些個別定律所從屬的社會大定律。這個大定律的力量是如此不可抗拒，以致對生命的熱愛也罷，或對死後世界的恐懼也罷，甚至都無法抑制它的作用於萬一。」[11]巴克爾的定律，在格式上，看似非常明確。但，其實它自己推翻了自己——它被它自己所包含的「在一定的社會狀態下」，這個連巴克爾的某位熱情崇拜者都認為「意思嚴重模糊的」[12]條件子句，推翻了。由於巴克爾並未告訴我們任何據以判定社會狀態是否發生變化的標準，所以經驗既不能證實也不能推翻他所陳述的公式，因此該公式欠缺自然科學定律的特色標誌。

在巴克爾之後許多年，傑出的物理學家開始假定：某些甚或一切古典力學的定律，也許都「只是」統計性質的定律。這個見解被認爲和決定論以及因果觀並不相容。後來，當量子力學大大擴大了「只是」統計的物理學領域時，許多著述者將好幾個世紀以來，一直引導自然科學研究的那些認識論原則全數棄若敝屣。他們說，在宏觀尺度上，我們所觀察到的某些規律，被前輩學者錯誤地解讀爲自然法則的顯現。其實，這些規律是許多偶發事件的統計調勻結果。大尺度表面的因果關係，必須用大數法則加以解釋[13]。

且說，只有在某些特別領域，大數法則和統計調勻才會有效；在這些領域，大尺度的規律性和同質性占優勢，以致抵消小尺度可能出現的任何不規律性和異質性。如果有人假定，看似偶發的事件總是以某種方式彼此彌補、調勻，以致在這些事件大量

---

⑩ 關於個人心理與情感特徵的了解，或者說，關於情理學（thymology），請參見後文第十二章。

⑪ Buckle, *Introduction to the History of Civilization in England*, J. M. Robertson, ed. (London, G. Routledge; New York, E. F. Dutton, n.d.), ch. 1 in 1, pp. 15-16.

⑫ J. M. Robertson, *Buckle and His Critics*, (London, 1895), p. 288.

⑬ John von Neumann, *Mathematische Grundlagen der Quantenmechanik* (New York, 1943), p. 172 ff.

重複時，可以觀察到某種規律，那麼，他就意味著這些事件遵循一定的形式，所以不再能視爲偶發的。當我們提到自然法則時，我們的意思是：現象的連結和發生順序存在某種規律。如果一組微觀尺度的事件總是在宏觀尺度上產生一定的事件，那就存在前述那種意義的規律。如果微觀尺度不存在這種規律，宏觀尺度便不可能呈現任何規律。

量子力學探討這樣的事實：我們不知道一個原子，在某一觀察個案中，將會怎樣表現，但我們知道什麼樣的表現方式可能發生，以及這些表現方式實際發生的比例。因果定律的完美形式固然是：A「產生」B，但也有一個比較不完美的形式：在n%的所有觀察個案中，A「產生」C，而在m%的所有觀察個案中，A「產生」D等等。將來某一天，也許能夠把這個比較不完美的定律中的A，分解成若干不同的分子，而且每一個這些分子，都將有某一確定的「效果」，按照完美的定律形式歸屬於它。但，不管這樣的事情將來是否發生，其實都和我們所討論的決定論問題無關。不完美的定律也是因果定律，雖然它暴露我們的知識有缺陷。另外，因爲它是一種奇特的知識與無知混合的展現，所以給或然率算術（probability calculus）打開了一個新的應用領域。對於某一問題，我們充分知道一整類事件將會怎樣表現，我們知道一整類A因素將按某一已知比例產生一些不同的效果；但，對於A類個別的因素，我們除了知道它是屬於A類的因素外，其他一無所知。這種混合知識與無知的情況，若以數學格式予以陳述，就是：我們知道A類個別的因素所可能「產生」的各個不同效果的或然率分布。

新的非決定論物理學派未能想透的是：「在n%的所有觀察個案中，A產生B，而在其餘觀察個案中，產生C」這樣的命題，就認識論而言，和「A總是產生B」的命題並無不同。前一命題和後一命題不同之處僅在於，後者所認知的A包含兩個完美的因果律形式須加以區別的元素X和Y。但，這種不同並不會引起偶然性問題。量子力學並沒說：個別原子的表現，像餐廳裡的顧客在點菜或選民在投票那樣，而是：原子的表現總是遵循一定的形式。這一點也隱含在如下這個事實：量子力學各項關於原子的論述，完全沒提到觀察期間和地點。如果個別原子的表現並非總是完全遵循自然的定律，那就不可能探討原子一般的表現，也就是說，不可能在探討原子的表現時，用不著提到表現的時間和地點。我們可以自由使用「個別的」原子一詞，但我們絕不可以把「個別的」原子，想成具有人和歷史事件所具有的那種意思的「個性」（individuality）。

在人的行為方面，主張決定論的哲學家訴諸統計去駁斥自由意志論，並證明人的行為是受先前存在的情況決定的。在物理學方面，主張非決定論的哲學家訴諸統計去駁斥以決定論爲基礎的學說，並證明自然現象是不受先前的現象決定的。他們雙方都錯了，他們的錯誤源自混淆兩類統計的意義。

在人的行爲方面，統計是歷史研究的一個方法。這種統計是關於某一地區的某一些人，在某一期間所經歷的各種事件的一個數量上的描述。這種統計的意義，恰恰在於：它描述變化，而不是描述某種不變的東西。

在自然科學的領域，統計是歸納研究的一個方法。這種統計的認識論基礎和意義，在於堅定預設：自然現象是有其規律的，而且也是完全受先前的現象決定的。自然界的一切定律被認爲常年不變。它們在每一個實例中都充分有效。在某一個場合發生的事件，必定也會在所有其他相同的場合發生。所以，這種統計資料所傳達的訊息，對於統計資料所指涉的現象種類普遍有效，而並非只是關於某一歷史期間和某一地區的訊息。

不幸的是，這兩種性質完全不同的統計被搞混了。相關問題又因和或然率概念混雜在一起而顯得益發糾葛。

要解開這個混雜了錯誤、誤解和矛盾的糾葛，且讓我們強調一些老生常談的自明之理。

對人心來說，要想像有什麼事件是不受決定的，或者說不是其前因的結果，正如前面已經指出的，那是不可能的。隨機和偶然這等概念，如果適當加以分析，終究並非指涉這宇宙中實際事件的發展過程，而是指涉人的知識、預測和行爲。隨機和偶然這等概念，有行爲邏輯的內涵意義，但沒有本體或存在邏輯的內涵意義。

說某一事件是偶然的，並非否定該事件是先前事態必然的後果，而只是表示：我們難免一死的凡人不知道它是否將會發生。

我們的自然界觀念，指涉自然現象的連結與發生順序當中，存在某個可以探知的不變規律。凡是自然界所發生的，並且是自然科學所能理解的自然事件，都是相同的自然律一再重複運作的結果。自然科學的意義，就在於認知這些定律。相反地，人的行爲科學中的歷史學部分所探討的，卻是我們的心智無法解釋爲顯現一般法則的事件。歷史處理個別的人和個別的事件，甚至在處理群眾、民族、種族和全人類的情況時，也是如此。歷史處理「個性」和不可逆的世事流變。如果自然科學家仔細考察一件只發生過一次的事情，例如：地質的某一次變化或某一物種的演化，他們會把它視爲一般法則發揮作用的一個實例。但，歷史無法把它想處理的事件，追本溯源至常年不變的法則運作。所以對於所處理的事件，歷史學家主要在意的，不是該事件可能具有的和其他事件相同的那些特徵，而是該事件獨有的特徵。在處理凱撒遇刺事件時，歷史並不研究謀殺，而是研究凱撒這個人被謀殺。

有效性僅限於某一時期的自然律，這樣的概念是自相矛盾的。經驗，不管是日常生活那種平凡的觀察經驗，或是刻意預先安排的實驗經驗，都指涉（或者說，都是）個別的歷史事件。但，所有自然科學在它們那不可或缺的、先驗的決定論哲學指導下，假設自然法則必然顯現在每一個個別的事件中，接著以所謂歸納推理（inductive inference）的方式做出以偏概全的結論。

目前在量子力學領域，相關的認識論情況，如果以下面這句話來描述，應該算是正確：我們知道原子會有哪些不同的表現方式，而且我們還知道每一個這些表現方式實際出現的比例。這句話算是把我們的知識狀態，當作「類的或然率」（class probability）的一個例子來描述：對於某一類別全體成員合起來的表現，我們知道全部情況；但，對於該類成員個別的表現，我們除了知道它們是該類的成員外，別無所知[14]。把處理人的行爲時所使用的一些術語，套用在量子力學的問題上，不僅不合適，也容易滋生誤解。羅素（Bertrand Russell）採用這樣的比喻：原子「將會採取」某一行動，有「一組互斥方案可供它選擇，而它有時候選這個，有時候選那個。」[15]如果我們考慮到羅素勛爵的這本書和所有其他著作的思想傾向，那麼他所以選擇如此用詞不當的理由就很明顯。他希望抹除，會行爲的人及人的行爲，和另一方面非人的事件，兩者之間的差異。在他看來，「我們和石頭之間的差異，只是程度差異」；因爲「我們反應刺激，而石頭也反應刺激，雖然石頭所反應的刺激爲數比較少」[16]。對於石頭和人的「反應」方式之間的根本差異，羅素勛爵則略而不提。石頭按照某一常年不變，我們稱爲自然定律的方式，「反應」刺激。但，人並非以這種千篇一律的方式反應刺激；正如行爲學家和歷史學家所說，人以個別的方式表現反應，或者說人在相同情況下有個別不同的反應表現。從來沒有誰成功把人分成若干不同類別，符合「同一類別的所有成員都按同一方式表現反應」這個分類要求。

---

⑭ 關於「類的或然率」（class probability）和「個案的或然性」（case probability）的區別，請參見 Mises, *Human Action*, pp. 107-13，或中譯本《人的行爲：經濟學專論》（上冊）（台北市，五南圖書出版，2024年）第六章。

⑮ Bertrand Russell, *Religion and Science*, Home University Library (London, Oxford University Press, 1936), pp. 152-8.

⑯ 見前引著作，p. 131。

七、人的行為科學之自律性

在決定論和非決定論的陳年對抗中，人們所使用的那一套語詞並不適當。該套語詞並未正確地描述相關爭議的本質。

求知，總是在意事件的連結，以及想要認知事件所以產生的因素。就這個意思來說，不管是自然科學或是人的行為科學，都是忠於因果觀和決定論的。行為，如果沒有某個通常所謂因果關係的真實[17]見解引導，絕不可能成功。行為的根本先驗概念——手段與目的——預設因果觀。

人的行為科學必須予以排斥的，並非決定論而是實證論和泛物理主義所扭曲的決定論。人的行為科學強調這個事實：理念決定人的行為，但至少就人類目前的科學狀況而言，不可能把理念的出現與轉變，還原為物理的或化學的或生物學的因素。正是這方面的不可能，構成人的行為科學的自律性。將來有一天，自然科學也許能夠描述什麼物理的或化學的或生物學的事件，發生在牛頓這個人身上，必然不可避免地產生萬有引力理論。但，在此之前我們必須滿足於研究理念的歷史，也就是必須滿足於研究思想史，作為人的行為科學的一部分。

人的行為科學絕不排斥決定論。歷史研究的目的，是要充分說明：在產生特定事件的過程中，有哪些因素發揮了作用。歷史研究完全接受因果觀的引導。就事後的觀點而言，沒有偶然性的問題。在處理人的行爲時，所提到的偶然性，永遠指涉人對於未來感到不確定，以及在預測未來事件方面，歷史科學特有的了解方法的侷限性。這個偶然性概念，指涉人求知能力的侷限性，而非指涉這宇宙或其中某些部分的情況。

⓱ 這裡的眞實，指實用主義所謂的眞實。

第六章　唯物論

一、兩種不同的唯物論

當代話語所使用的「唯物論」（materialism）一詞，有兩種完全不同的含義。第一種含義指涉價值判斷。它意味：某些人的心態，只在乎物質財富、身體滿足和感官享樂。

第二種含義是本體論的（或存在邏輯的）。它意味這樣的學說：人的一切思想、理念、價值判斷和意願，都是一些物理的、化學的和生理的過程，在人的身體中運行的產物。因此，這個意思的唯物論，一方面否定情理學和人的行爲科學，否定行爲學和歷史學，認爲是毫無意義的廢話；另一方面，認爲唯有自然科學才是眞科學、眞知識。在這一章，我們將只討論這第二種含義的唯物論。

前述唯物論的命題從未獲得證明或詳細說明。唯物論者迄今不過提出一些類推和比喻。他們把人心的運作，要麼比喻爲一部機器的運作，要麼比喻爲生理過程。這兩種比喻都是無意義的，都解釋不了什麼。

一部機器，是人製作出來的一個裝置。它是某個設計的體現，按照製作者的設計準確地運轉。把它運轉出來的產品生產出來，並非它本身的意思，而是製作者藉由製作它想要實現的目的。把機器的產品製造出來，是機器製作者和操作者而不是機器的意思。認爲機器具有活動能力，是擬人化和泛靈論的謬見。機器不能控制自己的運轉。它不會動；是人使它啓動並維持它的運轉。它是爲人所用的一個死工具，一旦操作者的推力所產生的作用中斷，就會陷入停頓狀態。採用機器比喻的唯物論者，首先必須解釋的是：誰製作了這部稱爲人的機器？誰在操作它？它在誰的手中充作工具？針對這些問題，很難看出有任何其他可能的答案，除了就是：造物主——上帝。

人們習慣稱「automatic」裝置爲自動（self-acting）裝置。這個慣用語也是一個比喻。其實，並非計算機在計算，而是某個操作者，使用某個發明者所精巧設計的一個工具，在進行計算。計算機不具備智能；它不會思考，也不會選擇目的，更不會採取適當手段，以便實現所追求的目的。前述這些永遠是人才會做的事。

把人心比喻爲生理過程，較諸比喻爲機器更爲合理。思考和某個生理過程有不可切割的連結。如果只是要強調這個事實，而把人心比喻爲生理過程，那麼它就不僅是比喻，但也就沒多少含義。因爲問題的癥結恰恰在於：我們完全不知道，怎樣的生理現象構成那個產生詩歌、理論和計劃的過程。關於大腦受傷所導致的心智能力減損或全部喪失，病理學提供了豐富的資訊。關於腦細胞的化學結構和生理表現，解剖學所提供的資訊也同樣豐富。但，儘管生理方面的知識已有長足進步，對於身心問題，我們現在所知道的並不多於那些率先開始思考該問題的前輩哲學家。他們所提出的學說，迄今沒有任何一個獲得後來的生理學新知的證實或遭到駁倒。

思想和理念，並非魅影，而是眞實的東西。它們雖然是無形的、非物質的，卻是有形的、物質的東西所以發生變化的因素。它們由某個在著述者身體裡進行的未知過程所生成，而且也只能由同一種在著述者或其他人身體裡進行的過程來理解。就它們所產生的衝擊和它們所導致的變化有賴於它們的出現而言，它們可以稱作創造性的原始因素。關於某個理念的生命和它存在的效果，我們能查明希望查明的一切。但，關於它的生成，我們只知道它產生自某個人（即，著述者）。我們無法把它的歷史再往前追溯得更遠。某個理念的出現是一個創新，這世界因而增加了一個新的事實。因爲我們的知識並不充分，所以對人心來說，理念的出現，是某個先前不存在的新東西的起源。

唯物論者的學說如果要令人信服，就必須描述物體裡究竟發生了一系列什麼樣的事件，乃至產生了一定的理念；就必須解釋關於特定問題，爲什麼人們有相同或不同的意見；就必須解釋爲什麼某人成功解決了某個問題，而其他人卻沒成功解決該問題。但，迄今從來沒有任何唯物論的學說嘗試這麼做。

唯物論的捍衛者只是千篇一律地指出，所有其他嘗試解決身心問題的學說都站不住腳。他們特別熱中於攻擊神學對身心問題的解答。然而，成功駁斥了某個學說，證明不了任何和該學說不同的其他學說健全。

對人心來說揣度它自己的本質和起源，也許是過於大膽的冒險。難免一死的凡人正如不可知論（agnosticism）所主張的，也許眞的永遠不可能獲得關於這些問題的知識。但，即便眞是如此，那也不表示邏輯實證論者就有正當的理由，把相關問題定性爲無意義與荒謬的。一個問題，不會只因爲人心提出的解答無法令人滿意，就變成是荒謬的。

二、分泌物的類比

唯物論者的身心學說最爲聲名狼藉的陳述格式說：思想之於大腦的關係，如同膽汁之於肝臟或尿液之於腎臟❶。一般來說，唯物論著述者在措詞上，要比較謹慎小心。但基本上，他們所言無不等同於前述這句大刺刺的格言。

生理學區別化學成分正常的尿液和其他類型的尿液。異常的尿液成分，被認爲是

---

❶ C. Vogt, *Köhlerglaube und Wissenschaft* (2nd ed. Giessen, 1855), p. 32.

由於體格異常或器官功能異常乃至發生病變，這些異常情況也遵循一定規律。一定的身體異常或病變狀態，反映在對應的尿液成分變化。消化吸收一定的食物及飲料和藥物，導致尿液成分發生相關的變化。就所有通常稱爲正常或健康的人來說，尿液的化學成分，在某個狹窄差距內是相同的。

思想和理念，和尿液的情況不一樣。對思想和理念來說，沒有所謂正常或異常，也沒有所謂遵循一定規律的異常。身體受了某些傷害或吸收了某些藥物和飲料，會妨礙與干擾人心的思考功能。但，即便思考因此而發生錯亂，錯亂的情況也不是人人相同。不同的人有不同的理念，但從來沒有哪一個唯物論者，把理念上的不同，成功追溯到某些能以物理或化學或生理學概念描述的因素。當我們問爲什麼某些人把選票投給共和黨候選人，而其他人卻投給民主黨候選人時，任何引用自然科學或自然科學所搬弄的那些物質因素而提出的解釋都是白搭。

至少迄今，自然科學未嘗成功把理念與思想的內涵，歸因於有、無身體或物質方面的什麼特性。事實上，自然科學甚至沒意識到，在理念與思想內涵方面會有人人不同的問題。自然科學只能處理那些對感官的直覺有影響或有更動效果的事物。但，理念與思想並不直接影響感覺。理念與思想的特色在於意義（meaning），而要認識意義，自然科學的那些方法並不合適。

理念相互影響，舊理念啓發新理念，新理念取代或改造舊理念。對這些現象的處理，自然科學所能提供的，僅止於把疾病傳染拿來做比喻。這是一個膚淺的比喻，什麼也沒解釋。疾病經由細菌和病毒的遷徙，從某一個身體傳染給另一個身體。誰也不知道什麼因素的遷徙，會把思想從某一個人傳遞給另一個人。

三、唯物論的政治含義

唯物論，源自一個思想反動——一個針對原始的關於「人的存在與本質」的雙元性解釋的反動。這個原始的雙元性解釋認為，活人是一個複合物，可以分割為兩部分：難免一死的身體和不朽的靈魂。死亡將這兩部分分開。靈魂離開活人的視線，進入人間力量無法達到的亡靈界，像影子般繼續存在。某些例外情況允許靈魂暫時重現在活人感覺得到的世界，或者允許仍然活著的人短期造訪亡靈界。

宗教教義以及唯心論哲學，將前述這些非常粗糙的陳述加以精煉、提純。原始的關於靈魂界，以及靈魂在其中如何活動的描述，禁不住批判檢視，很容易挑出毛病、遭到訕笑；相對地，不管是先驗的推理，還是自然科學，都不可能令人信服的駁倒精煉的宗教信仰教條。歷史批判能推翻宗教文獻中的歷史敘述。但，高等批判（higher criticism）[2]並未影響到宗教的核心信仰。理智既不能證明也不能駁倒宗教信仰的基本教義。

但，就唯物論在十八世紀法國發展的情形而言，它並非只是一個科學的學說。它也是反抗法國舊制度弊病的改革者的思想工具。當時法國教會的神職人員，除了極少數例外都是貴族成員。他們大多對參與宮廷陰謀，比對執行他們的教會職務更感興趣。他們理當失去的民心，讓反對宗教的思想大受歡迎。

到了十九世紀中葉，關於唯物論的爭議，如果沒牽扯到政治議題的話，很可能已經平息。人們當時很可能已經意識到，科學未曾有過任何知識貢獻，有助於闡釋或分析產生理念的生理過程，而且在這方面，未來的科學家是否將更爲成功，也頗值得懷疑。唯物論者的教條，很可能已被視爲一個關於某個問題的臆斷，而關於該問題的滿意解答，至少就當時來說，似乎超出人的求知努力所能達到的範圍。唯物論的支持者，應當無法再把唯物論當作一個無可置疑的科學眞理，也應當不容許他們以蒙昧主義、無知和迷信等話語，指責唯物論的批評者。不可知論應當已經取代唯物論了。

但，在歐洲和拉丁美洲的大多數國家，基督教會至少在某程度內和一些勢力合作，一起反對代議制政府以及一切有利於自由的制度。如果想在這些國家實現某個大體上和傑佛遜（Jefferson）以及林肯（Lincoln）的理想相當的政治安排，那就幾乎無法避免攻擊基督教。唯物論爭議的政治含義，讓唯物論得以苟延殘喘。一些人，不是基於認識論及哲學或科學的考量，而是純粹基於政治的理由，拚命想要搶救「唯物論」，充作一個非常便利的政治口號。然而，直到十九世紀中葉還蓬勃發展的那種唯物論，這時已經淡出歷史的舞台，讓位給不可知論，並且也不可能倚賴，諸如，海克爾（Ernst Haeckel）那種相當粗糙和幼稚的著述，而起死回生。就在這當兒，一種新的唯物論，被馬克思以辯證唯物論爲名發展出來。

❷ 譯者注：對宗教文獻，尤其是，基督教聖經的批判，可歸納爲兩大類——低等批判（lower criticism）和高等批判（higher criticism）。前者又稱文本批判，主旨在於確立原典的文字。後者批判原典內涵的眞僞，包括歷史批判。有興趣深入的讀者，可以透過網際網絡，搜尋「聖經批判學」相關文獻。

第七章　辯證唯物論

一、辯證法和馬克思主義

馬克思和恩格斯所講授的辯證唯物論，是我們這個時代最爲流行的形上學學說。它現在是蘇聯帝國內外一切馬克思主義學派的官方哲學。另外，它還主宰了許多人的理念，這些人不認爲他們自己是馬克思主義者，甚至包括許多自詡爲反馬克思主義、反共產主義的著述者和黨派人士。當我們這代人提到唯物論和決定論時，心裡想的多半就是這個稱作辯證唯物論的形上學學說。

馬克思年輕時，有兩派互不相容的形上學學說主宰德國人的思想。一是黑格爾的唯心論；這是普魯士王國和普魯士各大學的官方學說。二是唯物論；這是反對勢力的學說，這個反對勢力矢志革命，要推翻梅特涅（Metternich）所擘劃的政治體系和基督教正統信仰以及私有財產權制度。馬克思嘗試混合這兩派學說，成爲一個複合體系，以便證明社會主義勢必「像自然法則是人力無法改變的那樣」來臨。

在黑格爾的哲學裡，邏輯和形上學和本體論，基本上是同一回事。眞實（reality）的生成過程，是思考的邏輯過程的一個面向。人心若以先驗的思考掌握了邏輯法則，也就獲得了關於眞實的正確知識。除了研究邏輯，沒有其他認識眞理的途徑。

黑格爾邏輯特有的原理是辯證法（dialectic method）。思考，據說按照某個三部曲方式在運動。它從正題（thesis）前進到反題（antithesis），亦即，正題的否定，然後再從反題前進到合題（synthesis），亦即否定的否定。眞實的生成過程，也展現同一正反合三部曲原理。因爲，這宇宙唯一眞實的東西是*Geist*（心靈或精神）。物體的實質，並不在於物體自身。自然的東西並非「爲己的存有」（*für sich selber*; being for itself）。但，*Geist*是「爲己的存有」。從黑格爾哲學的觀點看來，通常所謂眞實（reality），除了理智和神明的作爲，其實都是某種腐朽、無生氣（*ein Faules*）的東西，也許看似眞實但本身並非眞實❶。

黑格爾的唯心論，和任何一種唯物論，絕無折衷可能。然而，著迷於黑格爾哲學在一八四〇年代的德國所享有的聲望，馬克思和恩格斯不敢太過激烈地偏離這個唯一爲他們，以及他們當代德國人所熟悉的哲學體系。他們沒有足夠膽量，不敢徹底拋棄黑格爾的哲學；儘管後來不出數年間，甚至在普魯士，黑格爾哲學便完全遭到拋棄。他們比較喜歡假扮成黑格爾的接棒者和改革者，而不是反對傳統偶像的異議者。他們

---

❶ 參見Hegel, *Vorlesungen über die Philosophie der Weltgeschichte*, ed. Lasson (Leipzig, 1917), pp. 31-4, 55。

吹噓已經改造、改良了黑格爾的辯證法，已經把它顚倒過來，更確切地說，已經使它頭上腳下地穩穩站立起來[2]。他們沒意識到，把辯證法連根拔起，離開它植根所在的唯心論土壤，然後移植到某個稱作唯物主義和經驗主義的思想體系，是荒謬的。就黑格爾假設邏輯過程忠實地反映在通常稱作眞實的事態發展過程而言，黑格爾的內在邏輯是一致的。就黑格爾把邏輯先驗的概念應用於宇宙現象的解釋而言，黑格爾並未自相矛盾。但，對沉迷於樸素的實在論、唯物論和經驗主義的學說來說，情況就不同了。這樣的學說應當不需要任何不是以經驗爲根據，而是以先驗的推理爲根據的解釋方案。恩格斯宣稱，辯證法是關於一般運動定律的科學；所謂運動，不僅包括外在物體的運動，也包括視爲一種運動的人的思考；物體的運動定律和思考的運動定律基本上是相同的，只不過兩者的顯現方式不同，因爲人心能夠有意識地應用相關運動定律，而在自然界，以及大體而言在人類迄今的歷史上，相關運動定律卻是作爲外在必然性，於無窮無盡的一系列看似偶然的事件當中，以一種無意識的方式，顯現它們的存在[3]。恩格斯說，他自己對這一點從來沒有任何懷疑。他宣稱，他之所以密切關注數學和自然科學——他承認在這方面花了八年的大部分時間——原因顯然只有一個，那就是要在各個具體的事例中，仔細測試辯證法定律的有效性[4]。這些研究使恩格斯獲致驚人的發現。譬如，他發現「全部地質學是一系列否定的否定」。蝴蝶「從蟲卵，經由蟲卵遭到否定，而孵化出來……牠們後來又遭到否定而死亡」等等。大麥的正常生命循環是這樣：「麥粒……遭到否定而被麥禾取代，麥禾生成就是麥粒遭到否定……麥禾成長……結實，又生出麥粒，而一旦麥粒成熟，麥穗便會凋零，這是麥穗遭到否定。由於前述否定的否定，結果我們又有了原來的麥粒，然而並非單單只有一粒，而是原來數量的十或二十或三十倍。」❺

恩格斯從來沒想到，他只是在玩文字遊戲。在眞實現象上套用邏輯術語是無聊的消遣。對於陳述現象、事件和事實的命題，我們能加以肯定或否定；但，對於現象、事件和事實本身，我們不能加以肯定或否定。但，如果有人執意要使用這樣一種不合適而邏輯上也有問題的比喻性話語，那麼把蝴蝶稱爲蟲卵獲得肯定，相較於稱爲蟲卵遭到否定，不見得更不合適。難道蝴蝶的出現，不是蟲卵的自我表明？不是蟲卵內在

---

❷ Engels, *Ludwig Feuerbach und der Ausgang der klassischen deutschen Philosophie* (5th ed. Stuttgart, 1910), pp. 36-9.

❸ 見前引著作，p. 38。

❹ Preface, Engels, *Herrn Eugen Dührings Umwälzung der Wissenschaft* (7th ed. Stuttgart, 1910), pp. xiv and xv.

❺ 見前引著作，pp.138-9。

目的的成熟？不是僅僅短暫存在的蟲卵圓滿的結局？不是蟲卵全部潛能的實現？恩格斯的玩法，只是以「否定」一詞取代「改變」罷了。在一門既不接受黑格爾的根本原則——邏輯與本體論渾然一體的原則——而且對於「經驗可以讓我們學到一些東西」這樣的理念，也不完全排斥的哲學裡，融入黑格爾的辯證法，確實是一個謬誤。然而，對於該謬誤，這裡其實不需要再多花時間討論，因為在馬克思和恩格斯所建構的理論裡，辯證法其實只扮演一個裝飾性的角色，對於他們的推理並沒有實質影響[6]。

二、物質生產力

馬克思（或所謂辯證）唯物論的基本概念，是「社會的物質生產力」。這種力量是產生一切歷史事實、一切改變的驅動力。在生存物資的社會生產活動中，人們加入某些關係——生產關係；這種關係是必然的，是不以人的意志為轉移的，並且是呼應物質生產力當時的發展階段的。這種生產關係的全體，構成「社會的經濟結構，而在經濟結構這個眞實基礎上，出現了一個法律的與政治的上層結構，並且有一定型態的社會意識對應於該眞實基礎」。物質生活的生產模式，制約社會的、政治的和精神的（或知識的）生命過程全體，亦即，制約生命的一切表現。並非人們的意識（或理念與思想）決定他們的存在狀態，而是恰好相反，他們的社會存在狀態決定他們的意識。當社會的物質生產力發展到了某個階段，會和當時存在的生產關係發生衝突，或單純以法律術語所表述的生產關係來說，就是和當時的財產關係（或社會的財產權法律體系）發生衝突，儘管在此之前，社會的物質生產力一直在該財產關係架構內運作。換言之，這些財產關係，從原本是物質生產力的發展形式，轉而成爲阻礙物質生產力進一步發展的束縛。這時，社會革命[7]的時代就會來臨。隨著經濟基礎的改變，整個龐大的上層結構漸漸地或急遽地自我改變。任何人要評論這樣的改變，都必須永遠區別經濟生產條件的物質性改變（這方面的改變可以用自然科學的方法予以精準確定），和法律、政治、宗教、藝術[8]或哲學方面的改變，簡言之，意識型態方面的改變（亦即，人們從開始意識到前述根本的衝突，直到透過爭論加以解決的過程中，在思想表述方面所呈現的變化）。對於這樣一個改變的時代，我們不能按照它自己的意

---

❻ 見E. Hammacher, *Das philosophisch-ökonomische System des Marxismus* (Leipzig, 1909), pp. 506-11。

❼ 馬克思所使用的字眼是*umwälzen*。在德語中，*Umwälzen*是革命的意思。

❽ 德語中，*Kunst*一詞包括所有的詩作、小說和戲劇部門。

識型態來判斷，就如同對於任何人，我們不能按照他所想像的自己是什麼來判斷；我們反而必須將時代的意識型態，解釋爲源自物質生活的各種衝突，更確切地說，是源自社會生產力和生產關係之間的衝突。任何社會結構，絕不會在它的架構還有空間容納的那些生產力，全部發展完畢之前消失；而新的、比較高級的生產關係，也絕不會在它們存在所需的物質條件，已經在舊社會子宮裡孵化完成之前出現。所以，人類除了它所能解決的那些任務外，絕不會爲自己布置其他任何任務；因爲，如果觀察得更爲仔細總是會發現，相關任務本身，只在完成任務所需的物質條件已經就緒，或至少正在生成中才會出現[9]。

關於前述這個學說，最不尋常的事實莫過於：它並未就最基本的概念——物質生產力——提出任何定義。馬克思從來沒告訴我們，當他提到物質生產力的時候，他心裡想的究竟是什麼。我們只能根據他的學說偶爾引用的一些歷史範例略加揣測。這些附帶提到範例中，含義最爲直率的，出現在他一八四七年以法文發表的《哲學的貧乏》一書中。該範例說：手工磨坊導致封建社會，而蒸汽機磨坊則導致資本主義[10]。這是在說：實用的科技知識狀態或生產過程所用工具與機器的品質，應視爲物質生產力的基本特徵，而這種物質生產力則是唯一決定生產關係，從而決定整個「上層結構」的因素。生產技術是眞實的東西，是唯一決定社會、政治和知識等人類生命各種面相的物質存在。這個解釋不僅完全獲得馬克思和恩格斯所舉出的一切例證的支持，而且每一項新的科技進步在馬克思和恩格斯心裡激起的那種反應，也同樣支持這個解釋。他們熱烈歡迎每一項科技創新，因爲他們相信，每一項科技創新，都會讓他們更爲接近實現他們的希望，也就是更爲接近社會主義的來臨[11]。

在馬克思和恩格斯之前，便有許多歷史學家和哲學家強調，生產科技進步在人類文明史中所扮演的顯著角色。只消打開過去一百五十餘年出版的通俗歷史教科書稍加瀏覽，便可證明這些書籍的作者充分強調科技創新，以及科技創新所導致之改變的重要性。這個自明之理，這些書籍的作者從來沒有反對過：物質方面的幸福，是一個國家的道德、知識與藝術成就的必要條件。

---

❾ 見K. Marx, *Zur Kritik der politischen Oekonomie*, ed. Kautsky (Stuttgart, 1897), Preface, pp. x-xii。

❿ "Le moulin à bras vous donnera la société avec le souzerain; le ,moulin à vapour, la société avec le capitaliste industriel." Marx, *La Misère de la philosophie* (Paris and Brussels, 1847), p. 100.

⓫ 馬克思和他的某些追隨者，有時候也把自然資源納入物質生產力的概念裡。但，這種看法只是被附帶的提起，並且從未被進一步詳述，顯然是因爲這種看法會把他們引向一種不同的學說，認爲歷史是由人們所處地理環境的結構所決定的。

但，馬克思所說，卻是完全不同的另一回事。在他的學說裡，生產工具和機器是最終因素，是一種物質的東西，也就是物質生產力。其他一切都是這個物質基礎必然衍生出來的上層結構。針對馬克思這個根本命題，有三個無可辯駁的反對理由。

首先，科技創新並不是物質的東西，而是某個心智或精神過程的產物，是推理和構思新理念的結果。生產工具和機器可以稱為物質的，但，把它們創造出來的那種心智操作無疑是精神的。馬克思的唯物論（或辯證唯物論），其實並沒有把「上層的」和「意識型態的」現象，追溯到「物質的」根源。它把這些現象解釋為某個本質為精神的過程（亦即發明）所造成的。它一方面認為，所有其他社會與知識現象賴以產生的力量，全部來自於前述這個心智過程（亦即發明），而另一方面又誤把這個心智過程當作是一種原始的、自然給定的物質事實。另外，它也沒想要解釋科技發明是怎麼來的。

第二，新科技生產工具，僅憑發明與設計是生產不出來的。在科技知識和設計之外，還需要有事先從儲蓄累積起來的資本。在科技發展的道路上前進，每一步都預設所需的資本已經就緒。今天稱為未開發的那些國家，知道要改善他們落後的生產設備須準備什麼東西。所有他們想要獲得的那些機器的建造計劃，要不是已經就緒，就是在短期內便可完成。惟因欠缺資本，致使他們寸步難行。但，儲蓄與資本累積，預設某個可以儲蓄與投資的社會結構。就此而言，生產關係非但不是物質生產力所必然衍生的結果，反而是物質生產力賴以形成的必要條件。

馬克思當然不得不承認，資本累積是「工業化生產演進一個最不可或缺的條件」[12]。他最爲大部頭的著作《資本論》，使用了一部分篇幅，講述了一段——完全扭曲的——關於資本累積的歷史。然而，當他談到他的唯物論學說時，他立刻便忘記自己就資本累積所講過的話。於是，生產工具和機器便宛如自然發生（spontaneous generation）那樣沒有來由地蹦出來。

第三，永遠必須記住，使用機器是以分工下的社會合作爲先決條件。在完全沒有分工，或僅有初步分工的情況下，人們不會去建造和使用機器。分工意味社會合作，也就是人與人之間存在社會連結；換言之，分工意味社會存在。然則怎麼可能，以本身只有在某個事先存在的社會連結架構內，才可能出現的物質生產力，作爲社會的根源，來解釋社會的存在？馬克思無法理解這個問題。他指控普魯東（Proudhon）對

---

[12] Marx, *La Misére de la philosophie*, English trans., *The Poverty of Philosophy* (New York, International Publishers, n.d.), p. 115.

歷史無知，只因後者把使用機器描述爲分工的一個後果。他怒喝道，先從分工的問題下手，而把機器的問題留到後面才加以處理是在扭曲事實。因爲，機器是「一種生產力」，並非「一種生產關係」或「一種經濟類別」[13]。我們就這樣面對一個頑固到無論邏輯後果如何荒謬，就是永不退縮的教條主義。

我們可以這樣摘要概述馬克思的物質生產力學說：一開始，便有「物質生產力」，也就是人們的生產活動所使用的那些科技設備——工具和機器。不准問這些工具和機器從何而來；它們就在那裡如此而已；我們必須假設它們是從天上掉下來的。這些物質生產力迫使人們加入一定的生產關係，而這些生產關係是不以人們的意志爲轉移的。這些生產關係進一步決定社會的法律和政治上層結構，以及一切宗教的、藝術的和哲學的理念。

三、階級鬥爭

正如下一章將指出的，任何歷史哲學都必須表明，那個引領一切人間世事發展歷程的至高力量，究竟透過什麼機制，促使人們恰恰走在那一條勢必引領人類通往它所設定目的的道路上。在馬克思的思想體系裡，階級鬥爭的學說就是用來回答這個問題的。

這個學說內在的弱點，在於它處理階級而不處理個人。問題是：必須表明究竟是什麼機制，促使人們一個一個採取如此這般的行為，以致人類終於抵達物質生產力要人類達到的那個目的地。馬克思的答案是：人們對所屬階級的利益意識，決定人們的行為。然而，仍有待解釋的是：人們為什麼認為他們所屬階級的利益優先於他們自己個人的利益？我們可以暫時不問，個人如何得知他所屬階級的真正利益是什麼的問題。但，甚至馬克思也不得不承認，個人的利益和個人所屬階級的利益之間存在衝突[14]。他區別那些具有階級意識的無產者，亦即，那些把階級利益置於個人利益之上的無產者，和那些沒有階級意識的無產者。他認為，社會主義政黨的一個目標，就是要在那些未自動自發產生階級意識的無產者身上，喚醒他們的階級意識。

馬克思混淆種姓（caste）和階級（class）的概念，從而混淆了問題。在不同的

[13] 見前引著作，pp. 112-13。

[14] 譬如，《共產黨宣言》有這麼一段話：「無產者組織成為階級，從而組織成為政黨這件事，不斷地由於工人的自相競爭而受到破壞。」

種姓身分普遍有差別待遇的地方，除了最有特權的種姓之外，每一種姓的所有成員，對於掃除法律加諸他們所屬種姓的禁止事項有一致的利益。例如：所有奴隸對於廢除奴隸制度有共同利益。但，前述這種利益衝突，在法律之前人人平等的社會裡並不存在。如果有人把這種社會的成員分爲若干不同類別或階級，邏輯上，誰也提不出什麼理由予以反對。任何分類方式在邏輯上都是允許的，無論分類標準的選定是多麼任意隨興。但，如果把資本主義社會的成員，按照他們在社會分工架構裡的位置加以分類，然後認爲這些類別或階級等同於身分世襲社會裡的那些種姓，那就荒謬了。

在身分世襲的社會裡，個人繼承父母所屬的種姓，一生都屬於他所繼承的種姓，而他的兒女也生爲這個種姓。只有在一些零星個案，某人才可能因爲運氣很好而躍升到比較高等的種姓階層。對絕大多數人來說，他們的出身無可改變地決定他們畢生的社會地位。但，在資本主義社會裡，馬克思所區分的那些類別或階級，情形就不同了。這些類別或階級的成員是變動不居的。人們歸屬的階級並非世襲的。每一個人究竟屬於哪一階級，可以說，是由某種每天重複的全民公投決定的。民眾的支出與購買行爲，決定誰該擁有與經營工廠，誰該在劇院舞台上扮演角色，誰該在工廠和礦場裡工作。富有者變成窮人，而窮人變成富有者。財閥的後嗣以及白手起家者，必須努力守護他們的資產，對抗根基穩固的老企業和野心勃勃的新企業的競爭，以免遭到淘汰。在未受干擾的市場經濟裡，沒有特權，沒有任何保護傘保護既得利益，沒有任何障礙阻止任何人追求任何目標。在馬克思所區分的那些階級當中，任何一個都對所有的人開放。每一階級的成員間彼此競爭；他們並沒有被某一共同的階級利益統一起來；他們不需要爲了保護某一共同特權而聯合起來，以對抗那些受到該特權傷害乃至希望廢除該特權的其他階級成員，也不需要爲了廢除某一制度性限制而團結起來，以對抗得益於該限制乃至希望維持該限制的其他階級成員。

主張自由放任的自由主義者斷言：如果一方面，奠定世襲階級特權與禁制的舊法律遭到廢除，而另一方面，同一性質的新措施——譬如，關稅、補貼、歧視性稅制，縱容諸如教會或工會等非政府機構使用強制與脅迫手段——未被引進，那麼，所有公民在法律之前便是平等的。任何人的抱負與雄心，都不會遭到任何法律障礙的阻撓。每一個人都可以自由地競爭任何——他個人的能力足以承擔的——社會地位與職能。

共產主義者拒絕承認，前述就是按照法律之前人人平等的自由主義原則組織起來的資本主義社會運作的方式。在他們看來，生產手段私有制，賦予財產所有者——馬克思所謂的資產階級或資本家——一種實質上和昔日的封建領主所享有的沒有差別的特權。馬克思主義者說，「資產階級革命」並未廢除那些不利於一般民眾的特權與法律歧視，而只不過是以一個新的統治與剝削階級——資產階級——取代舊的貴族統治與剝削階級罷了。被剝削階級——無產階級——並未從這種改革獲得任何利益。他們換了主人，但仍然像從前那樣遭到壓迫與剝削。人類迫切需要一次新的，同時也是最後的革命，這個革命將廢除生產手段私有制，從而建立沒有階級區別的社會。

這個社會主義或共產主義學說完全沒考慮到，階級世襲或種姓社會和資本主義社會之間的根本差異。在封建社會裡，財產，或者得自於征服，或者得自於某個征服者的贈與。相對地，財產消失，或者是由於原先的贈與遭到撤消，或者是由於另一個更為強大的征服者的征服。這種財產來自於「神的恩典」，因爲它終究是以武力在戰場上取得的，而在戰場上獲勝的君主基於謙卑或基於自負，往往認爲他們的勝利乃是神特殊垂青介入的結果。封建財產的擁有者並不倚賴市場，也並不服務消費者；在他們的財產範圍內，他們是眞正的主人。但，市場經濟裡的資本家與企業家，和前述的情況完全不同。他們藉由提供消費者服務，以取得或擴大他們的財產，而且他們也只有透過以最佳可能的方式一再提供服務，才能保有他們的財產。這個根本差異，不會因爲人們習慣把某個成功的義大利麵條製造商比喻爲「義大利麵條大王」而遭到抹煞。

馬克思從未駁斥經濟學家對市場經濟如何運作的說明，因爲他知道駁斥經濟學家的說明，是一件不可能成功的任務。他倒是熱切地想要證明，資本主義終將導致非常不好的情況。他打定主意要證明，資本主義的運作，必定不可避免地導致財富集中到爲數愈來愈少的資本家手中，而同時絕大多數人民也必定會愈來愈貧窮。他從似是而非的工資鐵則（iron law of wages）開始進行推論，企圖達成前述任務；該工資鐵則說，平均工資率是勞工勉強維持生活和養育後代，所絕對需要的那個數量的生存物資[15]。這個所謂鐵則早已經完全名譽掃地，甚至遭到最爲偏執的馬克思主義者拋棄。但，即使爲了方便論證，姑且承認該所謂鐵則是正確的，任何人顯然也絕不可能拿它作爲推論的基礎，以證明資本主義將導致賺取工資者愈來愈貧窮。如果工資率在資本主義下永遠是如此低，以致工資率一旦下降，整個勞工階級就會基於生理學的理由遭到消滅，那麼《共產黨宣言》裡所謂隨著工業發展，工人會「愈來愈向下沉淪」的論證便站不住腳。該論證就像馬克思所有其他論證那樣，自相矛盾和自打嘴巴。馬克思大言不慚，宣稱發現了資本主義內在的一些發展法則。這些法則當中最爲重要的，他認爲就是「賺取工資的群眾愈來愈貧窮」這個法則。正是該法則的運作，最後導致資本主義崩潰和社會主義實現[16]。該似是而非的法則一旦被看破手腳，馬克思經濟學體

---

[15] 馬克思當然不喜歡德語「das eherne Lohngesetz」（工資鐵則）一詞，因爲該用詞是他的對手Ferdinand Lassalle所構思出來的。

系以及他的資本主義演進理論，所賴以建立的基礎就徹底崩壞了。

另外，我們也必須附帶指出如下的事實：自從《共產黨宣言》和《資本論》第一卷發表以來，在資本主義國家裡，賺取工資者的生活水準已經有了空前的與夢想不到的大幅改善。馬克思的論述，在每一方面都扭曲資本主義體系的運作事實。

按照馬克思的說法，賺取工資者愈來愈貧窮的一個必然後果是，一切財富集中到爲數愈來愈少的資本家剝削者手中。在處理這個議題時，馬克思沒考慮到隨著大企業的發展，財富不見得必然愈來愈集中於少數人。大企業幾乎毫無例外都是公司組織，恰恰因爲它們規模太過龐大，不是單一個人所能完全擁有。企業成長的速度，遠遠超過個人財富成長的速度。公司的資產並不等於股東的財富。相當大的一部分公司資產，也就是相對於已發行的優先股和公司債以及貸款的那一部分公司資產，即便就所有權的法律概念而言不是，但實質上卻是屬於其他人，也就是屬於公司債和優先股的持有人以及債權人。如果這些有價證券由儲蓄銀行和保險公司持有，或者這些貸款是這些銀行和保險公司所貸予的，那麼便有一部分公司資產的實質所有者，是那些對相關銀行和保險公司有求償權的人。再者，公司的普通股通常也不是集中於某個人手中。一般來說，公司規模愈大，公司股票愈是分散由愈多人持有。

基本上，資本主義是一個大規模生產，以滿足大多數民眾需求的體系。但，馬克思始終受限於一個錯誤的觀念，以爲工人做牛做馬，全然只爲了使社會上層某個遊手好閒的寄生蟲階級得以享樂。他沒看出，工人自己消費了絕大部分所生產出來的一切消費品。在所謂國民總產出（gross national product）當中，有錢人所消費的部分幾乎微不足道。所有大型企業單位，都直接或間接迎合普通人的日常生活需要。奢侈品產業絕不會發展到超過中小型企業的規模。一般群眾，而非大富翁，才是主要的消費者；大型企業發展的事實，就是前述命題的一個明證。那些在「經濟權力集中」的標題下討論大型企業發展現象的人，未能意識到，經濟權力其實掌握在花錢購買一般消費品的大眾手中，因爲所有工廠的繁榮與否，都取決於消費大眾光顧與否。賺取工資者，以作爲買家的身分，是「永遠不會錯的」顧客。然而，馬克思卻宣稱，資產階級「沒有能力保證該階級的奴隸在奴隸狀態下生存」。

馬克思根據他自己所認爲的事實，也就是「歷史發展的驅動力，物質生產力，勢必帶來社會主義」，得出「社會主義優越」的推斷。他熱中於黑格爾所鼓吹的那種樂觀主義，所以他由衷地不認爲需要進一步說明社會主義究竟有什麼優點。在他看來，

---

⑯ Marx, *Das Kapital, I*, p. 728.

社會主義由於是資本主義之後的一個歷史發展階段，所以也必定是一個優於資本主義的階段[17]。懷疑社會主義優越，簡直就是褻瀆。

既然社會主義優越無庸置疑，剩下來就只須說明，天理（nature）究竟藉由什麼機制帶來社會主義取代資本主義的轉變。馬克思說，在這方面天理的手段就是階級鬥爭。隨著資本主義的進展，工人愈來愈向下沉淪，愈來愈貧窮、受壓迫、受奴役和受屈辱，乃至最後他們會奮起造反，從而締造社會主義。

要全盤駁倒馬克思的推論，只消確立資本主義的進展，其實並不會使賺取工資者愈來愈貧窮，反而會使他們的生活水準獲得改善。當絕大多數民眾獲得愈來愈多和愈好的食物、房子和衣服，以及車子、電冰箱、收音機、電視機、尼龍絲襪和其他化學合成產品時，他們為什麼會奮起造反？即使為了論證的緣故，我們姑且承認他們會奮起造反，那麼他們革命造反的目的，為什麼就一定是要建立社會主義？唯一能促使他們要求建立社會主義的動機，肯定是他們深信，自己在社會主義下將生活得比在資本主義下更好。但，馬克思主義者急於避免討論社會主義國家的經濟問題，完全沒提出什麼說法，證明社會主義比資本主義更為優越，除了下面如此這般的循環論證：社會主義勢必在歷史發展的下一個階段來臨。由於社會主義是資本主義之後的歷史階段，所以必定比資本主義更為高級而且也更好。社會主義為什麼勢必來臨？因為在資本主義下注定愈來愈貧窮的勞工，將會起義造反，並且建立社會主義。然則除了相信社會主義比資本主義更好，又有什麼其他動機促使勞工階級要求建立社會主義？而社會主義的這個優點，則是馬克思從社會主義的來臨據稱不可避免的事實，推斷出來的。於是，整個論證繞了一圈後又回到原點。

在馬克思學說的脈絡中，完全是由於「無產者要求建立社會主義」這個據稱的事實，才證明了社會主義的優越。至於哲學家這種空想家怎麼想，那是無足輕重的。唯一要緊的，是無產者的理念和想法，因爲歷史把形塑未來的任務託付給無產階級執行。

然而事實卻是：社會主義的概念，並非源自「無產者的心靈」。沒有哪一位無產者或無產者的子女，對社會主義的意識型態，有過任何實質的理念貢獻。社會主義思想的鼻祖是知識階級的成員——「資產階級」的子弟。馬克思本人是某位富有律師的兒子。他畢業於德國某一所大學預科中學（Gymnasium），而所有馬克思主義者和其他社會主義者都譴責這種學校，說它是資產階級教育體系的主要分支；他的家庭全

⑰ 關於這個推論所隱含的謬誤，請見後文第八章第四節。

力支持他度過整個求學期間；他並非半工半讀完成大學學業。他娶了某個德國貴族成員的女兒；他的妻弟曾經是（一八五〇年至一八五八年）普魯士王國的內政部長，從而曾經是普魯士警察頭子。他家裡有一位名叫Helene Demuth的女僕幫忙打雜，這位女僕從未結婚，隨著馬克思和他所有的家人到處流浪，她無疑是受剝削女僕的完美典型；德國的「社會小說」曾經熱中於描述這種女僕的挫折感和性壓抑。馬克思的思想搭檔恩格斯是某位富有製造商的兒子，而他本人也是一位製造商；他拒絕和他的情婦Mary結婚，因爲她沒受過教育，而且出身「卑微」[18]。他很喜歡英國鄉紳階級的一些娛樂活動，譬如，騎馬狩獵。

工人從來不是很熱中社會主義的理念。他們支持旨在追求較高工資，但爲馬克思所鄙視，認爲一點用處也無的工會運動[19]。他們要求政府實施所有遭到馬克思斥爲小資產階級胡鬧的企業干預措施。他們反對生產科技進步，先是採取破壞新機器的方式，後來倚仗工會壓力和強制力，要求把工作場所變成安樂窩（feather-bedding）。工團主義（syndicalism）——主張受雇的工人把雇用他們的企業據爲己有——是工人自己發想出來的方案。但，社會主義卻是由具有資產階級背景的知識分子傳播給一般群眾的。穿著時髦晚禮服的淑女和紳士，相聚在維多利亞時代晚期一些所謂「協會」（society）的倫敦本部和鄉間基地，一邊宴飲一邊商量計謀，企圖說服英國的無產階級群眾改信社會主義教條。

四、意識型態充斥的思想

馬克思從據稱不可調和的階級利益衝突，推論出他的所謂充斥意識型態的思想學說。他說，在一個階級分化的社會，人本質上沒有能力構思正確的理論，以反映根本事實。由於人的階級屬性，亦即人的社會性存在，決定人的思想，所以人的心智努力成果，必定會沾染到一定的意識型態從而扭曲眞實。心智努力的成果並非眞理，而是意識型態。一個意識型態，就馬克思使用這個名詞的意思來說，係指一個虛假的學說，然而恰恰因爲它的虛假，所以才有助於增進它的創作者所屬階級的利益。

對於這個意識型態學說的許多面向，我們這裡可以略過不予處理。我們無

⓲ 在Mary死後，恩格斯把她的妹妹Lizzy納爲情婦。在Lizzy臨終前，恩格斯和她結婚，「以便帶給她一個最後的快樂」。見Gustav Mayer, *Frederick Engels* (The Hague, Martinus Nijhoff, 1934), 2, p. 329。

⓳ Marx, *Value, Price and Profit*, ed. E. Marx Aveling (Chicago, Charles H. Herr& Co. Cooperative), pp. 125-6. 另外，參見後文第六節。

須重新駁斥，主張不同社會階級所屬成員的心思邏輯結構不同的多元邏輯說（polylogism）[20]。再則，我們可以承認，思想家思考的重點，全是為了增進他所屬階級的利益，即便這階級利益和他個人的利益發生衝突。最後，我們可以忍住不去質疑這樣的教條：追求眞理與知識，沒有毫無偏私這回事，因為人所以探求知識全是為了實用的目的，也就是為了獲得行為成功所需具備的知識工具。即使所有就前述這些面向所提出的無可辯駁的反對理由都遭到拒絕，馬克思的意識型態學說也仍然是站不住腳的。

對於實用主義給眞理所下的定義是否恰當，任何人不管有什麼看法，顯然都不能否認，正確的理論至少有這樣一個特徵：根據正確的理論所採取的行為能達成所預期的目的。就這個意思來說，行得通的便是眞理，而虛假的理論或學說則行不通。恰恰因為我們和馬克思主義者都一致假定，理論思辨的目的永遠是要讓實際行為得以成功，所以我們必須提出下面這個問題：對某個社會階級來說，一個意識型態的理論（就馬克思的意思來說，也就是——一個虛假錯誤的理論）為什麼，以及如何，會比一個眞實正確的理論更為有用呢？誰也不能否認，人們所以有動機去研究力學，至少在某一程度內，是基於實用的考量。人們想要利用力學的定理，來解決形形色色的工程問題。恰恰是意在追求實際效果，才促使人們去探索正確的力學理論，而不去探索只是意識型態的（或虛假的）力學理論。無論我們怎麼看，都看不出虛假錯誤的理論，怎麼可能比眞實正確的理論，更有助於任何人、任何階級或全體人類去達成任何目的。那麼，馬克思怎麼會想要散播這個令人難解的學說呢？

要回答這個問題，就必須記住馬克思所有文字創作的動機。馬克思心中燃燒著一股熱烈的激情，他一心一意爲鼓動群眾採納社會主義而奮戰不懈。但，他完全知道他自己無法以任何站得住腳的理由，反駁經濟學家針對所有社會主義計劃所提出的毀滅性批評。他深信古典經濟學家發展出來的那一套經濟理論體系堅不可摧，他畢生都沒察覺到，已經有一些人對該體系的某些基本定理起疑。馬克思和同時代的約翰·穆勒（John Stuart Mill）一樣認爲，「在一切價值定律中，已經沒有任何問題等待現在或未來的學者澄清，關於價值課題，理論已經完備。」[21]當一八七一年門格爾（Carl Menger）和傑文斯（William Stanley Jevons）所分別發表的文章，揭開了經濟研究的一個新紀元時，馬克思的經濟寫作生涯實質上已經結束。《資本論》第一卷業

---

[20] 請參見Mises, *Human Action*, pp. 72-91，或《人的行爲：經濟學專論》（上冊）（台北市，五南圖書出版，2024年），第三章。

[21] Mill, *Principles of Political Economy*, Bk. III, ch. 1, § 1.

已於一八六七年出版，而後來幾卷的手稿也大抵完成。沒有任何跡象顯示馬克思對於新經濟理論有絲毫理解。馬克思所講授的經濟學，基本上是亞當．史密斯（Adam Smith）和李嘉圖（David Ricardo）的理論，尤其是一個扭曲後者的重述。史密斯和李嘉圖沒有任何機會批駁形形色色的社會主義學說，因爲這些學說在他們去世之後才發展出來。所以，馬克思放過他們。但，他把滿腔憤怒完全發洩在他們的繼承者身上，就因爲這些古典經濟學說的繼承者，嘗試以批判的眼光分析形形色色的社會主義方案。他諷刺他們，罵他們是「粗鄙的經濟學家」和「資產階級的諂媚者」。由於不得不詆毀他們的名聲，所以他費心張羅，織造起他的意識型態學說。

馬克思說，這些「粗鄙的經濟學家」，因爲他們的資產階級背景，本質上沒有能力發現眞理。他們的推理論證所產生的，只可能是意識型態，或按照馬克思使用「意識型態」一詞的意思來說，只可能是爲了增進資產階級的全體利益而對眞理的一個扭曲。要反駁他們的論證，根本不需要反覆推敲和批判分析。只消揭穿他們的資產階級背景，從而凸顯他們的學說必然充斥「意識型態」的特性就夠了。他們是錯的，就因爲他們是資產階級分子。任何無產階級者，都無須理會他們的理論。

爲了掩蓋這個意識型態學說其實只是特別張羅出來詆毀經濟學家的，就必須抬高這個學說的身價，把它打扮成一個普遍適用的認識論法則，儼然在所有年代對所有知識部門都有效。於是，這個意識型態學說就成爲馬克思主義的認識論核心。馬克思和所有他的門徒都專心致志爲這個學說辯護，爲此他們提出許多理由和例證，而不管這些理由和例證是多麼荒謬，他們都不會臉紅退縮。他們從「意識型態」的觀點，解釋一切哲學思想、一切物理和生物學的理論、一切文學、音樂和藝術的創作。但，他們當然不會邏輯一貫到認爲，自己的學說也只是「意識型態」的性質。他們暗示，他們的教條並非意識型態，而是沒有階級分化的未來社會將產生的那種知識的前兆；這種知識由於是未來社會，擺脫了階級衝突的束縛後所孕育出來的，所以一定是沒有任何意識型態汙點的純知識。

我們能像上面這樣，了解究竟是什麼情理學的（thymological）動機，把馬克思導向他的意識型態學說。但，這樣的了解並未回答：對相關階級而言，以意識型態扭曲眞實，爲什麼會比正確的學說更爲有利？針對這個問題，馬克思從來不敢提出解釋，很可能是因爲他知道，任何這方面的嘗試都會把他捲入無法解開的一團荒謬與矛盾糾結中。

這裡無須強調：說意識型態的物理、化學或醫學學說，比正確的學說，對任何階級或個人更爲有利，這樣的主張，是多麼荒謬！對於馬克思主義者，針對孟德爾（Mendel）、赫茲（Hertz）、普朗克（Planck）、海森堡（Heisenberg）和愛因斯坦（Einstein）等資產階級分子的理論，所提出的那些陳述，我們可以置之不理。這裡只消對資產階級經濟學據稱的意識型態性質加以檢視就夠了。

在馬克思看來，古典經濟學家的資產階級背景，促使他們發展出一套特定的理論體系，其中必然隱含某個理由，可以用來爲資本家剝削者的不公平利益辯護（他在這一點自相矛盾，因爲他從同一套理論體系得到恰恰相反的結論）。古典經濟學家的這些定理，由於隱含這個看似可以爲資本主義辯護的理由，所以遭到馬克思最爲猛烈的攻擊：人的幸福生活所倚賴的那些物質類生產要素供應稀少，是一個不可避免的、自然給定的人生條件；社會的經濟組織，無論採取哪一種模式都不可能創造出一種讓每個人都得以各取所需的豐盈狀態；經濟蕭條的反覆出現，並非一個未受干擾的市場經濟固有的運作特徵，而是政府假借降低利率和繁榮經濟的名義，以通貨膨脹和信用擴張爲手段，干預市場所必然產生的後果。但，我們必須問，如此這般爲資本主義辯護的理由，即便從馬克思主義的觀點來說，對資本家究竟會有什麼用處呢？資本家自己並不需要尋找任何理由，去辯護一個雖然對工人不公平，但對他們自己有益的制度。他們不需要安撫他們自己的良心，因爲，同樣也是根據馬克思本人的學說，每一個階級都會冷酷的、一點同情心也無地追求它一己之私的階級利益。

再則，馬克思主義的觀點也不允許我們假定：源自某種「虛假意識」，從而扭曲眞實事態的意識型態理論，給予剝削階級的幫助，就在於哄騙被剝削階級，使之順服與屈從剝削者的意志，從而保存或至少延長不公平的剝削制度。因爲，根據馬克思，一定的生產關係結構，其存續時間的長短，並不受任何精神因素的影響，而是完全取決於物質生產力的發展狀態。如果物質生產力改變，則生產關係（亦即，財產關係），以及整個意識型態上層結構，必然也會跟著改變。任何人爲的努力都不可能加速這種改變。因爲根據馬克思所言：「任何社會結構，絕不會在它的架構還有空間容納的那些生產力，全部發展完畢之前消失；而新的、比較高級的生產關係，也絕不會在它們存在所需的物質條件，已經在舊社會子宮裡孵化完成之前出現。」㉒

這絕不只是馬克思一個隨興、附帶的觀察，而是他的學說一個根本論點。他正是根據這個定理，聲稱自己的學說是科學的社會主義，以有別於他的社會主義前輩所宣揚的那些據稱只是烏托邦或空想的社會主義。在他看來，空想的社會主義者的特徵，就在於他們相信社會主義是否實現，端視精神和認知因素而定；亦即，認爲必須讓人們相信社會主義比資本主義更好，然後人們就會以社會主義取代資本主義。在馬克思眼中，這個空想的信條是荒謬的。社會主義是否來臨，絕不以人們的思想和意志爲

㉒ 見K. Marx, *Zur Kritik der politischen Oekonomie*, p. xii.（見前文的附注❾）。

依歸，而是物質生產力發展的一個必然結果。當時間成熟而資本主義也已發展到了頂點，社會主義就會來臨。社會主義既不會更早，也不會更晚出現。資產階級再怎麼大肆張羅鋪陳最爲精妙的意識型態，終歸也是徒勞一場；他們無法推遲資本主義崩潰的日子到來。

也許有些人，爲了搶救馬克思主義的「意識型態」概念，會這麼說：資本家對於他們的社會角色感到羞恥。對於身爲「強盜貴族、高利貸者和剝削者」，以及攫取利潤，他們懷有罪惡感。他們需要一個屬於他們這個階級的意識型態，以便恢復他們的自尊。但，他們爲什麼應該羞愧臉紅呢？他們的所作所爲，從馬克思學說的觀點來說，沒有任何一點是可恥的。資本主義在馬克思主義者看來，是人類歷史發展必須經歷的一個階段，是最後導致社會主義至福的一連串事件中一個必要的環節。資本家，就作爲資本家的身分而言，只不過是歷史的工具。他們按照上天注定的人類演化計劃，執行必須完成的任務。他們順從不以人的意志爲轉移的永恆法則。他們不得不以他們的那種方式行爲。他們不需要任何意識型態或「虛假意識」來告訴他們，說他們是對的。從馬克思學說的角度看來，他們就是對的、無愧的。如果馬克思邏輯一貫的話，他就應該這樣規勸工人：不要去責怪資本家；資本家對你們的「剝削」，其實是一件對你們最爲有利的事；他們正在爲社會主義的來臨鋪路。

任何人無論怎樣反覆思考，都不可能想出，扭曲眞實的意識型態有什麼理由，會比正確的理論對資產階級更爲有用。

五、意識型態的衝突

馬克思說，階級意識產生階級意識型態。階級意識型態提供整個階級一個對現實情況的解釋，同時告訴階級成員如何行爲，以便使整個階級獲益。階級意識的內容，全然取決於物質生產力發展的歷史階段，以及相關階級在該歷史階段所扮演的角色。意識型態不是腦力隨意勞動的結晶，而是思想者的實質階級條件投影在他的腦海後的反射。所以，意識型態不是一種以思想者本人的想像力爲依歸的個人現象，而是現實情況，或確切地說，思想者的階級條件督促思想者須在腦海裡形成的。因此，同一階級所有成員的意識型態都是一樣的。當然，同一階級內，並非每一個同志都是作家，並且都把想到的東西發表出來。但，所有屬於同一階級的作家都會想到相同的理念，而該階級所有其他成員也都會贊同這些理念。馬克思主義不容許假定，同一階級不同成員的意識型態可能大不相同，對所有階級成員來說，只存在一種意識型態。

如果某個人的意見和某一階級的意識型態不符，那就是因爲他不屬於該階級。不需要以理性論證去駁斥他的理念，只消揭露他的背景和階級屬性就夠了。問題就這樣解決了。

但，如果某個無產階級背景和身分都無可置疑的人，背離了正確的馬克思主義信條，那麼他就是一個叛徒。在拒絕馬克思主義一事上，要假定他是眞誠的，那是不可能的。作爲一個無產者，他其實必然像其他無產者那樣思想。他心裡有一股聲音確定無疑地告訴他，什麼是無產者正確的意識型態。但，由於他不誠實，所以才會藐視心裡的這股聲音，進而公開發表違背無產階級正統的意見。他是一個惡棍，一個猶大，草叢裡的一條毒蛇。打擊這樣的叛徒，一切手段都是允許的。

馬克思和恩格斯，兩個無疑具有資產階級背景的人，孵化出無產階級的階級意識型態。他們從來不想像科學家那樣和異議人士討論他們自己的學說，例如：像科學家那樣理性地提出贊成或反對的理由，討論拉馬克（Lamarck）、達爾文（Darwin）、孟德爾（Mendel）和魏斯曼（Weismann）等人的學說。在他們看來，反對他們的人要不是資產階級白痴[23]，就只可能是無產階級叛徒。一旦某個社會主義者偏離了馬克思主義正統的教條，哪怕只是一絲一毫的偏差，馬克思和恩格斯就會發狂地攻擊他，諷刺他和汙辱他，把他說成是一個惡棍，一個窮凶惡極之徒。恩格斯死後，輪到考茨基（Karl Kautsky）執掌最高仲裁者的職位，負責裁定什麼是或什麼不是正確的馬克思主義。一九一七年，這個職位傳到列寧手中，從此變成蘇聯政府首腦的一個職能。馬克思、恩格斯和考茨基當時還必須滿足於只謀殺他們對手的人格，而列寧和史達林現在卻能夠謀殺他們對手的身體。他們一步一步地詛咒、鬥臭那些曾經被所有馬克思主義者，包括列寧和史達林他們自己，視爲無產階級運動的偉大捍衛者：考茨基、阿德勒（Max Adler）、鮑爾（Otto Bauer）、普列雪諾夫（Plechanoff）、布哈林（Bukharin）、托洛茨基（Trotsky）、梁贊諾夫（Riazanov）、拉德克（Radek）、季諾維也夫（Zinoviev），以及其他許多人。他們能夠抓住的那些人，被監禁拷打，最後遭到殺害。只有一些足夠幸運的人，因爲定居在充斥「反動的財閥民主分子」的國度裡，才被容許獲得善終。

從馬克思主義的觀點，可以提出一個很好的理由贊成多數決。當人們對於無產階級意識型態的正確內涵產生疑義時，應該把多數無產者所主張的那些理念，視爲忠實

㉓ 例如：*Das Kapital* (*1*, p. 574)說，邊沁（Bentham）的學說反映「資產階級的愚蠢」（bourgeois stupidity）；*Das Kapital* (*2*, p. 465) 說，Destutt de Tracy犯了「資產階級痴呆症」（bourgeois cretinism）等等。

反映純正無產階級意識型態的理念。由於馬克思主義認爲絕大多數人民是無產者，前述這個解決疑義的原則就等於認爲：在成人選舉制下，所選出的議會有合適的能力，在意見衝突時做出最終的裁決。儘管拒絕這麼做，無異推翻整個意識型態學說，但無論是馬克思或是他的接班人，卻從未想到要把自己的意見交出去，面對多數決。馬克思畢生不相信人民，他高度懷疑議會程序和投票表決做成的決定。他狂熱地聲援一八四八年六月的巴黎革命——這次革命是一小撮巴黎人聚眾反叛一個在成人普選制下選出的議會所支持的政府。他更加喜歡一八七一年春天的巴黎公社事件——這次革命又是巴黎一小撮社會主義者，聚眾反抗壓倒性多數的法國民意代表透過適當程序所建立的政權。馬克思認爲巴黎公社實現了他的無產階級專政理想；他所謂的無產階級專政，指的就是政權由一小撮自命的無產階級領導者所把持的專制統治。他努力勸說所有西歐和中歐國家的馬克思主義者，不要把希望寄託在選舉活動上，而是要寄託在革命的方法上。在這方面，俄羅斯的共產黨徒是他的忠實信徒。一九一七年，在列寧政府主辦下，儘管執政黨以暴力恫嚇選民，由所有成年公民選出的俄羅斯國會，共產黨議員所占比例少於百分之二十五。百分之七十五的選民投票反對共產黨候選人。但，列寧以武力解散國會，穩穩地建立少數人的獨裁統治。蘇維埃權力的層峰，成爲馬克思教派的至高教皇。他占有這個職位的權利，來自於他在一場血腥的內戰中打敗了他的所有對手。

由於馬克思主義者不承認意見紛歧能夠以討論和說服的方式解決，或以多數決來仲裁，所以除了訴諸內戰，沒有其他解決意見分歧的辦法。好的意識型態，或者說和無產階級者的階級利益適配的意識型態，特徵在於它的支持者成功征服和肅清了他們的對手。

六、理念和利益

馬克思暗地裡假定，某個階級的社會地位獨特地決定該階級的利益何在，並且毫無疑問地決定什麼政策對該階級的利益最有助益。該階級無須在不同的政策之間做出取捨。該階級所處的歷史情境，責成該階級採取一定的政策；該階級沒什麼其他政策可以選擇。換言之，該階級並不行爲，因爲行爲隱含行爲者，在各種可能採取的不同政策間，做出取捨。唯獨物質生產力利用階級成員作爲媒介而行爲，或者說階級成員只是物質生產力行爲的工具。

然而，一旦馬克思、恩格斯以及所有其他馬克思主義者，越過認識論的範疇，開始評論歷史和政治的議題，他們便無視前述的根本信條。這時，他們不僅指控各個非無產階級對無產階級懷有敵意，而且還批評非無產階級所採取的政策無助於增進自身眞正的階級利益。

〈談一八七一年的法國內戰〉（*Address on the Civil War in France*）是馬克思最爲重要的政治文宣作品。這篇政治文宣，發狂地攻擊當時的法國政府，因爲這個受到法國絕大多數人民支持的政府執意蕩平巴黎公社的反叛。它肆意詆毀所有該政府的領導階層，罵他們是騙子、僞造者和盜用公款者。它指控儒勒法爾夫（Jules Favre）「和某個醉鬼的妻子姘居」，指控戴・戈里菲將軍（General de Gallifet）利用自己的髮妻據稱賣淫而從中獲利。簡言之，該篇政治文宣爲社會主義媒體後來的抹黑伎倆立下了典範，但是，當羶色腥的小報早先採納同樣的伎倆時，馬克思主義者卻義憤塡膺，斥之爲資本主義最醜陋的贅疣毒瘤。然而，所有這些抹黑謾罵的謊言無論多麼不道德，還是可以視爲社會主義政黨用來和資產階級文明進行殊死戰的戰略。它們至少並不牴觸馬克思主義的認識論原則。但，如果是從資產階級的階級利益觀點，去質疑資產階級的政策是否適宜，那就是另外一回事了。該篇政治文宣聲稱，法國資產階級的政策暴露了自己的意識型態的根本教義，亦即「推遲階級鬥爭」是該意識型態的唯一目的；在如此暴露之後，資產階級的階級統治事實，將不再能「藏身在民族主義的包裝中」。此後，工人和他們的剝削者之間將不再有任何和平或停戰的可能。兩者之間的戰火將一再點燃，而工人這一方將毫無疑問地獲得最終勝利[24]。

這裡必須注意的是，前述這些馬克思的言論是針對某個情境而發，在該情境下，法國多數人民，要麼選擇對居於少數的革命黨徒無條件投降，要麼選擇反抗。無論馬克思或其他任何人都從未預期多數方人民，在面對少數方人民的武裝侵略時，會選擇毫無反抗的屈服。

但，比前面更爲重要的是，馬克思的這些言論認爲，法國資產階級所採取的政策，對事件的發展有決定性的影響。在這一點，他牴觸自己所有的其他論述。他在〈共產黨宣言〉裡宣稱，無論資產階級採取什麼防衛伎倆，都將發生不可調和與毫不留情的階級鬥爭。他從剝削者與被剝削者的階級處境，得出階級鬥爭不可避免的結論。在馬克思的思想體系裡，完全沒有空間假定，資產階級能夠採取其他什麼政策，以避免階級鬥爭和其結果。

如果某一階級，譬如，一八七一年的法國資產階級，眞的能夠選擇不同的政策，並且透過它的選擇去影響事件的發展，那麼，在其他歷史情境中的其他階級，必定也

㉔ Marx, *Der Bürgerkreig in Frankreich*, ed. Pfemefert (Berlin, 1917), p. 7.

能透過不同的政策選擇去影響事件的發展。於是，馬克思唯物論的所有教條便轟然粉碎。階級處境並不會自動讓相關階級知道什麼是它眞正的階級利益，以及什麼政策最有助於它的階級利益。於是，並非只有那些有助於階級利益的政策，才會獲得主導階級政策的那些人贊同。不一樣的理念有可能主導階級政策，從而影響事件的發展。果然，則在歷史發展中產生作用的因素便不只是階級利益，而理念也並非只是某種由階級利益獨特決定的意識型態上層結構。這時，爲了辨識什麼是以及什麼不是眞正有助於階級利益的政策，勢必要對各種政策理念仔細檢視。這時就必須以邏輯推理的方法，討論各種彼此衝突的理念。馬克思用來禁止這種冷靜衡量特定理念之利弊得失的障眼法便會失效。馬克思就不再能以「非科學」爲由，將社會主義優缺點的討論打成禁忌。

馬克思另一篇重要的政治講稿，是一八六五年名爲〈價值、價格和利潤〉的文章。在這篇文章裡，馬克思批評工會傳統的政策；他說工會應該拋棄他們「保守的座右銘——合理的每天工資換取合理的每天工作量！反而應該在他們的旗幟上寫下革命的標語——廢除工資制度！」[25]這顯然是一個關於哪一種政策最有利於工人的爭議。在這個場合，馬克思的態度和他慣常的表現不同，他通常會把所有和他意見相左的無產者稱爲叛徒。他暗地裡承認，甚至在眞誠捍衛勞工階級利益的人士之間也可能有意見不同的時候，這時就必須透過理性辯論來解決意見分歧。也許是在重新考慮之後，他自己發現，這種處理相關問題的方式和他所宣揚的一切教條並不相容，所以他並未將他這篇在一八六五年六月二十五日國際工人協會總理事會上宣讀的文章付梓出版。這篇文章最初是由他的一個女兒於一八九八年刊印出版。

但，我們這裡要仔細討論的主題，並不是馬克思未能一貫堅持他自己的學說，以及他偶爾會陷入一些和他的學說相牴觸的想法。我們必須檢視馬克思的學說是否站得住腳，所以我們必須轉向「利益」一詞在他學說脈絡中的奇特含義。

每一個人（就這個問題而言，每一個群體也一樣）在行爲時，都想要以某一種比較適合他的事態取代另一種他認爲比較不適合的事態。如果我們不理會其他任何觀點對這兩種事態附加的修飾，我們便可以說他想追求自己的利益。但，什麼利益比較值得追求以及什麼比較不值得，是行爲人自己決定的問題。他的決定是在各種可能的答案之間選擇的結果。所以，這是一個價值判斷問題，取決於行爲人認爲這些不同事態對他自己的福祉將會有什麼影響，而最終則取決於他認爲他所預料的這些影響的價值

㉕ Marx, *Value, Price and Profit*, pp. 126-7.

高低。

如果我們把前述的觀察謹記在心，那麼，宣稱理念是利益的一個衍生物便顯然不合情理。理念告訴某個人什麼是他的利益。後來某一天，這個人回顧他過去的行爲，也許會覺得他做錯了，並且認爲另一種行爲方式原本更有助於他自己的利益。但，這並不表示在他行爲的關鍵時刻，他不想追求他自己的利益。他按照他當時所認爲的最有利於自己的方式而行爲。

如果某個沒有利害關係的觀察者旁觀另一個人的行爲，他可能這樣想：這個人錯了；他的所作所爲將幫不到自己想要追求的利益；另一種行爲方式更合適用來達成他想追求的目的。就這個意思，今天某個歷史學家能說，或一九三九年當時某個頭腦精明的人可能說：希特勒和納粹錯在入侵波蘭；該入侵事件傷害他們自己所謂的利益。這是合情合理的批評，因爲它僅涉及某個行爲所採用的手段，而不涉及行爲的最終目的。最終目的的選擇是一個價值判斷，完全取決於做判斷的那個人的價值評估。關於這個人的價值評估或取捨，別人所能評論的只是：如果我是他，我將做出不同的選擇。如果某個羅馬人告訴某個注定要在競技場中被野獸撕碎的基督徒說：你跪拜我們神聖皇帝的雕像，對你自己最有好處；這個基督徒肯定會回答說：我最主要的利益，是遵守我所信仰的訓誡。

但，馬克思主義，作爲一門聲稱知道人類勢必要追求什麼目的的歷史哲學，使用「利益」一詞時，含義和前述的意思不同。它所指涉的利益，不是人們根據自己的價值判斷所選擇的那些利益，而是物質生產力所追求的目的。物質生產力的目標，在於建立社會主義。這種力量利用無產階級作爲實現這個目標的手段。超人的物質生產力追求它自己的利益，完全無視難免一死的凡人有何意願。無產階級只是物質生產力所掌握的一種工具。無產階級的行爲，不是該階級自己的行爲，而是物質生產力，利用無產階級作爲一個沒有自主意志的手段，所執行的行爲。馬克思所指陳的階級利益，其實是物質生產力的利益，而這所謂利益則是指：物質生產力想要掙脫「束縛自己發展的枷鎖」。

這種所謂利益，當然和普通人的理念無關。它完全取決於某個異人的理念，這個異人叫作馬克思，他創造出一個叫作物質生產力的魅影，以及這個魅影的擬人化利益想像。

在眞實的、有生命的和人的行爲世界裡，沒有獨立於理念之外的利益這種事；理念在邏輯上和時序上必然先於利益。某個人所認爲的自身利益是什麼，取決於他自己當時的理念是什麼。

如果要說「社會主義最有利於無產階級」這個命題有什麼意義，那就只可能是說：無產者個別所追求的目的，在社會主義下將獲得最好的滿足。這樣的命題需要證明。如果拿某個隨意杜撰的歷史哲學體系作爲搪塞，頂替證明，那是沒用的。

所有這些關於利益的觀點，馬克思從來沒想過，因爲他滿腦子以爲人的利益完全取決於人體的生物學性質。在他看來，人的一切利益僅在於取得最大數量的有形財貨；在財貨與服務供應方面，只有量的問題，完全沒有質的問題。人的需要完全取決於人體的生理，而和人的理念無關。受到這種先入之見的蒙蔽，馬克思完全無視這個事實：決定該生產哪種財貨，是生產方面的一個問題。

對動物和瀕臨餓死的原始人來說，除了他們所能取得的食物數量外，其他一切無疑都不重要。我們無須指出，即便是就文明初始階段的那些人而言，人的情況和動物完全不同。文明人面對選擇滿足不同需要的問題，以及選擇不同方式以滿足相同需要的問題。他的利益是多種多樣的，而且取決於一些對他的選擇有影響的理念。如果某個人想要一件新外套，而權威當局卻給他一雙鞋子，或者如果他想聽貝多芬交響樂，而當局卻給他一張看拳擊賽的門票，那便無助於他的利益。人們的利益或人們感興趣的事物之所以不同，原因就在於他們的理念不同。

可以附帶一提的是，前述這個對人的需要與利益的誤解，阻礙馬克思和其他社會主義者理解自由與奴隸之間的區別，或者說阻礙他們理解一個可以自主決定自己的收入如何花費的人，和一個由權威機構供應該機構認爲他所需要的那些東西的人，兩者的處境有何不同。在市場經濟裡，消費者選擇，從而決定，經濟體系生產何等數量與品質的財貨。在社會主義下，權威當局決定所有這些事情。在馬克思和馬克思主義者看來，這兩種滿足需要的方式並沒有實質差別；究竟是每一個「卑微的」人爲他自己作選擇，還是權威當局爲治下人民作選擇，那是無關緊要的。馬克思和馬克思主義者未能意識到，權威當局提供給治下人民的那些東西，並不是人民想要獲得的，而是權威當局認爲人民應該獲得的。某個想得到一本聖經的人，如果實際得到的卻是古蘭經，他就不再是一個自由人。

即使爲了論證，我們姑且承認，關於人民想要何種物品，以及何種科技方法最合適生產這些物品沒有任何疑義，也仍然有長短期利益衝突的問題等待解決。如何解決這方面的衝突，同樣有賴於理念。正是價值判斷決定現有財貨的價值，相對於未來財貨的價值，被賦予多大程度的時序偏好。是該消費資本呢？還是該累積資本？資本消耗或資本累積該允許到何等程度？

馬克思完全不處理前述這些問題，反倒心滿意足的執迷於社會主義將是人間天堂的幻想，以爲社會主義裡每一個人都將心想事成獲得自己所需要的一切東西。如果某人對這樣的幻想深信不疑，他當然會面不改色地宣稱，社會主義將最有助於實現每一個人的利益，無論這利益指何而言。在蓬萊仙島，人們將不再需要有任何理念，不再需要訴諸任何價值判斷，不再需要思考和行爲。他們只消張開他們的嘴巴，好讓烤熟的鴿子飛進來。

在眞實世界裡——這個世界的實際情況才是追求眞理的科學研究唯一的目標——理念決定人們認爲什麼是他們的利益。沒有獨立於理念之外的利益這種事。正是理念，決定人們認爲什麼是他們的利益。自由人並非依照他們的利益而行爲。他們依照自己所認爲的能增進自身利益的方式而行爲。

七、資產階級的階級利益

馬克思思想的一個起點是這個教條：資本主義雖然完全有害於勞動階級，卻有利於資產階級，而社會主義雖然只是阻撓資產階級不公平的利益主張，卻非常有利於全人類。這些理念出自法國共產主義者和社會主義者，而由史坦恩（Lorenz von Stein）的大部頭著作《今日法國的社會主義和共產主義》（*Socialism and Communism in Present-Day France*）介紹給德國一般民眾。馬克思毫不猶豫地採納這個學說及其一切含義。他從來沒想過，這個學說的根本教條也許需要證明，而該學說所使用的那些概念也需要加以定義。他從未定義社會階級、階級利益，以及階級利益衝突等概念。他從未解釋，爲什麼社會主義比其他任何制度更有利於無產階級和全人類。迄今，這種態度一直是所有社會主義者的特色心態。他們理所當然地徑直認爲，在社會主義下生活將是幸福的。凡是膽敢要求他們說明理由的人，就憑這個要求本身，便暴露他自己是一個接受賄賂、爲剝削者自私的階級利益辯解的人。

馬克思主義的歷史哲學告訴人們，導致社會主義來臨的因素，是資本主義生產模式自身內在的法則。就像自然法則是人力無法改變的那樣，資本主義生產模式必然導致它自身的否定[26]。由於任何社會型態絕不會在所有它能容納的物質生產力發展成熟之前消失[27]，所以在社會主義來臨之前，資本主義必定有始有終地走完全部的發展與結束過程。所以，從馬克思主義的觀點來說，資本主義的自由演化完全沒遭到任何政策干擾打亂，是非常有利於無產者的階級利益的——而我們肯定必須說，非常有利於無產者「正確了解的」或長期的利益。《共產黨宣言》說，當資本主義往它的成熟

---

[26] Marx, *Das Kapital, I*, p. 728.

[27] 參見本章第二和第四節。

階段，從而也往它的最終崩潰逐步前進時，勞動者「愈來愈向下沉淪」、「變成赤貧者」。但，從永恆的觀點來看，從人類的目的地和無產階級長遠利益的觀點來看，這個「大量貧窮、壓迫、奴役、墮落和剝削」的情況，其實應該視爲邁向永恆幸福的一個步驟。所以，一味想方設法，企圖藉由——必然無效的——資本主義體制內改革，以改善賺取工資者處境，不僅徒勞無功，而且也顯然違背勞工階級——正確了解的——利益。因此，馬克思排斥工會提高工資率和縮短工時的努力。所有馬克思主義政黨中最爲正統的政黨，德國社會民主黨，在十九世紀八〇年代投票反對俾斯麥所推動的一切著名的社會政策（Sozialpolitik）措施，包括當中最爲宏偉的特色項目——社會安全制度。同樣的，在共產主義者看來，美國的新政（New Deal）只是一個注定失敗的搶救計劃，妄圖藉由推遲資本主義解體，延緩社會主義千年至福來臨的時程，搶救垂死的資本主義。

因此，雇主如果反對一般稱作親勞動立法的政策趨勢，可不是眞的在打擊馬克思所謂無產階級的眞正利益。正好相反，由於實質上使經濟演化掙脫無知的小資產階級、政府官僚，以及諸如費邊主義者等一干空想的和人道主義的僞社會主義者，企圖用來減緩經濟發展的那些羈絆，所以雇主的自私自利恰恰有助於實現勞動階級和社會主義的千秋大業。剝削者的自私自利，恰恰是被剝削者和全人類的福利。如果馬克思能夠把自己的理念邏輯推演到極致，他難道能忍住不附和曼德維爾（Bernard Mandeville）說，「私惡即公利」，抑或能忍住不附和亞當・史密斯（Adam Smith）說，富有者就這樣「被一隻看不見的手引導」，「在沒打算要有這效果，也不知道有這效果的情況下，增進了社會的利益」？[28]

然而，馬克思總是急著在推理的內在矛盾即將暴露之前便中斷他的推理。在這方面，他的追隨者複製他們導師的心態。

這些自相矛盾的馬克思門徒說，資產階級，包括資本家和企業家在內，熱切想要保持自由放任的制度，反對所有減輕基層民眾生活困苦的措施，反對幫助爲數最多、最爲有用和最受剝削的基層民眾。資產階級一心一意阻擋社會進步；他們是反動分子，致力於——當然，絕無可能成功——撥回歷史時鐘。關於這些情緒激昂，天天在報紙上、在政客和政府發言人口中重複的言論，無論評價如何，有一點是不能否認的，那就是：它們和馬克思主義的基本信條並不相容。從馬克思主義某個條理一貫的

---

[28] Adam Smith, *The Theory of Moral Sentiments*, Pt. IV, ch. 1 (Edinburgh, 1813), *1*, p. 419 ff；《道德情感論》（台北市，五南圖書出版，2018年），第二七四至二七五頁。

觀點來看，那些所謂親勞動立法的捍衛者，其實是反動的小資產階級，而馬克思主義者所謂的勞工構陷者，反倒是進步的先鋒，至福即將來臨的預兆。

由於對商業問題一概不知，所以馬克思主義者未能看出，現在的資產階級者——那些已經富有的資本家和企業家——就他們身爲資產階級者自私的觀點而言，並不會想要保持自由放任的制度。在自由放任的制度下，他們顯赫的地位一再遭到身無分文，但野心勃勃的商場新秀挑戰。各種阻礙有才華的商場新秀崛起的法律，傷害消費者的利益，但保護了那些已在商場站穩腳步的老字號企業抵抗入侵者的競爭。這些法律一方面使商人更不容易獲利，而另一方面則課徵重稅拿走大部分辛苦賺來的利潤，因此阻礙商場新秀累積資本，從而移除促使老字號廠商竭盡所能服務消費者的誘因。從馬克思主義的觀點來說，那些保護比較沒效率的廠商抵抗比較有效率者競爭的措施，以及那些減少或沒收利潤的法律，其實是保守的甚至是反動的。這些措施和法律往往阻礙生產科技進步和經濟發展，使無效率和落後的情況得以保持。如果美國的新政從一九〇〇年而不是從一九三三年開始實施，美國消費者肯定享受不到許多產業現在所提供的產品，因爲這些產業是在二十世紀開頭的二、三十年間，受惠於自由放任的經商環境，才從起初的微不足道迅速成長而躍升爲國家重大的，同時也是大規模生產的產業。

對產業問題如此這般誤解的頂點，是一股針對大企業而發的敵意，這股敵意甚至看不慣小企業力圖壯大。受到馬克思主義的蠱惑，輿論認爲「大」是最惡劣的一種企業惡行，從而縱容每一項旨在以政府措施，抑制或傷害大企業的計劃。殊不知，唯因企業規模之大，才可能大量供應現在的美國平民都不想沒有的那些產品。供少數幾個人使用的奢侈品，能在小工廠裡生產。供許多人使用的奢侈品，需要大企業來生產。那些詛咒大企業的政客、教授和工會領袖，其實是在爲降低一般生活水準而戰。他們無疑不是在促進無產者的利益。從馬克思主義的觀點來看，歸根究柢他們恰恰是社會進步和勞工生活情況改善的敵人。

八、馬克思主義的批評者

馬克思和恩格斯的唯物論，和古典唯物論的理念根本不同。他們的唯物論把人的思想、選擇和行爲，描述成取決於物質生產力——生產工具和機器。他們沒意識到，生產工具和機器本身便是人心運作的產物。即便他們費盡心思，硬要把一切精神與知識現象——他們所謂的上層結構現象——描述爲衍生自物質生產力的嘗試是成功的，他們也只是把這些現象追溯到某個本身就是精神與知識現象的因素罷了。他們的精巧論證，繞了一圈之後又回到原點。他們所謂的唯物論，其實完全不是唯物論。對於相關問題，他們據稱的唯物論，沒提出任何實質的答案，只是出一張嘴瞎攪和。

有時候，甚至馬克思和恩格斯也意識到他們的學說根本不足之處。當恩格斯在馬克思死後，總結他的這位摯友畢生成就據稱的菁華時，完全沒提到物質生產力。恩格斯說，「和達爾文發現了生物演化法則一樣，馬克思發現了人類歷史演化法則，也就是這個——迄今一直隱藏在宛如雜草般蔓延的各種意識型態之下——簡單的事實：人，首先必須吃、喝、有棲身之所和衣服，然後才能講求政治、科學、藝術、宗教等等；因此，人們立即需要的食物其生產狀況，從而某一民族或某一時代所達到的經濟演化階段，便構成了政府制度、行爲對錯的理念、藝術，乃至人們的宗教信仰等等賴以形成的基礎；所有前述這些制度、理念、藝術和信仰，都必須由該基礎來解釋，而不是像從前那樣顚倒過來解釋。」[29]當然沒有誰比恩格斯更有資格，爲辯證唯物論做出權威性解讀。但，如果恩格斯的這篇訃告所言屬實，則馬克思主義的唯物論便完全消失不見。它潰縮成一則自古以來人人都知道，而且從來也沒有誰會去爭辯的自明之理。它所說不過是這句老掉牙的格言：人，首先必須活著，然後才可能進行哲學思考（Primum vivere, deinde philosophari）。

恩格斯對辯證唯物論的解讀，作爲鬥嘴的一個伎倆，效果很是不錯。一旦有人開始揭露辯證唯物論的荒謬與矛盾之處，馬克思主義者便回嘴說：難道你否認人首先必須吃飯？難道你認為人們不想改善他們寄身所在的物質情況？由於誰也不想挑戰這些自明之理，他們便下結論說，馬克思主義唯物論的一切論述都是無懈可擊的。可惜，許多偽哲學家未能看穿前述推論邏輯不通。

馬克思懷恨攻擊的主要目標是霍亨索倫（Hohenzollern）王朝的普魯士帝國。他所以恨這個帝國的統治，不是因為該帝國反對社會主義，而恰恰是因為該帝國傾向接納社會主義。當時，他在德國思想界的競爭對手，拉薩爾（Ferdinand Lassalle），隨興地搬弄是否和俾斯麥所領導的普魯士政府合作以實現社會主義的想法，而馬克思的國際工人協會（後來稱為第一國際）則嘗試取代霍亨索倫王朝。由於普魯士新教教會臣服於政府，教會行政事務由政府官員主持，所以馬克思也醜化詆毀基督教，而且從不厭倦。反基督教所以益發是馬克思主義的一個教條，原因在於那些率先改信馬克思主義的知識分子所屬的國家是俄國和義大利。教會在俄國甚至比在普魯士更聽命於

29 Engels, *Karl Marx, Rede an meinem Grab*, many editions. Reprinted in Franz Mehring, *Karl Marx* (2nd ed. Leipzig, 1919, Leipziger Buchdruckerei Aktiengesellschaft), p. 535.

政府。而在十九世紀義大利人眼中，對天主教懷有惡感是某些人士必備的特徵，這些人反對恢復教宗的世俗統治權，也反對剛贏得的國家統一狀態崩解。

基督教各教會和教派並未反抗社會主義。事實上，他們逐步接受社會主義基本的政治和社會理念。如今，除了極少數例外，他們全部直言不諱拒絕資本主義，而且他們若不是主張社會主義，就是主張各種必定不可避免導致社會主義的經濟干預政策。但，每一個基督教教會，當然都不會默許任何敵視基督教並且志在壓抑基督教的社會主義門派存在。這些教會堅定反對馬克思主義當中那些反基督教的層面。他們嘗試區分他們自己的社會改革方案和馬克思主義的方案。他們認爲，馬克思主義根本的錯誤，在於它的唯物論和無神論。

然而，宗教辯解者對馬克思主義唯物論的攻擊，完全沒打到它的要害。許多宗教辯解者把唯物論視爲一門倫理學說，認爲這門學說教導人們，應該只追求身體需要的滿足和快樂狂歡的生活，而不應該煩惱其他任何事情。他們提出來反對這門倫理唯物論的理由，和馬克思主義以及爭議中的問題毫不相干。

另外有些馬克思主義唯物論的反對者，也沒提出更爲合理的理由。這些反對者專門挑出一些歷史事件，譬如，基督教信仰的興起、十字軍東征、宗教戰爭等等，然後得意洋洋地斷言，這些事件絕不可能從唯物論觀點加以解釋。實際情況的每一次改變，都會影響各種實質財貨的供需結構，從而影響某些人群的短期利益。所以，如果有人想證明短期內某些人群獲益而另有些人群則受損，那是可能辦到的。因此，馬克思主義的支持者總是能夠指出，任何改變都涉及階級利益，從而宣布批評者所提出的反對理由無效。當然，這個證明唯物史觀正確的方法完全是錯誤的。眞正的問題不是某些人群的利益是否受到影響；不同人群的利益，至少在短期內必然總是會受到不同影響。眞正的問題是，某些相關人群追求利益的行爲，是否爲討論中的事件所以發生的原因。例如：軍火工業的短期利益，是否爲導致我們這個時代好戰心態和戰爭的原因？在討論這些問題時，馬克思主義者從來不提：凡是有利益團體贊成的議題，便必然也會有反對相關議題的利益團體。他們必須解釋，反對的利益團體爲什麼沒打敗贊成的利益團體。但，馬克思主義的「唯心論」批評者太過駑鈍，揭露不了辯證唯物論的任何謬誤。他們甚至沒注意到，馬克思主義者只在討論人們普遍討厭的現象時，才會訴諸階級利益的解釋，而對於所有人都贊同的現象，馬克思主義者是從來不提階級利益的。某人如果認爲，戰爭所以發生，原因在於軍火工業資本的計謀，酗酒現象所以發生，原因也在於釀酒工業的計謀，那麼，爲了維持邏輯一貫，他就必須認爲，人們所以有保持整潔的習慣，原因在於肥皂廠商的計謀，而文學與教育所以欣欣向榮，原因也在於出版業和印刷業的計謀。但，無論是馬克思主義者或是他們的批評者，從來沒想到前面這一點。

在所有爭論當中，最爲突出的事實是：馬克思的歷史變遷學說從來沒受到任何審愼的批評。它所以能洋洋自得，看似勝利，原因在於它的對手從來沒揭露它的謬誤和它內在的矛盾。

人們如何完全誤解馬克思主義唯物論，從人們普遍習慣把馬克思主義和佛洛伊德的精神分析籠統送做一堆可見一斑。實際上，無法想像有哪兩門學說會比馬克思主義和佛洛伊德的精神分析更爲大相逕庭。唯物論希望把心理現象還原爲物質因素。精神分析和唯物論相反，則是把心理現象視爲一個自律的領域加以處理。傳統精神病學和神經病學嘗試把它們所關切一切病症，解釋爲由某些身體器官病變導致的，而精神分析則成功證明，某些身體病變有時候是由心理因素導致的。這個發現是沙可（Jean-Martin Charcot）和布羅伊爾（Josef Breuer）的成就，而在這個基礎上建立起一門全面的系統性學科，則是佛洛伊德的功勞。精神分析和所有門派的唯物論截然相反。如果我們不把精神分析視爲一門純知識學科，而視爲治療疾病的一門方法，我們就必須把它稱爲情理醫學部（thymological branch of medicine）。

佛洛伊德是一個謙謙君子，他從未大肆吹噓他自己的貢獻多麼重要。對於哲學問題，以及他本人未曾有過發展貢獻的知識部門，他的發言非常謹愼。他並未貿然攻擊唯物論的任何形上學教條。他甚至承認，科學有一天可能成功給精神分析所探討的那些現象，提出一個純生理學的解釋。但，只要這件事還沒發生，在他看來精神分析在科學上是站得住腳的，而且實務上也是不可或缺的。對於批評馬克思主義的唯物論，他也同樣小心。他坦率供認自己無法勝任這方面的評論工作[30]。但，所有這一切都改變不了這個事實：精神分析的觀點，基本上和實質上都和唯物論的認識論並不相容。

精神分析強調性衝動（libido）在人的生命中扮演的角色。在此之前，這個角色一直遭到心理學和所有其他知識部門忽視。精神分析也解釋此等忽視的理由。但，精神分析絕沒有說：性是人唯一要求滿足的衝動，或一切精神現象都是性衝動導致的。精神分析所以特別關注性衝動，原因在於精神分析最初是一個心理治療方法，而它必須處理的那些病症也大多是性壓抑造成的。

某些論者把精神分析和馬克思主義聯想在一起，因為他們認為這兩者都和神學的理念不和。然而，隨著時間的推移，各神學門派和教派團體漸漸對佛洛伊德的學說有了一個不同於以往的評價。就像他們從前看待現代天文學和地理學的成就，以及有機

[30] Freud, *Neue Folge der Vorlesungen zur Einführung in die Psychoanalyse* (Vienna, 1933), pp. 246-53.

體結構方面的物種變遷理論那樣，他們不僅漸漸拋棄了原先根本反對的立場，還嘗試把精神分析整合到教牧神學（pastoral theology）的理論和實踐體系裡。他們把學習精神分析視爲一門重要的牧師職業訓練課程[31]。

就目前的情況來說，許多爲教會的權威辯護的人，在面對哲學與科學的一些問題時，表現出一種茫無頭緒和不知所措的樣子。他們譴責他們可以甚或應該贊同的理念。在攻擊似是而非的學說時，他們訴諸一些站不住腳的理由，結果反倒使那些能夠看出其中謬誤者，益發傾向相信遭到攻擊的學說健全無誤。這些爲宗教辯解的人士，由於沒有能力發現錯誤的學說當中眞正的缺陷，最後便很可能以贊同他們所攻擊的學說收場。這可以解釋爲什麼會有這種怪事：如今在基督徒的著述中，竟然經常出現採納馬克思辯證唯物論的傾向。譬如，某一位長老教會的神學家Professor Alexander Miller認爲，基督教「能夠和歷史唯物論的眞理，以及階級鬥爭的事實，和平相處」。他不僅建議，就像基督教眾多教派中許多名聲顯赫的教派領袖在他之前所建議的那樣，教會應該採納馬克思主義政治的基本原則。他還認爲教會應該「接受馬克思主義」，視爲「科學的社會學菁華」[32]。怪哉，居然有人以爲，一門主張宗教理念是物質生產力上層結構的學說，和基督教的尼西亞信經（Nicene creed）可以調和！

九、馬克思主義的唯物論和社會主義

和許多有志難伸的知識分子一樣，以及和幾乎所有同一時代的普魯士貴族、公務人員、教師與文人一樣，馬克思被一股狂熱憎惡商業與商人的恨意所驅策。他的思想轉向社會主義，因爲他認爲社會主義是能夠對可惡的資產階級造成最大傷害的懲罰。另一方面，他意識到社會主義唯一可望實現的辦法，是阻止人們深入討論社會主義的利弊得失。人們必須被誘導在情感上接受社會主義，完全不應追究社會主義有什麼效果。

爲達到這個目的，馬克思改造黑格爾的歷史哲學——這是他就讀的那幾所學校一致的官方信條。黑格爾妄稱自己有能力給公眾揭示上帝隱藏起來的計劃。沒有任何道

㉛ 當然，不會有太多神學家，傾向贊同某個傑出的天主教醫學史的學者Professor Petro L. Entralgo的看法。Professor Petro L. Entralgo認爲，佛洛伊德「把基督教教義所隱含的某些可能性完全開發出來」。P. L. Entralgo, *Mind and Body*, trans. By A. M. Espinosa, Jr. (New York, P. J. Kennedy and sons, 1956), p. 131.

㉜ Alexander Miller, *The Christian Significance of Karl Marx* (New York, Macmillan, 1947), pp. 80-1.

理要求馬克思博士不該挺身而出，告訴人們一股內在的聲音傳給他的好消息。這股聲音說，社會主義勢必來臨，因爲這是命運之神遵循的路線。沉湎於討論社會主義或共產主義生產模式預期的好處或壞處是沒有什麼用的。只有當人們可以在社會主義和某個替代方式之間自由選擇時，才有道理去討論社會主義預期的優缺點。再說，由於社會主義是一連串歷史發展階段中的後來階段，社會主義也必然是一個比較高級和比較好的發展階段；所以，完全沒必要懷疑社會主義預期的利益[33]。

人類歷史將在發展到社會主義階段時，登上巔峰並且終止！如此這般的歷史哲學套路，是馬克思主義的精髓，是馬克思對親社會主義意識型態的主要貢獻。像所有其他類似的，包括黑格爾的思想套路那樣，馬克思的這套思路也來自直覺。他把它稱爲科學（*Wissenschaft*），因爲在他那個年代，沒有其他稱謂能給一個學說帶來更高的聲望。在馬克思之前，人們通常不會稱歷史哲學是科學。從來沒有誰會把「科學」一詞，套用在丹尼爾的預言（prophecies of Daniel）、聖經啓示錄，或菲奧雷耶阿基姆（Joachim of Fiore）的著述上。

基於相同的理由，馬克思稱他的學說是唯物主義的學說。在馬克思定居倫敦之前，他生活所在的那個左派黑格爾思想氛圍裡，唯物論是眾所接受的哲學。人們理所當然地認爲，對於身心問題，除了唯物論說的那一套，哲學與科學不容許其他處理方式。著述家如果不想遭到同行咒逐，就必須避免遭人懷疑他對「唯心論」有任何讓步。於是，馬克思急忙把他的哲學稱作唯物論的哲學。事實上，正如前面已經指出，他的學說完全沒處理身心問題。他的學說沒提到「物質生產力」如何形成，以及如何改變與爲何改變的問題。對於歷史變遷，馬克思的學說並不是一個唯物論的解釋，而是一個近似科技觀點的解釋。但，從政治觀點來說，馬克思把他的學說稱爲科學的和唯物論的，的確是聰明之舉。這些稱謂給他的學說帶來的聲望，絕不是它本身的說服力所能贏得的。

這裡必須附帶一提的是，馬克思和恩格斯完全沒想要花力氣證明，他們從科技觀點對歷史變遷的解釋確實有效。在他們著述生涯的早期，他們以明確、具有挑戰性的形式，發表他們的一些獨斷之見，譬如，我們前面引述的那些關於手工磨坊和蒸汽機磨坊的格言[34]。後來，他們變得比較保守和謹慎；在馬克思死後，恩格斯有時候甚至對「資產階級」和「唯心論」的觀點做出可觀的讓步。但，無論是馬克思或是恩格斯

---

[33] 參見後文第八章第四節。

[34] 見本章第二節。

或是他們無數追隨者當中任何一個，都從未嘗試具體說明，一定的物質生產力狀態，究竟是透過什麼機制的運作，衍生出一定的法律、政治和精神方面的上層結構。他們著名的哲學，從來沒超越只是突兀的發表一些俏皮的一瞥之見的範圍。

馬克思主義的爭辯伎倆非常成功，因此招來許多僞知識分子加入革命的社會主義陣營。但，他們並未駁倒經濟學家關於社會主義生產模式會帶來災難性後果的論斷。馬克思把分析社會主義體系如何運作列爲禁忌。他說，這種分析是空想的（utopian），這在他的術語裡也就是非科學的。他和他的追隨者都詆毀所有膽敢挑戰這個禁忌的著述家。然而，這些抹黑伎倆改變不了這樣的事實：對於社會主義問題的討論，馬克思的全部貢獻，只是透露某一股內在的聲音傳給他的訊息，亦即，人類歷史演化的終點與目的，是剝奪資本家所有的財產。

就認識論觀點而言，我們必須指出，馬克思的辯證唯物論並未做到身爲唯物論的哲學聲稱要做的事情。它並未解釋人心如何產生一定的思想和價值判斷。

揭發某個學說站不住腳，並不等於證實某個和它相衝突的學說正確。這裡需要聲明這個明顯的事實，因爲許多人忘記了該事實。辯證唯物論遭到駁倒，當然意味：馬克思主義對社會主義的辯護是無效的。但，這並未證明如下這些斷言是眞理：社會主義是不可能實現的；社會主義如果實現，將摧毀文明並給所有的人帶來苦難；社會主義的來臨並非不可避免等等。只有透過經濟分析，才能確立前述這些命題。

馬克思和所有認同他的學說者一向知道，社會主義的經濟分析，會顯示那些爲社會主義辯護的論點錯誤。馬克思主義者堅持歷史唯物論，並且頑固地拒絕聽取批評者的意見，因爲他們基於一些情緒上的理由很想實現社會主義。

第八章　歷史哲學

一、歷史的主題

歷史處理人的行爲，處理人個別完成的以及集體完成的行爲。歷史描述人生活所在環境的種種情況，以及人對這些情況的反應。歷史的主題是人的種種價值判斷、人根據這些價值判斷所追求的種種目的、人爲達到這些目的所採取的種種手段以及人行爲的結果。歷史，處理人對環境狀態的有意識反應；所謂人的環境，包括自然環境，以及前世代乃至同世代人的行爲所形成的社會環境。

每個人都出生在一定的社會和自然環境中。歷史學家不會抽象地看待個人；在歷史學家眼中，每一個人都不只是一概而論的人。每個人在生命的任何時刻，都是他的祖先加上他自己曾經感受過的一切經驗的產物。一個眞正的人具有多重身分；他是他的家庭、種族、民族和年代的一個成員；他是國家的一個公民；他是某一社群的一個成員；他是某一職業的從業人員。他受灌輸一定的宗教、哲學、形上學和政治理念；他有時候會靠自己思考，擴充或修改這些理念。他透過環境所獲得的種種思想意識指引他的行爲。

然而，這些思想意識並非一成不變。思想意識是人心的產物；當新的思想加入舊的庫存理念或取代已拋棄的理念時，思想意識就變了。歷史學家在探尋新理念的起源時，除了確立新理念出自某個人的思考，不可能更進一步。歷史的最終給定因素，任何歷史研究都不可能超越的界限，是人的理念和行爲。歷史學家能把某個理念追溯至其他先前發展出來的理念。他能描述那些反應環境情況的行爲。但，對於某個新理念或某個新行爲模式，他除了說它們起初在某個時間和某個地點出現在某個人的心裡而後爲其他人所接受外，絕不可能再說更多。

曾經有些人，嘗試從一些「自然的」因素下手，解釋理念的起源。他們說，理念是地理環境——人們居住環境的物質結構——必然的產物。這個學說明顯牴觸既有事實。沒錯，許多理念是物質環境對某個人的刺激而引起的反應。但，這些理念的內容並非取決於環境。面對相同的物質環境，不同的人和社群有不同的反應。

曾經另有些人，嘗試從一些生物因素下手，解釋理念的多樣與分歧。他們把人類按生物遺傳特徵分成若干種族。沒錯，歷史經驗並不排除如下這個命題：某些種族成員，和其他種族成員相比，有比較好的天賦，可以構想健全的理念。然而，眞正需要解釋的問題是：爲什麼某個人的理念和同一種族的其他人不同？爲什麼兄弟彼此的理念不同？

再則，文化落後未必一定意味某個種族永遠低劣。將動物般的人類祖先轉變成現代人類的演化過程，歷時數十萬年。從這漫長演化期間的角度來看，某些種族如今尚未達到其他種族在數千年前便已越過的文化水準，可以說是無關緊要的事實。某些個人的體格和智力發展比一般人緩慢，然而成年後卻比多數正常發展的人優越許多。相同現象未必不可能發生在整個種族上。

對歷史來說，一切解釋都止於人的種種理念，以及人基於這些理念想要達成的目的。如果某個歷史學家提到某個事實的意義，他指的永遠是實際行爲的人對他們自己必須在其中生活與行爲的那個情境的解讀，以及對他們自己隨後的行爲所產生的效果的解讀，或是其他人對這些行爲效果的解讀。歷史所謂最後的原因，永遠是指人個別或集體追求的目的。在事件發展過程中，除了實際行爲的人從他們切身利害的觀點所解讀的意義，歷史不承認有其他意義。

二、歷史哲學的主題

歷史哲學從某個和前述不同的觀點看待人類歷史。它假設上帝或自然女神或其他某個超越凡人的東西，深謀遠慮地引領歷史朝向某個目標前進，而這個或許可稱作天意的目標，和實際行爲的人所追求的目標不同。據稱，在一系列歷史事件中，有一個意義取代了行爲人的意向。天意的走向，不是難免一死的凡人想得到或想要的走向。

眼光如豆的個人欺騙他自己，以爲自己按照切身利害的考量在選擇和行爲。其實，他不知不覺地必定採取種種終將使天意實現的行爲。歷史過程有一定目的，這目的是天意設定的，完全不以人的意志爲轉移。歷史是一個朝向天意預定的目的前進的過程。歷史哲學的任務，便是從天意的觀點評斷歷史的每一個階段。

當歷史學家講到進步和退步時，他是以人的行爲有意追求的某個目的作爲參照點。在歷史學家的術語裡，進步意味達到行爲人認爲比先前的事態更爲愜意的某個事態。在歷史哲學的術語裡，進步意味往天意所設定的終極目標前進。

歷史哲學，無論哪一種，都必須回答兩道問題。第一：什麼是天意的最終目的和達到該目的的路徑？第二：天意以什麼手段誘導或強迫人沿著該路徑前進？只有充分回答了這兩道問題，相應的歷史哲學才稱得上完備。

對第一道問題的回答，歷史哲學家訴諸直覺。爲了佐證他的猜測，他可能援引前輩著述家的意見，也就是，引述他人直覺的猜測。歷史哲學家這種知識的最終來源，必定總是對天意的某種猜測；據說，這天意，在此之前，一直不爲未開竅者所知，而如今由於歷史哲學家有足夠的直覺能力，所以他才得到啓示。如果有人質疑他的猜測是否正確，歷史哲學家只能回答說：一股內在的聲音告訴我，我是對的，而你錯了。

大部分歷史哲學不僅指出歷史演化據稱的最終目的，而且還揭示人類在達到這個目的之前，勢必會經歷的過程。它們細數和描述一個接著一個的歷史狀態或階段，從最初開始到最終目的的所有過渡階段。黑格爾、孔德（Comte）和馬克思等人的歷史哲學屬於這一類。其他歷史哲學則認爲，天意託付某些民族或種族執行一定的任務。這就是德國人在費希特（Fichte）的歷史哲學中所扮演的角色，同樣也是日耳曼民族（Nordics）和亞利安人（Aryans）在現代種族主義者的論述中所扮演的角色。

就前述第二道問題所得到的答案而言，有兩類歷史哲學必須加以區分。

第一類歷史哲學聲稱，天意選擇某些凡人作爲執行天意的特殊工具。蒙受神恩的領袖被賦予超凡的能力。他是天意的全權代表，他的任務是引導無知的民眾走上正確的道路。他可能是一位世襲的國王，或是一個恣意攫取權力，而盲目與邪惡的賤民基於嫉妒和仇恨的心理橫加汙辱，稱爲篡位者的平民。對蒙受神恩的領袖來說，只有一件事情稱得上重要：忠實執行他的任務，不管他可能被迫採取什麼手段。他不受任何法律和道德律約束。他所作所爲永遠是對的，而他的對手所作所爲永遠是錯的。這就是列寧的學說，他在這一點背離馬克思[1]。

很明顯，哲學家不會照單全收，把每一個自稱聽到天意呼喚的人，都當作蒙受神恩、肩負天命的領袖。他分辨適格的領袖和惡魔似的騙子，分辨上帝派來的先知和來自地獄的魔鬼。在他眼中，只有那些帶領人們走向天意所設定目標的英雄和先知，才配稱爲適格的領袖。然而，對於天意所設定的目標究竟爲何，不同的哲學家意見不同，所以對於如何分辨適格的領袖和魔鬼的化身，他們的意見也就不同。對於凱撒和布魯特斯、伊諾增爵三世（Innocent III）和（神聖羅馬帝國）腓特烈二世、查理一世和克倫威爾、波旁王朝和拿破崙王朝等等，何者爲王與何者爲寇，不同的哲學家判斷不同。

但，他們甚至有更進一步的分歧。爭取領袖職位的候選人之間的競爭，有時候完全是個人的野心所引起的。凱撒和龐培彼此之間、蘭卡斯特王室和約克王室彼此之間、托洛斯基和史達林彼此之間，並沒有任何理念堅持的差異。他們所以彼此對抗，只因他們都想取得同一職位，而這職位當然只能由一個人取得。這時候，哲學家就必須在不同的大位覬覦者之間做出選擇。於是，妄稱自己有資格以天意之名宣判的哲學家，便會歌頌某個大位覬覦者而詛咒其對手。

第二類歷史哲學提出另一個辦法解決前述問題。這一類歷史哲學說，天意訴諸某種狡黠的伎倆。天意在每一個人的心裡注入一定的衝動，而這種衝動的運作必然導致

❶ 關於馬克思在這方面的學說，請參閱本書第七章第三節。

天意的實現。每一個人都認爲，他是在做他自己，追求他自己想要的目的。但，不知不覺地，他對天意要達到的目的，貢獻了自己的一份力量。這就是康德所提出的辦法[2]。這個辦法後來經過黑格爾重述，被許多包括馬克思在內的黑格爾主義者採納。「理性的狡黠」（*List der Vernunft*）[3]一詞就是黑格爾首創的。

對於從直覺推演出來的學說，爭論其眞假對錯是無濟於事的。每一種歷史哲學都是一種任意的猜想，既不可能加以證明，也不可能加以反駁。對於某一股內在的聲音所提示的學說，沒有任何理性思辨的辦法可予以背書或排斥。

三、歷史觀點和歷史哲學觀點的差異

在十八世紀之前，處理一般人類歷史而非僅處理具體歷史經驗的論文，大多根據某個歷史哲學的觀點解讀歷史。這種哲學鮮少獲得詳細定義和具體說明。這種哲學的信條被視爲理所當然，並且隱含在歷史事件的評論中。直到啓蒙時代，才有一些傑出的哲學家拋棄傳統的歷史哲學方法，不再推敲引領歷史發展的天意究竟有什麼隱藏的目的。他們開創了一門新的社會哲學，完全不同於所謂的歷史哲學。他們依據實際行爲的人所追求的目的，而非依據他們所認爲的上帝或自然女神的計劃，解釋人間世事。

要說明思想觀點這個根本改變的意義，最好的辦法是引述亞當・史密斯（Adam Smith）的觀點。但，要分析史密斯的理念，我們首先必須談一談曼德維爾（Bernard de Mandeville）。

從前各種倫理體系幾乎一致譴責個人自利的動機。他們傾向於認爲，耕作土地的農民追逐自利可以原諒，也經常努力辯解甚或歌頌君主個人的權力欲。但，他們堅定斥責其他人渴求物質幸福和財富。他們援引耶穌的山上聖訓（Sermon on the Mountain），對克制自己的欲望，以及對易遭蟲蛀與鏽蝕而腐朽的財富無動於衷大加讚揚，而把追逐自利的行爲視爲應受譴責的惡行。曼德維爾在他的《蜜蜂的寓言》裡嘗試批駁前述觀點。他指出，追逐自利和渴望物質幸福，雖然通常被汙衊爲惡行，其實是激勵人們積極行爲，導致幸福、繁榮與文明的誘因。

❷ Kant, *Idee zm einer allgemeinen Geschichte in weltbürgerlicher Absicht*, Werke (Inselausgabe, Leipzig, 1921), *I*, pp. 221-40.

❸ Hegel, *Vorlesungen über die Philosophie der Weltgeschichte*, *I*, p. 83.

亞當・史密斯接納曼德維爾的想法。他的研究目標，不是要發展出一套傳統模式的歷史哲學。他並未聲稱已經猜到天意給人類設定，並且要引領人類採取行爲去達成的目標。他不對人類的命運表示任何看法，也不對歷史演變據稱無法逃避的結局發表任何預測。他只想確定和分析，究竟是哪些因素，導致人類從古時候那種生活拮据的狀態，進步到他那個時候比較愜意的狀態。正是基於這樣的觀點，他才會強調：「自然界的每一部分，只要觀察得夠仔細都同樣展現造物主的庇佑眷顧，甚至在人類的軟弱與愚蠢中也有神的智慧與仁慈值得我們欽佩。」[4]富有者，只在意「滿足他們本身那些無聊與貪求無厭的欲望」，終究「被一隻看不見的手」這樣引導，以致「在沒打算要有這效果，也不知道有這效果的情況下，增進了社會的利益，提供了人類繁衍所需的資源」[5]。史密斯相信上帝存在，所以忍不住要把塵世的一切東西都歸因於祂的庇佑照顧，就像後來的天主教信徒巴斯夏（Frederic Bastiat）說上帝的手指那樣[6]。但，他們這樣引用上帝，並不意味他們想斷言上帝要在人類歷史的演化過程中實現祂的什麼目的。在他們的著述中，他們所處理的那些目的，是實際行爲的人所追求的目的而非天意的目的。他們所暗指的那種先天預定的和諧，無關他們所採取的認識論原則和他們的論證方法。所謂先天預定的和諧不過是一個權宜之計，用來調和他們在科學論述中所採用的那些純粹世俗的推理程序，和他們的宗教信仰。他們的這個權宜之計借自虔誠的天文學家、物理學家和生物學家，而這些曾經使用過這個權宜之計的自然科學家，在他們的研究中，並未背離自然科學的實證方法。

亞當・史密斯之所以必須追求這樣一個調和，原因在於他——和他之前的曼德維爾一樣——還沒徹底擺脫將個人努力改善自己的生活物質情況，斥責爲惡行的傳統倫理學標準和術語。因此，亞當・史密斯撞上一道悖論。通常被譴責爲邪惡的行爲，怎麼能產生通常被讚揚爲有利的效果呢？功利主義的哲學家找到正確的答案。導致善果的行爲，絕不可被我們的道德觀視爲惡行而加以排斥。只有那些產生惡果的行爲才是惡行。但，功利主義的道德觀點當時並不流行。輿論仍然堅持曼德維爾之前的理念。對於商人以供應顧客最想要的商品而成功取得的財富，輿論並不認可。對於從事工商業而取得的財富，人們普遍側目而視不以爲然，甚至認爲工商業所獲得的財富，只有

---

❹ Adam Smith, *The Theory of Moral Sentiments*, Part II, Section III, chapter 3 (Edinburgh, 1812), *I*, p. 243.《道德情感論》第三版（台北市，五南圖書，2018年），第一五七頁。

❺ 前引Adam Smith著作，Part IV, chapter 1, *I*, pp. 419-20.《道德情感論》第三版（台北市，五南圖書，2018年），第二七四至二七五頁。

❻ Bastiat, *Harmonies économiques* (2nd ed. Paris, 1851), p. 334.

捐給慈善機構，以彌補取得財富的罪過，才值得原諒。

如今，對於相信神不可知論、無神論或反對有神論的歷史學家與經濟學家來說，史密斯和巴斯夏所謂看不見的手之說，無須予以理會。另一方面，信仰基督教並且把資本主義視為一種不公平的制度，而予以排斥的歷史學家和經濟學家，則認為把自利的動機描述為天意用來達成目的的手段，是在褻瀆神明。總而言之，對我們這個時代來說，史密斯和巴斯夏的神學觀不再有任何意義。但，基督教各教會和教派將來有一天或許可能發現，宗教自由只有在市場經濟裡才可能實現，從而停止支持各種反資本主義的勢力。屆時，他們或者將不再排斥自利的動機，或者回到這些傑出的思想家所提示的調和辦法。

知道歷史哲學和十八世紀之後才發展出來的純世俗的新社會哲學，兩者之間的根本差異很重要，而同樣重要的是，知道幾乎每一種歷史哲學都會隱含的歷史發展階段說，和歷史學家嘗試將全部歷史分成若干時期或年代的做法，兩者之間的差異。

在歷史哲學的脈絡中，各個歷史階段，正如前面已經提到的，都是達到最後完全實現天意計劃之前的過渡階段。對許多基督教的歷史哲學來說，歷史發展必定遵循《舊約聖經》中《但以理書》所述四王國相繼興替的模式。現代各種歷史哲學從《但以理書》借來人類歷史最後階段的概念，這個最後階段將是「永遠的，不能廢去」[7]。

黑格爾、孔德和馬克思等人的歷史哲學，無論如何不同於《但以理書》，也無論他們如何彼此不同，全都接受歷史有最後階段的概念，這概念是每一種歷史哲學的一個根本元素。他們或者宣稱最後階段已經達到（例如：黑格爾），或者宣稱人類歷史正在進入最後階段（例如：孔德），或者宣稱最後階段的來臨指日可待（例如：馬克思）。

歷史學家所區分的歷史年代，性質和前述的歷史發展階段不同。歷史學家並未聲稱知道未來的任何事情。他們只處理過去。他們的分期架構，旨在劃分歷史現象，完全沒有預測未來的妄想。過去許多歷史學家動輒硬把通史或特別領域的歷史——諸如經濟史、社會史、戰爭史——斷成若干時期，這樣的著述被發現心態有嚴重缺點。這種心態一向妨礙歷史研究，而非輔助歷史研究。它時常源自政治偏見。現代的歷史學家都不太在意這種分期架構。但，對我們來說，重要的只是確認這個事實：就認識論的觀點來說，歷史學家所劃分的歷史時期，其概念性質和歷史哲學的歷史發展階段不同。

❼ Daniel, 7:14.

四、歷史哲學和上帝存在的觀念

十九世紀三種最流行的前達爾文歷史哲學[8]——黑格爾、孔德和馬克思等人的歷史哲學——是從啓蒙時代的進步理念改造而來的。而啓蒙時代所謂人類進步的理念，則是從基督教的救贖哲學改造而來。

基督教神學把人類歷史分爲三個階段：人類墮落之前的天堂極樂年代、塵世道德敗壞的年代，和最後的天國再臨。神如果放任不理，人類將無法懺悔原罪而獲得救贖。但，神憐憫世人，引領世人獲得永生。儘管人的塵世旅程充滿挫折與橫逆，未來還是有希望獲得神的祝福。

啓蒙時代的哲學家改造前述神學的階段說，使它符合啓蒙時代的科學觀。神賦予人以理性，使理性引領人找到正途走向完美。在過去的黑暗時代，迷信，以及暴君和神職人員的詭計，抑制理性，人最爲珍貴的天賦未能發揮作用。但，現在理性終於掙脫了束縛，一個嶄新的時代已經開啓。此後，在智慧、美德和改善人世間各種情況的成就上，每一個世代都將超越前一世代。朝向完美的進步，將永遠持續。理性既然已經獲得解放，而且在正確的位置上發揮作用，將絕不可能再被貶謫至過去黑暗時代指派給它的那個卑微不堪的位置。一切蒙昧主義者「反動的」嘗試，都注定失敗，朝向進步的趨勢是不可抗拒的。

只有在經濟學家的學說中，進步的概念才有一定明確的意義。所有的人都追求生存下去，都追求他們的生存物質條件改善。他們希望活著，希望提高他們的生活水準。在使用「進步」一詞時，經濟學家並未表示價值判斷。他從實際行爲人的角度評判情況的發展。他把他們認爲比較好（或比較差）的情況，稱爲比較好（或比較差）。因此，在經濟學家眼中，資本主義所以意味進步，只因資本主義使愈來愈多人的生活物質條件持續獲得改善。資本主義提供人們從前沒得到的物質享受，滿足了他們的某些心願。

但，對十八世紀大多數社會改良論者來說，經濟學家的進步概念中，這種「卑鄙的、唯物主義的」內涵是醜惡的。他們懷著某些模糊的夢想，盼望某個人間天堂。關

---

❽ 馬克思的歷史哲學和辯證唯物論等思想體系，完成於他在一八五九年一月出版的《政治經濟學批判大綱》〈前言〉。達爾文的《物種原始》也在同一年出版。馬克思在一八六〇年十二月上旬研讀該書，並寫信給恩格斯和拉薩爾（Ferdinand Lassalle）說，該書，儘管有許多缺點，給他的階級鬥爭說提供了一個生物學基礎。參見*Karl Marx, Chronik seines Lebens in Einzeldaten* (Moscow, Marx-Engels-Lenin Institute, 1934), pp. 206, 207。

於人在這個天堂裡會有什麼樣的生存環境，他們的想像採取負面而非正面的表達方式。他們希望這個人間天堂，沒有他們現在的環境中所有讓他們覺得不滿的那些事情：沒有暴君，沒有壓制或迫害，沒有戰爭，沒有貧窮，沒有犯罪；自由，平等和博愛；所有的人都幸福快樂，和平團結在一起，彼此友愛合作。由於他們認爲自然資源是豐富的，而所有的人則是善良和理性的，所以，除了人類的社會和政治組織固有的那些缺陷外，他們看不出什麼原因能造成種種他們稱爲邪惡的情況。他們認爲需要的是一次體制改革，以善法取代惡法。所有反對這個理應執行之改革的人，都是道德敗壞無可救藥的人，公共利益的敵人，而好人則有義務殲滅這些反對者。

社會改良論的主要缺點，在於不理解經濟學家所發展出來的，而由一些資本主義私人企業的先驅著手執行的，自由放任的政治主張。熱中於自然和人在自然狀態裡據說無比幸福的盧梭（Jean Jacques Rousseau）以及他的信徒，完全沒注意到，生存資源其實是稀少的，而人的自然狀態其實是極端貧窮與不安全的。他們蔑視商人盡可能滿足同胞的需要和去除匱乏的努力，說商人的這種努力是貪婪和掠奪成性的自私自利。他們親身看到許多即將給空前增加的人口，帶來生活水準空前改善的新經濟管理辦法的啓用，然而他們卻沉迷於白日夢，夢想回歸自然或回歸羅馬共和國早期據稱高尚簡樸的生活。當製造業者忙著改善生產方法，努力生產出更多和更好的商品，以滿足大眾的消費需求時，盧梭的追隨者卻紙上談兵，高談闊論理性及美德和自由。

單單談論進步是沒用的。任何人若想談進步，首先就必須清楚指出，什麼是他所選擇的將要達到的目標。只有確定了目標，才容許說在通往這個目標的道路上前進是進步。但，啓蒙時代的哲學家完全沒做到這一點。對於他們心裡所想的目標究竟有什麼特徵，他們並未有任何明確的說明。他們只是把這個未充分說明的目標，吹捧爲完美的狀態，以及一切美好事物的實現。但，他們在使用完美和美好這等形容詞時意思卻相當模糊。

古時候和現代的著述家悲觀地把人類歷史的發展，描寫爲愈來愈退步、愈來愈遠離過去傳聞的黃金時代完美情境；相反地，啓蒙時代的哲學家則展現出某種樂觀的看法。前面已經指出，啓蒙時代的哲學家相信人類的理性，從而相信人類歷史不可避免會朝著完美的方向發展。人，靠著他的理性從經驗學到愈來愈多的知識。每一個新世代都繼承前一世代的智慧寶藏，並且給這寶藏增添一些自己的智慧。因此，後一代必然超越前一代，必然比前一代更接近完美。

倡導這種理念的人沒想到，人並非不可能犯錯；在選擇該追求什麼最終目的時，以及在選擇該採取什麼手段追求最終目的時，理性都可能犯錯。他們的有神論信仰，隱含他們相信無所不能的神仁慈善良，所以神將引領人類走在正確的道路上。他們的哲學剔除神降生爲人和其他一切基督教的教條，除了人類終將獲得救贖。據稱，神的偉大顯現在這樣的事實：祂的創造物必然執著於革新進步。

黑格爾的歷史哲學吸收了前述這些理念。黑格爾認爲，理性（*Vernunft*）統治這世界，而有了這個認識，等於領悟到天意統治這世界。歷史哲學的任務就是要辨識天意的種種計劃[9]。黑格爾對於歷史發展和人類前途看法樂觀，而這樂觀的最終基礎，在於他對神的無限仁慈有堅定的信心。神就是眞正的仁慈，「哲學的認知是，沒有任何力量超越仁慈——也就是神——的力量，沒有任何力量能夠阻止神實現祂自己的計劃；神終究是對的；人類的歷史無非是天意的計劃。神統治這世界；祂的統治的實質內涵，祂的計劃的實現，就是人類的歷史。」[10]

孔德，以及馬克思的哲學，沒有任何空間容納神和祂的無限仁慈。在黑格爾的哲學架構裡，有道理談論人類必然從比較差的情況進步到比較好的情況。神已經決定，人類歷史後來的每一個階段，都應該是一個比較高級和比較好的階段。無法想像無所不能和無限仁慈的神做出其他任何決定。但，身爲無神論者的孔德和馬克思便不應該單單假定，隨著時間的流逝，人類的處境，必然變得愈來愈好，而終將達到完美的境地。他們必須負責地證明，人類處境的進步與改善是不可避免的，而退步與惡化則是不可能的。然而，他們從來沒著手進行這個證明工作。

馬克思武斷地預言，社會正「像自然法則是人力無法改變的那樣」往社會主義方向移動；但，即使爲了方便論證而默然同意這項預言，也仍然有下面這個問題必須加以檢視：社會主義是否能視爲一個行得通的社會經濟組織運作體系，以及社會主義是否反而意味社會解體，重回原始的野蠻狀態，以及普遍的貧窮與飢餓？

馬克思的歷史哲學，目的在於壓制經濟學家針對社會主義的批評聲浪；爲了這個目的，他指出社會主義是歷史發展的下一個和最後一個階段，從而是一個比先前的歷史階段更爲高級也更好的階段，甚至是人類追求完美的最後階段，人類歷史的終極目標。但，這個結論，在一個無神論的歷史哲學架構中，其實是不合邏輯的推論。馬克思說，不可抗拒的歷史發展趨勢是，人類終將獲得救贖，並且建立一個永恆極樂的完美國度；這個說法是一個不折不扣的神學理念。這個理念在無神論的思想體系裡，只是一個沒有任何道理可言的武斷猜測。不相信神存在便不存在神學和相關理念，所以，一個無神論的歷史哲學體系，絕不可以把它的樂觀建立在相信無所不能的神無限

---

❾ Hegel, *Vorlesungen über die Philosophie der Weltgeschichte*, *I*, 4, 17-18.

❿ 前引著作，p. 55。

仁慈的基礎上。

五、行爲實踐觀點的決定論和宿命觀點的決定論

前面提到的[11]一個相當流行的理念認爲，所有未來要發生的事件都預先記錄在稱爲命運的一本大書裡。每一種歷史哲學，可以說都是該流行理念的一個例子。某個特殊的天命允許哲學家閱覽這本書的某幾頁，然後他把內容披露給未蒙受天命者。

我們必須把歷史哲學固有的這種決定論，和另一種對人的行爲和知識追求有引導作用的決定論區別開來。後一種決定論——我們也許可稱之爲行爲實踐觀點的決定論——是某種見識的產物；這種見識認爲，每一個改變都是某個原因的結果，而且因果串聯當中存在某種規律。不管哲學界解釋因果問題的努力迄今是多麼乏善可陳，有一點卻是無可置疑的，那就是對人心來說沒有原因的改變是無法想像的。人忍不住會假定，每一個改變都是先前某個改變所導致的，而且都會導致進一步的改變。儘管哲學家對這個先驗的因果概念有許多質疑，人們在生活的每一個領域——行爲、哲學和科學——完全接受該先驗概念的引導。行爲實踐觀點的決定論，讓人深刻理解到：如果想達到某個目的，就必須採取適當的手段，別無其他成功的辦法。

但，在歷史哲學的脈絡中，決定論意味：這件事將發生，無論你多麼努力要避免它發生。行爲實踐觀點的決定論呼籲行爲人，使盡他自己的一切體力和心力採取行動，而歷史哲學固有的決定論——我們也許可稱之爲宿命觀點的決定論——則麻痺人的意志，導致消極和不作爲。正如已經指出地，宿命觀點的決定論，完全和激發行動的天生衝動背道而馳，以致它從來未能眞正迷惑人心，阻卻人的行爲。

歷史哲學家在描述未來的歷史時，通常自我設限，只描述影響重大的事件和歷史發展的最後結果。他以爲這個限制把他的猜測工作，和普通算命師關注小事細節的占卜術區別開來。在他看來，算命師所關注的那些視情況而定的小事，是不可預測的。他不關心這種小事。他的注意力完全投向全體人類的偉大前途，不會在乎這種他認爲無關緊要的小事。

然而，歷史發展是所有這些不斷發生的小事匯聚而成的結果。所以，如果有人聲稱知道歷史發展的最終目的，就必須也會知道這些小事。他必須只消一瞥便立即掌握住所有這些小事，以及它們的一切後果，或者知道某個原則必然會把它們的結果導向

⓫ 參見本書第五章第四節。

某個預先注定的目的。所以，一個闡述他自己的歷史哲學體系的著述家，瞧不起手相術士和水晶球占卜者所關注的無足輕重的小事時，所暴露的傲慢心態，可以說和前資本主義時代的大盤商對零售商和小販，所展露的高傲神氣幾乎沒有什麼兩樣。他所兜售的東西，是基本上同樣可疑的智慧。

行爲實踐觀點的決定論，和正確了解的自由意志理念，絕非不相容。事實上，行爲實踐觀點的決定論，恰恰是時常遭到誤解的自由意志理念的正確解釋。因爲宇宙中現象的連結與發生順序有某種規律，而人能獲知某些這種規律，所以在一定範圍內，才可能有人的行爲。自由意志意味人能追求某些目的，因爲他知道某些決定世事變化的法則。在一定的範圍內，人能選擇所要追求的目的。他不像其他動物無可避免與無可救藥地受制於毫無理性的命運作弄。他能採取適當介入的行爲，而在一定狹窄的範圍內改變事態原來的自然發展方向。他是一個能行爲的存在。正是基於此一事實，所以他比老鼠和微生物、植物和石頭等等優越。他正是就這個意思，使用「自由意志」這一也許不太恰當和滋生誤解的詞。

自由意志理念的感性魅力，以及該理念所衍生的道德責任感，可以說是不折不扣的事實。人，拿自己和所有其他存在相比，發現他自己的尊嚴和優越就在於他的意志。人的意志是不屈不撓的，斷然不會向任何暴力與壓迫屈服，因爲人能夠在生死之間做出選擇；如果必須以屈從無法忍受的條件爲代價才能保持生命，人能夠選擇寧可死亡。唯有人能捨生取義。這正是但丁（Dante）這句話的意思：「如果意志不願意死，意志就不死」[12]。

人之存在與行爲，有一根本的前提條件，就是這個事實：人並不知道未來將發生什麼事。歷史哲學的闡述者，擅自以爲自己像神一樣無所不知，聲稱某一股內在的聲音向他吐露未來的訊息。

---

[12] Dante, *Paradiso*, IV, p. 76: "Chè volontà, se non vuol, non s'ammorza." ("The will does not die if it does not will.")

第三篇　歷史的認識論問題

第九章　歷史的個性概念

一、歷史的最終給定事實

人不可能永無止境地探求知識。探求知識的理性過程，遲早不可避免地將達到某個不可能更進一步的終點。這時，人的理性將碰到某個最終給定的事物，一個無法追溯至其他事物的事物。在知識演進的過程中，科學曾經成功把某些先前視爲最終給定的事物追溯至其他事物。我們可以預期這種事情將來也會發生。但，對人來說，無論科學如何進步，永遠仍將遇到某些無法分析和還原的最終給定事物。人的理性甚至無法想像有哪一種知識探求不會碰到這種無法克服的分析障礙。對人來說，沒有無所不知這回事。

歷史的最終給定事物，指涉個性（individuality）。人的個別特性——個性，人的理念和價值判斷，以及理念和判斷所引領的種種行爲，無法追溯至某個必然把它們衍生出來的事物。針對爲什麼普魯士的腓特烈大帝二世（Frederick II）入侵西里西亞（Silesia）的問題，不會有其他答案，除了：因爲他是腓特烈大帝。說到把某個事物追溯至其他事物的思索過程，人們通常，雖然未必非常恰當，稱之爲理性過程。如果遵循這個通常稱謂的邏輯，最終給定的事物便可以稱爲非理性的。我們無法想像有什麼歷史研究最後不會碰到這種非理性的事物。

歷史哲學家聲稱要避開指涉個性和非理性。他們聲稱要爲一切歷史事件，提供一個徹底的解釋。然而，他們其實只是把最終給定的事物藏在他們那一套歷史論述裡兩個看似不起眼的環節：歷史據稱的起點和終點。他們假設，歷史開始時有一個無法分析與還原的原動力，例如：黑格爾歷史哲學裡的精神（*Geist*），或馬克思歷史哲學裡的物質生產力。另外，他們還假設，這個歷史原動力瞄準某個同樣無法分析與還原的目的，例如：一八二五年左右的普魯士王國或未來的社會主義。對於各種不同的歷史哲學體系，無論有什麼看法，有一點是無可置疑的，那就是：歷史哲學並未摘除指涉個性與非理性。歷史哲學只是把這指涉轉移到它們那一套論述脈絡裡的另一個環節。

唯物論希望徹底揚棄歷史。它主張一切理念和行爲都應該解釋爲某些生理過程的必然結果。但，即使這樣也不可能徹底摘除對非理性事物的指涉。自然科學和歷史一樣，終究會碰到某些不可能進一步還原爲其他事物的事物，也就是終究會碰到某些最終給定的事物。

二、個人在歷史中的角色

在歷史哲學的脈絡中，除了指涉原動力和決定歷史發展的原動力計劃，沒有任何指涉個性概念的空間。所有個別的人都只是無法避免的命運自我實現的工具。無論他們完成了什麼行爲，結果必定符合天意注定的計劃。

如果拿破崙・波拿巴（Napoleon Bonaparte）中尉戰死在土倫（Toulon）突圍戰中，後來的歷史將如何發展？恩格斯知道答案：「另一個人將取代他的角色。」因爲「一旦必須有某個角色，永遠找得到適當的人選。」[1] 對誰來說，以及爲了什麼目的來說，是必須有的？顯然地，這是對物質生產力來說，以及爲了日後導致社會主義來說。看來，物質生產力似乎永遠準備好某個替代人選，就像謹愼的歌劇經理總是會備妥候補演員，以便在男主角不小心感冒時，可以替代上場扮演男高音的角色。如果莎士比亞不幸早夭，便另外會有人創作《哈姆雷特》和《十四行詩集》。但，有些人會問，既然莎士比亞健康良好，無須他人代勞創作，那麼這個據稱要替代莎士比亞創作的人究竟如何消磨自己的時間？

主張歷史必然性的論述者，向來故意把這裡的問題和其他問題混淆在一起。

當歷史學家回頭審視過去，他一定會說既然形勢已定，所發生的一切事情都是不可避免的。任何時刻的事態，都是前一時刻事態的必然後果。但，在決定任何歷史事態的種種因素當中，有一些因素當回溯至某些人的理念與行爲時，便無法再進一步回溯。

當歷史學家說，如果某些情況和實際不同，一七八九年的法國大革命將不會發生，他這只是在嘗試確定，哪些力量導致該事件，以及這些力量的相對影響分量。泰納（H. A. Taine）並非閒極無聊才去思索，如果他稱作革命精神與古典精神的那些學說沒發展出來，歷史將如何演變。他是想確定，在導致法國大革命爆發與後來發展的那一連串事件中，每一個這些學說的影響分量❷。

第二類混淆是關於偉大人物的影響分量如何界定。為了適應心思遲鈍者的理解能力，簡化敘述的歷史往往說歷史就是一些大人物的豐功偉業。據稱，腓特烈一世締造了普魯士王國；俾斯麥締造了德意志第二帝國，而在威廉二世手上招致毀滅；希特勒締造了，但也毀了德意志第三帝國。從來沒有哪一個嚴謹的歷史學家同意前述這種荒誕的說法。從來沒有誰質疑，即便是歷史上最為偉大的人物，重要性也遠比前述的看法所認定的小很多。每個人，無論偉大或渺小，都在他那個時代的種種歷史形勢下

❶ 恩格斯於一八九四年一月二十五日寫給Starkenburg的信，收錄在*Karl Marx and Friedrich Engels, Correspondence 1846-1895* (London, M. Lawrence, Ltd., 1934), p. 518.

❷ Taine, *Les Origines de la France contemporaine, I*, Bk. III (16th ed. Paris, 1887), pp. 221-328.

生活和行爲。這些歷史形勢取決於以前年代以及他自己的年代，盛行的一切理念和事件。巨人的重要性也許遠大於每一個和他同時代的人；但，侏儒聯合起來的力量巨人絕對無法匹敵。政治家只有把他的計劃調整到適應了他那個時代的輿論氛圍，適應他的同胞所執著的那些理念時，才可能成功。任何人，只有當他準備引領人們走在他們想走的道路上，往他們想達到的目標前進，才可能成爲他們的領袖。對抗輿論的政治家注定失敗。任何從政者，無論是獨裁者或是民主政治裡的民選官員，都必須給人民提供他們希望得到的東西，就好像商人必須給顧客供應他們希望得到的東西。

對新思想和新文藝模式的開創者來說，情況和政治家不同。開創者只要不在乎同時代群眾的掌聲，便無須在意他那個時代流行的想法。他可以自由地和席勒（H. A. Schiller）所創作的歌劇角色Marquis Posa齊聲說：「這個世紀尚未成熟到適合我的想法；我活像是未來世紀的一個公民。」沒錯，天才的理念創新也嵌在歷史事件的脈絡中受限於前輩的成就，而僅僅是理念演進過程中的一環。但，它給寶貴的思想庫藏增添了某些前所未聞的新理念，而它就這個意思可說是開創性的。人類眞正的歷史是理念的歷史。正是理念使人有別於所有其他生命。理念產生種種社會制度、政治變革、生產科技方法，以及一切稱作經濟形勢的現象。在探索前述這些現象的源頭時，我們不可避免會來到某個點，在那裡我們所能斷言的將只是：某個人想到了某個理念。至於這個人的名字是否爲人所知，則是一個次要問題。

這就是個性概念在歷史敘事裡的意義。種種理念是歷史研究的最終給定事物。關於種種理念，我們只能說：它們出現了。沒錯，歷史學家可能會指出，某個新理念怎樣和以前的世代發展出來的舊理念相合，以及新理念怎樣可視爲這些舊理念的延續，從而是它們隱含的結果。沒錯，新理念並非產生自某個思想眞空。新理念是由先前存在的理念結構引發的；它是某個人對他的前輩所發展出來的那些理念的回應。但，沒有任何道理可以臆斷：新理念勢必會產生，如果某人沒想出某個新理念，另外某個人就會代替他想出該理念。

就這個意思來說，我們的知識的侷限性，導致我們稱作機會的那種事實，在歷史上扮演了一定的角色。如果亞里斯多德不幸早夭，西方思想史將會受到影響。如果俾斯麥在一八六〇年逝世，世界局勢將會有不同的演變方式。至於影響程度會有多大，以及會有什麼不同的後果，誰也不知道。

三、群體之心的妄想

集體主義的著述家，熱切地想要摘除歷史指涉個別的人和個別的事件，建構了一個荒誕怪異的概念——群體的心（group mind）或社會的心（social mind）。

十八世紀末和十九世紀初，德國的語言學家開始研究早已被遺忘的德國中世紀詩作。他們編輯古老的手稿得出的史詩，大多是模仿法國人的作品。這些史詩的作者都是有名有姓的，他們大多是效忠於公爵或伯爵的騎士朝臣。這些史詩沒什麼值得誇耀的地方。但，有兩篇史詩例外，它們是眞正的原創作品，具有很高的文學價值，遠優於封建朝臣的庸俗作品，其中一篇叫作《尼伯龍根之歌》（*Nibelungenlied*），另一篇叫作《古德倫》（*Gudrun*）。前者是世界文學的一部偉大作品，而且無可置疑是哥德（Goethe）與席勒（Schiller）之前在德國出現的最爲傑出的詩作。這兩部傑作的作者名字沒有流傳下來。這兩位詩人也許是職業吟遊歌手，而屬於這個階級的藝人，當時不僅遭到貴族漠視，而且還必須忍受種種令人難堪的法律禁制規定。他們也許是異教徒或猶太人，因此神職人員熱切地要讓一般人民忘掉他們。無論如何，德國的語言學家稱這兩部作品爲「人民的史詩」（*Volksepen*）。這個名詞使幼稚心靈產生不當聯想，誤以爲它們不是由個別作家，而是由「人民」創作的。同樣的創作者神話也被硬套在一些不知名作者所譜寫的民謠（*Volkslieder*）上。

拿破崙戰爭過後數年，也是在德國，全面法典化的問題被提出來討論。以薩維尼（F. C. von Savigny）爲首的歷史法學派，在這個爭議中，否定任何時代和任何人有能力訂定法律。他們宣稱一國的法律就像人民的史詩和民謠那樣，是國民精神和特殊性格自然而然散發出來的東西。據稱，眞正的法律並非立法者任意訂定的，而是國民精神的湧現，並且有機地汲取國民精神的養分而茁壯成長。

這個國民精神學說，在德國是刻意發展出來對抗自然法學派的思想，以及法國大革命的「非德國」精神。但，它在法國實證主義者手中得到進一步的發展與提升，儼然成爲一個綜合的社會學說；這些實證主義者當中，有許多人不僅忠於最爲激進的革命領袖所信奉的原則，而且矢志要暴力推翻資本主義的生產模式，以完成「未完成的革命」[3]。涂爾幹（Émile Durkheim）和他所創立的學派，把群體的心當成一個眞實現象——一個獨立存在、思考與行爲的力量——加以處理。在他們看來，並非個別的人，而是人集合而成的群體，才是歷史的主題。

爲了糾正這些幻想，這裡必須強調這個老生常談的自明之理：只有一個一個的人

---

[3] 譯者注：所謂「未完成的革命」，指社會主義者認爲，十八世紀的工業革命和之後的民主化浪潮，把資產階級從封建貴族統治的壓迫中解放出來，而無產階級之前同樣受到封建貴族統治的壓迫，如今變成受到資產階級的壓迫，並未得到眞正的解放；所以，要完成「未完成的革命」，解放無產階級，就必須實現社會主義。

才會思考和行爲。在處理人個別的思想與行爲時，歷史學家發現某些人在思考與行爲時彼此互相影響的程度，比他們影響他人或被他人影響的程度更爲強烈。他觀察到，合作與分工的情形存在於某些人當中，而在其他人當中合作與分工的程度並不明顯，甚至完全不存在。歷史學家使用「群體」（group）一詞來表示某一群比較密切合作的個人。然而，任何群體的界線並非客觀固定的，而是觀察者主觀劃定的。群體並非生物物種那樣客觀存在的類別。各個不同的群體概念相互交錯。歷史學家按照他的研究計劃，選擇根據什麼特徵和屬性把人分成若干不同類別。屬於這種群體概念的，可能是一群語言相同的人，或一群宗教信仰相同的人，或一群職業或事業相同的人，或一群血緣相同的人，等等。高比諾（Arthur de Gobineau）所採取的群體概念，不同於馬克思所採取的群體概念。簡而言之，群體概念是一個理念類型或理想類型（ideal type），因此必然源自歷史學家對歷史形勢和事件的特殊了解。

只有一個一個的人才會思考與行爲。每一個人如何思考與行爲，都受到他的同胞如何思考與行爲的影響。這些影響是多樣駁雜的。某個美國人的思想與行爲模式，如果把他歸入單一某個群體，是無法解釋的。他不單是一個美國人，還是某個宗教信仰群體的一個成員，或是一個神不可知論者，或是一個無神論者；他從事某種工作，他屬於某個政黨，他受到許多從祖先流傳下來而在他的教養階段灌輸給他的傳統思想的影響，他受到家庭、學校和鄰里思想氛圍的影響，他受到一些盛行於他的城鎮、州、國家理念的影響。說美國人有一顆美國的心，未免過度簡化。每一個美國人都有自己的一顆心。把個別美國人的成就與善行（或劣跡與惡行），歸功（或歸咎）於美國這個國家，未免過於荒唐。

大多數人是平凡的普通人。他們沒有自己的思想；他們只是思想的接受者。他們沒創造新的理念；他們重複曾經聽到的，模仿曾經看到的。如果這世界都是這種人，將來就不會有任何改變，從而也不會有任何歷史。因爲，產生改變的原因，是新的理念和所引領的行爲。使某個群體有別於另一個群體的，是思想與行爲模式創新的效果。這些創新不是由什麼群體的心完成的；它們始終是個別人民的成就。使美國人民不同於任何其他國家人民的，是無數不平凡的美國人的思想與行爲所產生的共同效果。

我們知道什麼人發明了汽車，以及什麼人逐步將之完善；我們知道他們的名字。歷史學家能寫出一部詳細的汽車演進史。我們不知道什麼人在人類文明初期創造出最偉大的發明，例如：首次點燃一把火。但，這種無知並不允許我們把這個重大發明歸功於某一群體的心。總是某個人帶頭開始以新的方法做了某些事情，然後其他人模仿他的榜樣。任何風俗與時尚，總是首先從某些個人開始，然後透過他人的模仿而散播開來。

群體心學派嘗試把行動歸因於神話般的國民精神，以去除個人的歷史角色，而馬克思主義者則意圖一方面貶低個人的貢獻，一方面把各種創新發明歸功於普通人。因此，馬克思說，科技批判史將證明，沒有任何一種十八世紀的發明是單一個人的成就[4]。這又證明了什麼？誰都不會否認，科技發展是一個逐步推進的過程，一連串向前推進的步驟，由很長的一列人接力完成，其中每一個人都在前人的成就上貢獻了一些新知。每一種科技裝置的歷史，如果完整敘述，都將回溯到最早期穴居人類的某些最原始的發明。選擇任何後來的時刻作爲敘述的起點，都是對整個科技發展史的一個任意的裁剪。無線電報的歷史可以從麥斯威爾（Maxwell）與赫茲（Hertz）談起，但一樣也可以往前推至最初關於電的實驗，或推至任何在無線電廣播網興建之前事先必須取得的科技成就。但，這一切一點也改變不了的事實是：科技向前推進的每一步，都是某個人的成就，而不是某個神話般非人的力量完成的。承認先前已有別人做出其他的貢獻，所以麥斯威爾、赫茲和馬可尼（Marconi）才能有所貢獻，一點也不貶低麥斯威爾等人的貢獻。

我們只消引用恩格斯最出名的著作[5]裡的一段話，便可說明創新者和大多數墨守成規、甚至想像不出有任何改善可能的平凡群眾，兩者之間的差異。在他這本首版於一八七八年發行的書裡，恩格斯斬釘截鐵地宣稱，軍事武器「如今已經完善到頂，此後任何進步都不再可能有革命性的影響了」。「對陸戰來說，（爾後）一切科技進步大體上將無關緊要。在陸戰方面，演化的時代基本上已經結束。」❻這個自滿的結論，顯示創新成就的本質：創新者完成了他人認爲不可想像與不可行的計劃。

恩格斯自認爲精通兵法，所以喜歡以戰略和戰術爲例說明他的學說。他聲稱，戰術的改變並非出自聰明的軍隊領導，而是出自通常比帶隊的軍官更爲聰明的普通士兵。普通士兵憑著他們的本能（*instinktmässig*）想出一些新的戰術，並逕行付諸實施，儘管他們的指揮官猶豫不決❼。

任何學說，只要否定「單獨可鄙的個人」❽在歷史上有任何角色，最後必定要將改變和改善歸因於本能的運作。在擁護這種學說的人看來，人這種動物具有產生詩

---

❹ *Das Kapital, I*, 335, n. p. 89.

❺ *Herrn Eugen Dührings Umwälzung der Wissenschaft*, 7th ed. Stuttgart, 1910.

❻ 前引著作，pp. 176-7。

❼ 前引著作，pp. 172-6。

❽ Engels, *Der Ursprung der Familie, des Privateigentums und des Staates (6th ed. Stuttgart, 1894)*, p. 186.

歌、大教堂和飛機等等的本能。據說，文明是人在無意識與未經思考下，反應外在刺激的結果；每一項成就都是某個本能自動造成的，並且全是爲了這個目的，所以人的天賦才具有該本能；人類有多少種成就，便有多少種與之對應的本能。對於無能者爲了貶低高明者的成就，以及爲了讓平庸者的怨恨覺得痛快，而發明出來的這個神話般的本能學說，這裡無須仔細加以批判檢視。即便是有這個硬湊起來自欺的學說爲根據，任何人也都不能否認，擁有天賦本能寫出《物種原始》（*On the Origin of Species*）一書的人和欠缺這種本能的人，兩者之間是有差別的。

四、計劃歷史

人爲了產生一定的結果而行爲。他們是否成功，取決於所使用的手段是否合適，以及他們的同胞對其行爲有什麼樣的反應。行爲的結果往往和行爲者熱切期盼的效果大不相同。任何人無論多麼偉大，有把握成功的範圍其實相當有限。誰也不可能透過他的行爲主導世事發展超過未來相當短暫的一段時間，更不用說永遠主導世事發展。

然而，每一個行爲都會給歷史增加某些內容，都會影響未來事件的發展，因此就這個意思來說都是一個歷史事實。平凡的人每天例行的最爲瑣碎的行爲，和天才最爲轟動的創新相比，一樣都是歷史事實。傳統行爲模式一成不變的重複，聚積成爲習慣、習俗與民風，決定世事的發展。普通人的歷史角色，就在於爲巨大的習俗勢力結構貢獻一丁點力量。

歷史是人造成的。人有意的行爲無論偉大或渺小，在人彼此互動的範圍內，決定歷史的發展。但，歷史如何發展並非人設計的。歷史發展是所有的人有意行爲的綜合結果。誰也不可能計劃歷史。人，所能計劃並努力實現的只是自己的行爲；他的行爲和他人的行爲共同構成歷史的發展。「五月花號」的朝聖先賢並未計劃建立（美利堅）合眾國。

當然，向來總是有人計劃永恆的未來。他們的計劃大多很快遭到挫敗。有時候，他們所建造的東西存續頗長的一段時間，然而這些東西後來的功效卻不是建造者當初計劃考量的。古埃及國王的那些龐大陵墓仍然存在，但當初建造它們的目的，並不是要使現代的埃及具有觀光價值，也不是要給某些現代博物館供應木乃伊。不會有什麼比散布在地表上的那些可敬的廢墟更有力地證明，人所能成功計劃的未來時間極爲有限。

理念的壽命比城牆和其他人造物更長。我們現在還在享受古印度和古希臘一些傑出的詩篇與哲學。但，它們對我們的意義和對原創者的意義並不相同。我們很想知道柏拉圖和亞里斯多德是否贊同後輩利用他們思想的方式。

爲永恆的未來擬定計劃，試圖以某種永恆穩定、僵固不變的狀態取代歷史演化，是某一種特殊著述的主題。烏托邦的著述家希望按照他自己的理念，安排未來的情況，並永久徹底剝奪其餘人類選擇和行爲的能力。只有一個計劃——著述家的計劃——應該執行，而所有其他人都須閉嘴，不得有其他意見。該著述家以及他死後的繼承人，將從此獨自決定一切事情的發展。因爲歷史是所有的人彼此互動的綜合結果，所以將不再有任何歷史。超凡的獨裁者將統治全世界，並把所有其他人降格成爲他各個計劃裡的卒子。他將像工程師處理建築材料那樣處理他們；這是一個適切稱作社會工程的方案。

這種計劃項目如今非常流行。它們讓知識分子興高采烈、大表讚嘆。少數持懷疑態度的人指出，它們的實施違背人性。但，它們的支持者信心十足，認爲它們能藉由壓制所有異議者而成功改變人性。然後，人將像螞蟻丘的螞蟻據稱的那樣幸福快樂。

根本的問題是：所有的人是否願意順從獨裁者？沒人會有雄心壯志挑戰獨裁者的霸權嗎？將來不會有人想出一些和獨裁者的計劃所依據的理念不同的理念嗎？所有的人，在歷經數千年「無政府」的思想與行爲情境後，會默默地順從一個或少數幾個獨裁者的專制統治嗎？

很可能在短短幾年後，所有的國家終將採取全面計劃與極權統治的政經體制。反對者目前爲數相當稀少，而且他們對政治的直接影響力幾乎是零。但，即使計劃歷史的一方獲得一時的勝利，那也不意味歷史的終結。爭奪至高權位的各方之間將會爆發殘暴的戰爭。極權主義可能會抹除文明，甚至消滅全人類。屆時，歷史當然也將走到盡頭。

第十章　歷史主義

一、歷史主義的意義

從十八世紀末開始興起的歷史主義，是對理性主義社會思潮的反動。為了對抗啓蒙時代諸多著述家所主張的各種社會改革與政策，歷史主義主張維持現行制度，有時候甚至主張回歸過往的制度。它訴諸傳統的權威和從前年代所累積的智慧，反對理性的基本假設。它主要批判的對象，是曾經鼓舞美國獨立和法國大革命，以及其他國家類似運動的那些理念。它的捍衛者傲然自稱為反革命分子，並且強調絕不妥協的保守立場。但，後來歷史主義改變政治態度。它開始把資本主義和自由貿易視為首惡，於是它或者和侵略性的民族主義——市場經濟的「激進派」敵人——結盟，或者和革命性的社會主義——市場經濟的「左派」敵人——結盟。歷史主義，如果目前還有任何政治作用可言，頂多也只是扮演輔助社會主義或民族主義的角色。它的保守立場幾乎已經消失，只殘存在某些宗教團體的教義裡。

某些人一再強調，歷史主義和文藝方面的浪漫主義同氣連枝、性質相近。這個類比其實相當膚淺。這兩種思潮對過往情境有共同偏好；它們同樣過度高估過往習慣與制度的價值。但，對過往的熱情並非歷史主義的根本特徵。歷史主義主要是認識論方面的學說，而且必須如此看待。

歷史主義的根本論點是這個命題：在自然科學、數學和邏輯之外，除了歷史所提供的知識，沒有任何其他知識。歷史主義認爲，在人的行爲領域，現象與事件的連結與發生順序沒有任何規律可言。因此，試圖發展經濟科學與發現經濟法則的努力是徒勞的。處理人的行爲、成果和制度，唯一明智的方法是歷史學的方法。歷史學家把每一個現象追溯至它的起源。他描述人間世事的演變。他在處理他的材料——過去的記錄——時，沒有任何偏見和預設理念。在初步、純技術性與輔助性地檢視歷史記錄時，歷史學家有時候會利用自然科學的成果，例如：用來確定某份眞實性可疑的文件書寫材料的年代。但，歷史學家在他專長的領域——對過去事件的解釋——並不倚賴其他任何部門的知識。他在處理歷史資料時所採用的那些標準與一般原則，完全是他從所處理的歷史資料中提取出來的。歷史主義者認爲，斷不可從任何其他來源借來這些標準與一般原則。

後來，當狄爾泰（Dilthey）強調心理學在歷史著述中所扮演的角色時❶，前述那些過分誇大的主張，才收斂至比較溫和的程度。歷史主義捍衛者接受這個糾正，從而

❶ 詳見後文第十四章第三節最後一段。

並未堅持他們對歷史學方法的極端描述。他們的興趣全在譴責經濟學，倒是和心理學相安無事。

歷史主義者如果邏輯一貫，將會以經濟史取代──他們認爲假冒科學的──經濟學。（我們在此可以忽略：如果沒有經濟學，怎麼可能處理經濟史？）但，這樣邏輯一貫將無助於他們的政治主張。他們的目的，是要爲他們所主張的干預主義或社會主義計劃助長聲勢。全盤否定經濟學只是他們策略中的一個步驟。這個否定步驟，使他們因爲無法反駁經濟學家對社會主義與干預主義的毀滅性批判而感到的困窘，暫時獲得舒緩。但，單憑這個步驟，並不能證明任何傾向社會主義或干預主義的政策健全可靠。爲了辯護他們那些「非正統的」政策傾向，歷史主義者發展出一門頗爲自相矛盾的學科；這個學科有許多不同名稱，例如：眞實經濟學、制度經濟學、倫理經濟學或政治科學的經濟面（*wirtschaftliche Staatswissenschaften*）等等[2]。

這些學派的捍衛者大多從未擔心必須在認識論層次解釋他們的研究方法。只有少數幾個試圖辯護他們研究方法的正當性。我們可以把他們的認識論學說稱作分期主義（periodalism），而把這種學說的支持者稱作分期主義者（periodalists）。

所有這些爲了辯護種種打擊市場經濟的政策而試圖建構起來的僞經濟學說，所依據的主要理念，是從實證主義借過來的。作爲歷史主義者，分期主義者不厭其煩地談論某種他們稱作歷史學的方法，並且自稱爲歷史學者。但，他們採納實證主義的根本信條，把傳統的歷史論述視爲沒有任何用處與意義的冗長廢話而予以排斥，同時希望啓動一門按照牛頓力學的模式來建構的新科學，以取代傳統歷史學。分期主義者接受實證主義如下這個論點：要從歷史經驗推導出某些後驗法則是可能辦到的，而這些法則一旦找到了，將形成一門新的——目前尚未存在的——社會物理學或社會學或制度經濟學。

關於前述論點，分期主義者的理解，只有在某方面才和實證主義者不同。實證主義者所謂的後驗法則，將是普遍有效適用於所有歷史時期的。而分期主義者則相信，每一個歷史時期都有它自己的經濟法則，和其他歷史時期所適用的經濟法則並不相同。

分期主義者將歷史過程區分爲若干不同發展時期。顯然地，歷史發展時期的區分所依據的標準，是每一個時期經濟法則的特性。於是，分期主義者總是繞著圈子在論證。因爲，要將經濟歷史分期，就須預先知道每一個時期特有的經濟法則，然而按照

❷ 還有其他更多的名稱建議，請參見Arthur Spiethoff, Preface to the English edition of his treatise on "Business Cycles," *International Economic Papers*, No. 3 (New York, 1953), p. 75。

分期主義者的假設，這些法則只能分別從研究每一個時期的歷史發展才可得知。

對於歷史過程，分期主義者有這樣的想像：經濟發展有若干不同時期或階段，這些時期按照某一順序，一個接著一個相繼出現；在每一個這些時期當中，其經濟法則始終保持不變。至於如何從某一個時期過渡到下一個時期，分期主義者什麼也沒說。如果這種過渡並非一下子完成的，我們就必須假定，在兩個時期之間有一段過渡的間隔，或者說，有一個過渡期。這間隔裡會發生什麼事？什麼樣的經濟法則在其中運作？它是一段沒有法則的時間，還是有它自己的法則？另外，如果我們假定經濟法則本身也是歷史事實，所以在歷史流逝過程中也不斷改變，那麼，我們顯然便不可以自相矛盾的斷言：歷史分成若干其中沒有任何變動的時期，亦即歷史分成若干沒有歷史的時期，而在兩個靜止時期之間有一個過渡期。

相同的謬誤也隱含在現代僞經濟學所採用的「目前這個時候」或「現在」等概念中。研究最近過去的經濟歷史，常誤稱爲研究當前（或現在）的經濟情況。如果我們指稱某一段時間爲「現在」，我們的意思是：就某一特定議題來說，相關情況在這段時間內將始終保持不變。因此，對不同類別的行爲來說，「現在」一詞有不同的意義[3]。而且，絕不可能確定這種不變的情況將持續多久，所以不可能確定「現在」究竟包括多長的未來。關於未來，任何人所能斷言的，永遠只是揣測或投機性質的預料。處理最近過去的某些情況，卻打著處理「現在情況」的旗號，未免不夠誠實。頂多只能說：昨天的情況是如此這般；我們預期這般情況在未來某段時間內將保持不變。

經濟學處理某種現象連結與發生順序的規律，這種規律在人的行爲領域普遍發生作用。因此，經濟學有助於說明未來的事態發展；在行爲學有限的預測範圍內，經濟學能夠預測❹。在人間世事不停的變動中，如果拒絕承認有什麼經濟法則對所有的年代都必然有效，便不再可能找到其他保持不變的規律。那麼，我們將只能說：如果情況在未來某段時間保持不變，人間世事將保持不變。但，人間世事是否保持不變，只有事後才知道。

歷史主義者如果誠實，將必須說：關於未來，沒有什麼是可以斷言的。任誰都不可能知道哪一個政策將來會產生什麼效果。所有我們自認爲知道的，只是一些類似政

---

❸ 請參見Mises, *Human Action*, p. 101, 或《人的行爲：經濟學專論》（上冊）（台北市，五南圖書出版，2024年），第一四〇至一四一頁。

❹ 請參見Mises, *Human Action*, pp. 117-18, 或《人的行爲：經濟學專論》（上冊）（台北市，五南圖書出版，2024年），第一六三至一六四頁；以及後文第十四章第三節。

策在過去產生了什麼效果。只要一切有關條件都保持不變，我們便可預期未來的政策效果不會和過去的效果相差太大。但，我們不知道這些有關條件是否將保持不變。因此，就任何正在考慮中的措施來說，對於它必然是在未來才會發生的效果，我們無法做出任何預測。我們並不處理未來的歷史，而只處理過去的歷史。

但，一個為許多歷史主義者所支持的教條宣稱，社會和經濟發展，在過去，尤其是最近的過去所顯現的趨勢，未來也將居於主導地位。他們於是下結論說，研究過去，可以揭露未來世事發展的態勢。

撇開這個趨勢學說一向摻雜的那些形上學理念不談，我們只須知道：所有趨勢都可能改變，它們過去確實改變過，而將來也會改變❺。歷史主義者不知道下一次改變將於何時發生。關於趨勢，他所能宣稱的其實僅指涉過去，絕不可能指涉未來。

某些德國的歷史主義者喜歡把他們的經濟史分期比作藝術史的分期。據說，正如藝術史處理不同藝術風格的演替，所以經濟史處理不同經濟活動模式的演替。這個比喻不會比其他比喻更為恰當或更不恰當。但，那些引用這個比喻的歷史主義者不該略而不提：藝術史學家只談論過去的藝術風格，並未試圖發展學說預測未來的藝術風格。然而，歷史主義者之所以努力著述和講授過去的經濟情況，完全是為了從過去的經驗獲得關於經濟政策在未來情況下將產生什麼效果的結論（但，這在邏輯上是不可能辦到的）。

二、對經濟學的排斥

在歷史主義看來，經濟學的根本錯誤在於假定：人始終是自我本位的，而且只在乎物質方面的幸福。

根據繆達爾（Gunnar Myrdal）的說法，經濟學斷言人的行爲「唯一的動機是經濟利益」，而所謂經濟利益係指「希望有比較高的收入和比較低的價格，另外，也許還希望收入與工作穩定，有合理的休閒時間和適合享受休閒的環境，有好的工作環境等等」。繆達爾說，這是不對的。他說，單單列舉經濟利益，並不足以完整說明人的動機。人的行爲眞正的決定因素，不單是利益，而是心態。「所謂心態係指某個人或某一群人情感上傾向以某些特定方式，針對一些實際或潛在的情況做出反應。」「幸好有許多人，他們的心態和他們的利益並非完全一致。」❻

---

❺ 請參見Mises, *Planning for Freedom* (South Holland, Ill., 1952), pp. 163-9。

❻ Gunnar Myrdal, *The Political Element in the Development of Economic Theory*, trans. by P. Streeten (Cambridge, Harvard University Press, 1954), pp. 199-200.

且說，指稱經濟學始終認定人的唯一動機，在於追求比較高的收入和比較低的價格云云，其實是不正確的。古典經濟學家和他們的追隨者，由於未能破解「使用價值」概念表面的矛盾，所以一直無法針對消費者行爲提出令人信服的解釋。他們實際上只處理商人的行爲。商人爲消費者服務，所以對商人來說，行爲成敗的最終標準是消費者的價值判斷。當古典經濟學家提到買低賣高的原則——在價格最低的市場買進而在價格最高的市場賣出——時，他們是在解釋商人作爲供應商對最終買者提供服務的行爲，而不是在解釋該商人作爲消費者花費自家收入享受消費的行爲。古典經濟學家並未深入分析什麼動機促使個別消費者花錢消費。所以，他們並未研究人們是否只努力塡飽肚子，或者是否還爲了其他目的而花錢，例如：爲了履行自認爲應負的道德與宗教責任而花錢。古典經濟學家只關注人的行爲追求財富的那一面，所以他們才會去區別純粹的經濟動機和其他動機。但，他們從來沒想要否認人的行爲還有其他動機。

從現代主觀效用經濟學的觀點來看，對於人的行爲，古典經濟學的處理方法顯然非常令人不滿意。對於古典經濟學家最後一批追隨者，尤其是約翰·穆勒（John Stuart Mill），爲了在認識論層次辯解古典經濟學的方法而提出的那些理由，現代經濟學也完全不能接受。根據該漏洞百出的辯解，純經濟學只處理人類各種操作的「經濟面」，亦即，「在假定財富生產活動不受其他任何目的追逐的影響下」處理財富生產現象。但，約翰·穆勒說，為了充分處理現實，「這個課題的著述家，如果想對一般民眾說教，自然會在他的闡述中，結合純科學的眞理，以及許多他認為對他作品的實用性最有增益的一些務實的修正」[7]。就涉及古典經濟學的部分來說，這段話無疑駁倒了繆達爾對於經濟學的認識。

現代經濟學，把人的一切行為都回溯至個人的價值判斷。它絕不像繆達爾所指控的那樣，愚蠢到認為每個人所追求的無非是比較高的收入和比較低的價格。針對這個毫無根據，卻總是一提再提的批評，龐巴威克（Böhm-Bawerk）在他的第一篇關於價值理論的論文裡便已經——而後來也再三——明確強調，他在闡述價值理論時，所使用的「幸福」（*Wohlfahrtszwecke*）一詞，並非僅指涉那些通常稱作自我本位的關切事項，而是包括每一樣在個人看來值得擁有和值得追求（*erstrebenswert*）的事物[8]。

---

[7] John Stuart Mill, *Essays on Some Unsettled Questions of Political Economy* (3rd ed. London, 1877), pp. 140-1.

[8] Böhm-Bawerk, “Grundzüge der Theorie des wirtschaftlichen Güterwerts,” *Jahrbücher für Nationalökonomie und Statistik*, N. F., *13* (1886), 479, n. 1; *Kapital und Kapitalzins* (3rd ed. Innsbruck, 1909), *2*, pp. 316-17, n. 1.

人，在行爲時，偏好某些事物甚於其他事物；他在不同的行爲模式之間作選擇。那個使某人偏好某事物甚於其他事物的思考過程，它的結果稱作價值判斷。經濟學談到價值和價值排序時，指的就是這種價值判斷，不管它們的具體內涵爲何。對經濟學——行爲學迄今發展最爲完善的部分——來說，某人是否像某個工會會員那樣追求比較高的工資，或者是否像某個宗教聖人那樣設法完美履行某些宗教義務，是不相干的問題。此外，人們大多熱切想要獲得更多物質性財貨，這個「制度性」事實是經濟史的一項給定資料，而不是經濟學的一個定理。

所有形形色色的歷史主義——德國的和英國的社會科學歷史學派，美國的制度學派，西斯蒙第（Sismondi）的高足，勒．普勒（Le Play）和范伯倫（Veblen），以及其他許多類似的「非正統」學派——都竭力排斥經濟學。但，他們的著述充斥以某種一般性命題爲根據的推論；這種一般性命題指陳不同行爲模式會有什麼不同效果。要處理「制度性」或歷史問題，當然不可能不引用這種關於行爲效果的一般性命題。每一篇歷史報告，不管主題是遙遠的過去或是昨日的情況與事件，都避免不了要以某種經濟理論爲根據。歷史主義者其實並未從他們的著述中剔除經濟學推理。他們在處理歷史事件時，一面排斥某個他們所不喜歡的經濟學說，一面卻採用某些早就被經濟學家駁倒的錯誤學說。

歷史主義者說，經濟學的那些定理是空洞無效的，因爲它們是先驗推理的產物。據說只有從歷史經驗出發，才能通往具體而充實有效的經濟學。他們未能看出，歷史經驗總是關於複雜現象的經驗，總是許多因素一起運作所產生的共同結果。這種歷史經驗並不會給觀察者提供什麼事實，如果「事實」一詞指的是自然科學用來指稱實驗室裡，所取得的實驗成果那種意思的事實（有些人的腦筋眞是徹底糊塗了，他們把辦公室、書房和圖書室，稱作經濟研究「實驗室」、統計「實驗室」或社會科學「實驗室」）。種種歷史事實需要觀察者根據某些預先備妥的定理加以解釋，歷史事實不會評論它們自己，不會自我介紹具有什麼意義。

經濟學和歷史主義之間的冰炭對立，和歷史事實毫無關係，倒是和歷史事實如何解釋關係密切。研究和敘述歷史事實的學者也許對歷史有不可磨滅的貢獻，然而對於經濟學知識的增進與完善，他毫無貢獻。

且讓我們再一次談談某些人時常掛在嘴邊的一個命題；他們說，經濟學所謂的經濟法則，只不過是一些在資本主義情況下才適用的原則，而對於組織型態不同的社會，尤其是對於即將來臨的社會主義經營管理而言，那些原則毫無用處。在這些批評者看來，只有貪婪成性的資本家才會關心成本與利潤。爲使用價值而生產的社會主義原則，一旦取代了爲利潤而生產的資本主義原則，成本與利潤等概念將變得毫無意義。經濟學的根本錯誤，就在於認爲成本與利潤，以及其他一些概念，是任何制度情況下決定行爲的永恆原則。

然而，在人的一切行爲中，無論行爲發生在什麼情況下，以及行爲的具體內涵爲何，成本都是一個必然存在的元素。成本，是行爲人爲了達到他想達到的目的（或滿足）而放棄的那些事物的價值；成本，是行爲人爲了達到某個滿足而放棄的其他滿足中，那個他最迫切想要的滿足，在他眼裡的價值。成本，是爲了得到某樣事物而支付的代價。如果某個年輕人說：「這次考試讓我花掉到野外和幾個好友共度週末的成本，」他的意思是：「要不是我選擇準備應付考試，我將會和幾個好友到野外共度週末」。無須任何成本犧牲便可得到的事物，不是經濟財而是自由財，因此不是任何行爲（或選擇）的對象。經濟學不處理自由財。人，無須在自由財和其他滿足之間做出取捨。

利潤，是所得到財貨的價值比較高，而爲了取得該財貨所犧牲掉的財貨價值比較低，兩者之間的價值差。如果某一行爲，由於執行過程的笨拙、出錯、發生沒預料到的情況變化或其他原因，以致獲得某樣在行爲人眼裡價值低於代價的東西，該行爲便產生虧損。由於行爲總是想要以行爲人比較覺得滿足的某個事態，取代他比較不覺得滿足的其他事態，所以行爲總是想要獲得利潤，而絕不想要招致虧損。前述命題不僅對市場經濟裡每個人的行爲切實有效，而且對社會主義社會裡經濟當局的行爲也一樣有效。

三、對歷史演變法則的探求

混淆歷史主義和歷史，是一個相當普遍的錯誤。然而，兩者其實沒有什麼共通之處。歷史呈現過去的事件與情況發展，是一個關於事實與其影響的陳述。歷史主義則是一個認識論方面的學說。

某些歷史主義學派宣稱，要處理人的行爲，唯一的方法是歷史，並且否定任何一般性的人的行爲理論科學的適當性、可能性和有效性。而其他歷史主義學派則斥責歷史爲非科學；他們並且有夠矛盾地對某些實證論學說的消極見解產生同情，乃至同聲呼籲，應該以牛頓物理學爲樣板，發展一門旨在從歷史經驗找出歷史發展與「動態」變遷法則（或定律）的新科學。

以卡諾（Carnot）的熱力學第二定律爲基礎，自然科學發展出一個關於宇宙演化史的學說。能發揮功效的自由能數量，取決於熱力系統的不穩定度。這個產生自由能的過程是不可逆的。一旦不穩定系統所產生的一切自由能都耗盡時，生命與文明將中止。鑑於這個認識，我們所知的這個宇宙，似乎是永恆的時間流逝中一個轉瞬即逝的小插曲。它正走向它本身的滅絕。

但，這個推論所根據的定律，卡諾的第二定律，本身並不是一個歷史的或動態的定律。像所有其他自然科學的定律那樣，它是從現象的觀察推導出來的，並且獲得實驗的證實。我們把它稱作定律，是因爲它描述一個只要運作的條件存在就會重複運作的過程。這個過程是不可逆的，而根據此一事實科學家推論說，一旦所有熱力系統的不穩定度消失，該過程的運作條件將不復存在。

想像歷史變遷遵循某個定律，是一個自相矛盾的想法。構成歷史的那一系列現象，它們的特徵就在於它們個別的奇特性。某一事件和其他事件相同的那些特徵，不是歷史的特徵。個個謀殺案相同的那些特徵，所指涉的是刑法、心理學或謀殺手段等等。作爲歷史事件，凱撒的謀殺事件和法國亨利四世的謀殺事件完全不同。對歷史來說，眞正要緊的是，個別事件對於後續事件的產生是否有重大的影響。任何歷史事件的這種影響，都是獨特不可能重複的。從美國憲法的觀點來看，一八六〇年和一九五六年的總統選舉是同一類事件。對歷史來說，它們是分明不同的兩個歷史事件。如果某個歷史學家比較它們，那是要闡明它們之間的差別，而不是想發現每一次的美國總統選舉都必定遵循什麼定律。有時候，人們會構思一些關於這種選舉的經驗法則（rules of thumb），例如：如果經濟興旺，執政黨會贏得選舉。構思這些所謂法則的用意，只是試圖了解選民的行爲。誰也不會認爲，這些所謂法則具有自然科學定律按理必備的那種必然性與無可置疑的有效性。任誰都充分知道，選民的投票行爲可能和過去的經驗不同。

卡諾的第二定律，並非研究宇宙的歷史而獲得的結論。它是一則關於時時刻刻都會發生的現象的命題；這些現象準確地按照該定律所描述的方式重複發生。根據該定律，自然科學推演出某些關於未來宇宙的結論。這種推演出來的知識，本身不是什麼定律，而是某個定律的一種應用。它是根據某一定律做出的一項關於未來事件的預測；該定律描述，一系列可重複發生而且也的確重複發生的事件中，某種據信是人力無法改變的必然性。

達爾文的物競天擇原則，也不是歷史演化的定律或法則。它嘗試把某一生物變遷現象，解釋爲某一生物學定律運作的結果。它解釋過去，但不預測未來會發生什麼事。「物競天擇」的運作，雖然可以視爲永不間斷，但並不允許任何人據以推論說，人必定會發展成爲某種超人。某一生物演化的路徑，可能通往某個不再會有任何改變的終點，但也可能退回過去的狀態。

由於觀察歷史的變化，不可能推斷出任何一般性的定律，所以歷史主義想要發現歷史「動態」規律的研究計劃，唯一或許可能實現的方法，是嘗試去發現某個或數個行爲學定律的運作必將導致未來出現特定某些情況。在這方面，行爲學以及它迄今發展最爲完善的部分，經濟學，從未宣稱知道些什麼。然而，歷史主義由於排斥行爲學，所以自始便自絕於前述嘗試發現的門路之外。

關於未來據說必然要來臨的歷史事件，所有的嘮叨，都源自某些人以歷史哲學的形上學方法精心做成的預言。預言者憑著直覺，據說猜到上蒼的種種計劃，於是關於未來，一切不確定性都消失不見。聖經啓示錄的創作者，黑格爾，以及尤其是，馬克思，自認爲充分熟悉歷史的演化定律。但，他們這種知識的來源並非科學，而是某一股內在的聲音捎來的訊息。

四、歷史主義者的相對論

只有考慮到歷史主義者一心一意想要否定理性主義的社會哲學和經濟學所確立的一切命題，才可能了解歷史主義者的種種想法。爲了前述目的，許多歷史主義者毫不避諱任何荒謬。譬如，經濟學家說，人的幸福所仰賴的那些自然賜予的生產要素，稀少的情況是不可避免的，而只爲了反對經濟學家的這個說法，歷史主義者偏要匪夷所思地斷言，自然賜予的生產要素充裕有餘。他們說，導致貧窮與匱乏的因素，是社會制度不適當。

當經濟學家提到「進步」一詞時，他們是從行爲人所追求的目的觀點來看待情況的。這種進步概念簡單易解，和深奧的形上學毫無關係。大多數人希望活著，希望長壽；他們希望身體健康，希望避免患病；他們希望舒舒服服地活著，不希望在餓死的邊緣苟活。從行爲人的觀點看來，往這些目標接近意味改善，而相反則意味損害。這就是經濟學家所謂「進步」與「退步」的意思。他們就這個意思，把嬰兒死亡率降低或成功撲滅傳染性疾病稱作進步。

眞正的問題，不是這種進步是否使人幸福。這種進步無疑使人們覺得，比進步之前，更爲幸福。如果她們的小孩存活下來，大多數媽媽會覺得比較幸福；和染上結核病相比，大多數人會覺得沒染上結核病更爲幸福。尼采（Nietzsche）從他個人的觀點看待世事演變，對到處「人滿爲患」感到憂慮。但，他所鄙視的對象和他的看法不同。

在討論人的行爲所採取的手段時，歷史，以及經濟學，分辨合適達成所追求目的的手段和不合適的手段。就這個意思來說，進步就是以比較合適的行爲方法取代比較不合適的方法。歷史主義不喜歡這樣的術語，覺得被冒犯。歷史主義者說，一切事物都是相對的，都必須從它們所處時代的觀點來看待。然而，沒有哪一個歷史主義者有膽量爭辯說，以祈禱驅邪是一個曾經合適用來醫治病牛的手段。但，歷史主義者在處理經濟學時，便比較不是那麼小心謹慎。例如：他們宣稱，經濟學所講授的那一套關於價格管制的定律，不適用於中古時代的情況。那些滿腦子充斥歷史主義種種想法的著述家，所寫的歷史作品所以一塌糊塗，原因就在於他們拒絕經濟學。

當歷史主義者強調不想以任何預設標準去評判過去的情況時，他們其實正試圖為「昔日好時光」的種種政策辯護。在處理他們的研究主題時，他們捨棄當前最好的理論工具不用，反而倚賴僞經濟學所編織的種種神話。他們執著於迷信，認爲頒布法令並強制執行最高限價，低於未受干擾的市場將決定的潛在價格，是合適的手段，可以改善買方的處境。他們略而不提的許多歷史文獻，顯示所謂「公平價格」的政策不僅沒達到預期目的，反而實際產生的效果，從統治者實施該政策的目的觀點來看，比先前該政策想要改變的事態更不可取。

針對經濟學家，歷史主義者肆意提出許多無效的批評，其中一個批評說，經濟學家據稱欠缺歷史意識。歷史主義者批評說，經濟學家相信，只要古時候的人們熟悉現代經濟學的理論，當時的物質生活情況便可能獲得改善。且說，如果古羅馬帝國諸皇帝沒訴諸通貨貶值的手段也沒採取任何限價政策，當時的帝國情況無疑將大大改觀。

同樣無可置疑的是，造成亞洲大量貧窮的原因，在於當地的專制政府把一切累積資本的努力都扼殺在萌芽階段。亞洲人不像西歐人，並未發展出合適的法律和憲政體系，爲大規模的資本累積提供機會。而且，一般亞洲人民，受到一個古老謬見的蠱惑，認爲商人賺得財富是其他人所以貧窮的原因，從而每當統治者沒收成功商人的財產時，他們便歡欣雀躍、鼓掌叫好。

經濟學家始終知道，理念的演進是一個緩慢費時的過程。一部關於知識演進的歷史，是一份關於一系列一步接著一步的思想進步報告，每一次進步都意味某個人給前人的思想增加了一些新理念。阿布德拉的德摩克利特（Democritus of Abdera）當然未曾發展出量子論，而畢德哥拉斯（Pythagoras）和歐幾里得（Euclid）的幾何學，當然和希爾伯特（Hilbert）的幾何學不同；這些事實一點也不奇怪。任誰都不會認爲，某個和伯里克利（Pericles）同一時代的人物可能構想出休謨（Hume）、亞當·史密斯和李嘉圖等人的自由貿易哲學，並且把雅典變成資本主義的一個商業中心。

許多歷史主義者認爲，資本主義的行事作風，對於某些民族的靈魂來說顯得太過噁心，以致他們斷然不會採納資本主義。對於這種看法，這裡無須加以分析。如果眞有這種民族，他們將永遠處於貧窮狀態。只有一條路通向繁榮與自由。有哪一位歷史主義者能根據什麼歷史經驗反駁前述眞理？

從歷史經驗不可能推論出，關於不同行爲模式與社會制度會有什麼不同效果的一般性規則。就這個意思來說，這則著名的格言是對的：歷史研究只能教會我們知道一件事，那就是，從歷史學不到任何東西。所以，我們可以和歷史主義者一樣，不用太過關注這個無可爭辯的歷史事實：沒有哪一個民族，在沒有確立生產手段私有制的情況下，曾經把他們自己的生活福祉與文明，提高到稍微適合人意的狀態。畢竟並非歷史，而是經濟學，使我們對於私有財產權會有哪些效果的思緒獲得釐清。但，我們必須全盤拒絕一個在十九世紀著述界受到許多人歡迎的推論；根據該推論，文明初始階段的民族據稱沒有私有財產權觀念和制度的事實，是贊成社會主義的一個有效理由。許多社會主義者，例如：恩格斯，在開始他們的生涯時，自詡爲未來的使者，預告某個即將來臨的未來社會將掃除一切不如人意的情況，使人間變成天堂；後來，他們實質上轉變爲過去的旗手，鼓吹回歸遙遠的過去，重新見證某個匪夷所思據稱無比幸福的黃金時代。

歷史主義者從來沒想過，人的每一項成就都必須付出代價。如果人們認爲某樣事物取得後所帶來的利益，大於犧牲其他事物所造成的不利，他們就會付出取得該事物的代價——犧牲其他事物。在處理這種議題時，歷史主義者懷著浪漫詩歌的夢幻心態。他爲自然美景遭到文明汙損而感傷落淚。在貪得無饜的人們肆意加以破壞之前，原封未動的原始森林、雄偉的瀑布和杳無人跡的海灘，是多麼漂亮啊！浪漫的歷史主義者，悶不吭聲予以略過的事實是：砍伐森林是爲了取得可耕地，而瀑布則是用來發電和照明。在印第安人的時代，康尼島（Coney Island）無疑比現在更具有田園般的詩情畫意。但，現狀的它給數百萬紐約客提供一個他們在別處不可能得到的休憩機會。談論原封未動的自然狀態多麼壯觀美麗，如果沒考慮到人們「玷汙」自然美景而獲得的東西，是無聊的閒扯。地球上一些自然奇蹟，當罕有訪客踏入時，確實壯觀美麗。營利的觀光旅遊業給它們帶來了許多訪客。某個訪客如果心想「眞可惜不是獨自一人在這山頂！不速之客糟蹋了我的樂趣」，那麼，他就是忘了，如果觀光旅遊業沒提供一切必要的設施，他自己很可能不會出現在那山頂。

歷史主義者用來指控資本主義的伎倆其實很簡單。他們把資本主義的一切成就視爲理所當然，而責怪資本主義使某些和它不相容的樂趣消失，也責怪資本主義尚未完善它的一切產品，以致有些產品仍然醜陋不堪。他們忘了人的一切成就都需要人付出代價——一個甘心支付的代價，因爲人認爲所獲得的好處，例如：平均壽命的延長，較爲可取。

五、溶解歷史

歷史是一系列的變化。每一個歷史情境都有它的個性（individuality），都有它自己有別於其他任何情境的特徵。歷史的溪流絕不會流回曾經流淌的地方。歷史不會重演。

聲明這個事實，並不是要從生物學或人類學的觀點，對「目前的人類是否從某個共同的人類祖先發展演變而來」的問題，表達什麼看法。這裡無須討論，類人猿轉變為智人種的物種演化，是否只在某個期間和某個地方發生過一次，或者發生過好幾次，以致出現若干不同的原生種人類。即使證實人類有一共同祖先，那也不表示有文明統一這回事。即使我們假定所有的人都是某個共同的人類祖先的後裔，我們仍然必須面對這一個事實：生存物資稀少，迫使人類在地球上四處分散。這分散導致人類各個族群的隔離。每一個這些族群都必須獨自解決人生在世特有的問題：如何努力以改善各種確保生存的條件。於是，出現各種不同的文明。我們也許永遠不可能知道，某些文明之間彼此隔離與獨立到什麼程度。但，確實有這種文化隔離的例子，而且存在好幾千年，直到歐洲航海家和旅行家歷險探勘，最後才結束隔離的狀態。

許多文明步入絕境。它們或者遭到外部征服者摧毀或者從內部解體而消亡。在令人讚嘆的建築廢墟旁邊，建築者的後代子孫現在過著貧窮與愚昧無知的生活。他們祖先的文化成就，祖先的哲學、科技，有時候甚至祖先的語言，已經湮沒無聞，而整個民族則重歸野蠻。有一些已消失的文明，它們的一部分文學作品保存下來，被學者重新發現後，對後來的世代與文明有一些影響。

其他一些文明發展到某個程度後，便陷入停滯狀態。就像白芝浩（Walter Bagehot）所說，它們遭到禁錮（arrested）[9]。相關民族努力保存過去的成就，但他們不再試圖給過去的成就增添任何新的東西。

社會改良論是十八世紀社會哲學的一個堅定信條。據說，獨尊理性的心態一旦掃除了各種迷信、偏見和錯誤，人的處境將獲得逐步穩定的改善。世界將天天變得愈來愈美好。人將永遠不會重回黑暗的中世紀時代。人的幸福與知識向更高階段前進的步伐，是不可阻擋的。一切反動勢力注定失敗。當今的哲學不再沉溺於這種樂觀的想法。我們意識到，我們的文明並非堅不可摧。沒錯，我們的文明不懼國外的野蠻人從外面攻擊。但，我們的文明可能被國內的野蠻人從裡面摧毀。

---

[9] Walter Bagehot, *Physics and Politics* (London, 1872), p. 212.

文明是人努力的成果，是人們積極針對各種不利於他們幸福的力量進行反抗而獲得的成就。這種成就有賴於人們使用適當的手段。如果所選擇的手段不合適達到所追求的目的，災難就會發生。不好的政策可能瓦解我們的文明，就好像不好的政策也曾經瓦解過許多其他文明。但，不管是根據理性或是根據經驗，都沒有理由相信，我們絕不可能避免選取不好的政策，從而毀掉我們自己的文明。

有一些學說把文明的概念實體化。文明，據說好像是某種生物。它出生、茁壯成長一陣子，然後終歸滅亡。一切文明，不管在膚淺的觀察者看來是多麼不同，其實都有著相同的結構。它們必然歷經相同的一系列一個接著一個出現的發展階段。據說沒有歷史。誤稱爲歷史的東西，其實是同一類事件的重複發生，或按照尼采所言，是同一類事件的永恆輪迴（eternal recurrence）。

這個理念，歷史非常悠久，可以往上追溯至古代哲學。維柯（Giovanni Battista Vico, 1668-1744）約略勾勒出它的輪廓。後來，有幾位經濟學家受到維柯影響，在研究不同國家的經濟發展史時，試圖確立某種平行的發展結構。而它目前所以大爲流行，則是由於史賓格勒（Oswald Spengler, 1880-1936）《西方的沒落》（1918-1922）一書暢銷的緣故。如果在某一程度上抹去它的稜角，從而變得條理有點模糊、不一致，那麼，它就是阿諾爾德．湯恩比（Arnold J. Toynbee）目前仍在努力撰寫的大部頭著作《歷史研究》的主要理念。史賓格勒和湯恩比兩人，無庸置疑都受到普遍輕蔑資本主義的氛圍影響。史賓格勒的動機，顯然是要預言我們的文明必然崩潰。他雖然不爲馬克思主義者千年至福的預言所動，他本人卻十足是一個社會主義者，完全認同社會主義者對市場經濟的大肆誹謗。他足夠明智和審愼，可以看出德國馬克思主義者所主張的那些政策必將產生災難性的後果。但，他欠缺一切經濟學知識，甚至對經濟學充滿鄙視，以致他得出的結論是：我們的文明必須在兩個弊害之間做出選擇，而無論選擇哪一個，我們的文明都勢必因而遭到摧毀。史賓格勒和湯恩比兩人的學說清楚顯示，在處理人世間的問題時，對經濟學理論知識的輕忽，會導致多麼乏善可陳的結果。沒錯，西方文明正在衰落。但，它之所以衰落，原因恰恰在於人們擁護反資本主義的信條。

我們也許可稱之爲史賓格勒學說的想法，把歷史溶解爲某個實體（或者說，某個文明）的生命週期記錄。史賓格勒從未精確表明，哪些特徵標誌某個文明實體，使該文明有別於其他文明。關於這個根本問題，史賓格勒嘗試的說明，盡是比喻。據說，文明就像是生物；它出生、長大、成熟、衰老，然後死亡。這樣的比喻，代替不了確切的說明與定義。

歷史的研究工作，不可能一起處理所有的事情；它必須把全部的事件細分再細分，把整體歷史切割成若干個別的章節。這種切割所依據的原則，取決於歷史學家如何了解種種事情與事件、人的價值判斷與所引發的行爲，以及這些行爲和事態進一步發展的關係。幾乎所有的歷史學家都同意分別處理各個或多或少孤立的民族與文明的歷史。這個研究程序在特定問題上的應用，如果發生爭議，只消仔細檢視個別的應用是否恰當便可解決。對於在整體歷史中區分不同文明加以處理的做法，就認識論而言，不可能有什麼反對的理由。

但，史賓格勒學說的意思，和前述看法完全不同。在該學說的脈絡中，一個文明是一個格式塔（*Gestalt*），一個（有機的）整體，一個性質特別的個體。它的出生、變化與滅亡，取決於它自身所蘊含的一些元素。歷史的構成元素，據說並非人們的理念與行爲。據說，其實沒有歷史。在這地球上，有各個不同的文明出生、存活一段時間然後死亡，就像每一種植物的樣本那樣出生、存活，然後枯萎、凋零。無論人做了什麼，都影響不了最終的結局。每一個文明必定都會衰弱和消亡。

對不同的歷史事件，以及對不同文明的歷史中所發生的一些個別事件，加以比較是不會有什麼害處的。但，沒有任何道理可以斷言，每一個文明必定都會經過一系列不可避免的階段。

湯恩比先生的邏輯有夠矛盾，所以並未明確地規勸我們：不要對我們文明的繼續存在抱持任何希望。他的研究全部和唯一的內涵是說，文明發展過程由一些週期性重複的運動構成，然而他又說，這「並不表示文明發展過程本身有著和那些運動相同的循環次序」。他賣力地證明，已經有十六個文明消亡，而且另有九個其他文明正瀕臨死亡，但又模糊的表示，他對第二十六個文明的未來感到樂觀[10]。

歷史記錄人的行爲。人的行爲是人有意的努力，想要以比較愜意的情況，取代一些比較不愜意的情況。人的理念，決定什麼是比較愜意和什麼是比較不愜意的情況，以及該採取什麼手段去改變那些比較不愜意的情況。因此，人的理念是歷史研究的主題。理念並不是自有歷史以來便存在，而且始終不變的思想庫藏。每一個理念都是由某個人在某一時間和地點想出的（當然，相同的理念有可能由不同的人在不同的時間和地點獨立想出，而這種事情過去的確曾一再發生）。每一個新理念的產生都是一個創舉；它給人間世事的發展增加了某個前所未聞的新事物。歷史所以不會重演，理由就是每一個歷史情況都是某些理念運作所完成的結果，而這些理念又和那些在其他歷

---

[10] A. J. Toynbee, *A Study of History*, Abridgement of Volumes I-VI by D. C. Somervell (Oxford University Press, 1947), p. 254.

史情況運作的理念並不相同。

文明由於是從理念衍生而來的，所以文明並非只是生物學和生理學所討論的那些生命層面。文明的本質是理念。任何兩個不同的文明，它們所以差異的特點（differentia specifica），只可能在於分別把它們孕育出來的理念意義不同。文明彼此不同的地方，就在於它們所以稱作文明的性質不同。不同的文明，就它們的根本結構而言，都是獨一無二的個體，而不是同類的成員。這個事實禁止我們拿不同文明的歷史變遷，和某個人或動物生命過程中的生理變化相提並論。同樣的生理變化，在每一個動物身體上都會發生。小孩在母親子宮裡孕育成熟後，被分娩然後長大、成年、衰老、死亡，結束整個和其他小孩相同的生命週期。至於文明，情況就完全不同。不同的文明，就因爲同是文明，所以是迥然不同的，是沒有共同的標準可加以比較的，因爲它們被不同的理念所啓動，所以按照不同的方式發展。

如果要給理念分類，那就必須考慮理念的內涵是否健全可靠。人們過去對癌症的治療有一些不同的想法或理念。迄今，沒有一個這些理念已經產生完全令人愜意的成果。但，這並不表示我們可以合理地推論說：所以，未來治療癌症的嘗試也將白忙一場。研究過去文明的歷史學家可以宣稱：那些從內部腐爛的文明所賴以建立的理念有一些問題。但，他絕不可以根據這個事實而推論說，其他以不同理念爲基礎而建立起來的文明也注定滅亡。在動植物身體裡，有一些運作中的力量，最後必定會瓦解動植物的身體。但，在個別文明的「身體」裡，誰都不可能發現有這種導致瓦解的力量，除非是個別文明特殊的意識型態（或理念）所產生的那種。

同樣徒勞無益的是，試圖在不同文明的歷史裡尋找平行的發展結構，或尋找它們所經歷的一些相同階段。我們可以比較不同民族和文明的歷史。但，這種比較研究不僅必須處理它們彼此相似之處，也必須處理它們彼此相異之處。對發現相似之處的渴望，促使某些歷史學家忽略，甚至刻意掩蓋相異之處。歷史學家的首要任務，是處理歷史事件。各個事件的始末，在盡可能充分了解之後，再根據所掌握的知識加以比較也許是無害的，有時候甚至是有啓發意義的。但，沒同時進行事件始末的研究，甚或在這種研究之前的比較，所得到的結果若非徹頭徹尾的神話，就是事實的混淆。

六、抹除歷史

向來總是會有一些人頌揚昔日的美好，主張回歸過去幸福的年代。那些受到法律與憲政革新傷害的人，他們的反抗情緒往往化爲重建舊體制或據稱舊體制的政治主張。在某些歷史事件裡，基本上以建立某種新體制爲目的的改革運動，也打著恢復舊法的名義作爲號召。一個著名的例子是〔制定於十三世紀，限制王權的〕大憲章（Magna Charta），它在十七世紀反抗斯圖亞特王室的那些黨派的意識型態中扮演重要的角色。

但，坦率建議完全消除過去的改變、恢復早已消失的情況，卻是歷史主義的創舉。我們無須處理這個思想運動裡極少數的極端流派，例如：某些德國人試圖復興奧丁教（the cult of Wodan）。對於這些復古運動中有關衣著的部分，除了稍加諷刺，也不值得更多評論〔某份雜誌有一畫面，顯示漢諾威—科堡（Hanover-Coburg）家族成員穿著在卡洛登（Culloden）和他們交戰的蘇格蘭氏族人員的服裝遊行；這樣的畫面，如果「屠夫」坎柏蘭（Cumberland）看了，肯定會大吃一驚〕。只有這些復古運動所涉及的語文和經濟議題，才值得我們注意。

在歷史長河中，許多語文遭到淹沒。一些語文完全消失，沒留下任何痕跡。其他一些語文保存在古老的文件、書籍和銘文中，可供學者研究。許多這些「死的」語文——梵語、希伯來語、希臘語和拉丁語——透過它們的文獻記載的一些理念的哲理與詩意，影響我們現在的思想。其他「死的」語文只是哲學研究的標的。

就許多歷史實例來說，語文的消失不過是語文成長和口語改變的結果。歷時很久的一連串微小變化，使語音形式、語彙和句法徹底改變，以致後來世代不再能夠理解他們祖先所遺留下來的文獻。地方性的日常白話發展成為新而獨特的語文。古老的語文，只有那些經過特殊訓練的人才能了解。舊語文的消亡和新語文的產生是和平、緩慢演化的結果。

但，在許多涉及語文的史實裡，語文轉換是政治與軍事行動的結果。講某種外國語的人，或者憑藉武力征服，或者憑藉他們的文明優越，取得政治與經濟霸權。講本土語言的人被貶謫至次等、下屬的地位。他們在社會和政治方面沒有發言權（或者說，失能），不管他們有什麼話要說，也不管他們想怎麼說，都不會引起重視。重要事務的處理，完全使用統治者的語言。各級官員、法庭、教會和學校，只使用這種語言；它是各種法律和文獻的語言。舊的本土語言，只在沒受教育的民眾當中使用。每當某個下屬人民希望晉升到某個較好職位時，他首先必須學會統治者的語言。本土語言只在最為駑鈍和最不知長進的圈子裡使用；它遭到蔑視終至遭到遺忘。某種外來語文於是取代了本土過去慣用的語文。

推動這種語文轉換過程的政治與軍事行動，在許多語文轉換的史實裡，特點是殘忍暴虐和無情鎮壓迫害所有反對者。這些方法獲得某些前資本主義時期的哲學家和道德學家贊同，就像現在當社會主義者採取這些方法時，我們當代一些「唯心論者」有時候也會加以讚揚。但，對於「正統自由主義教條空論家那種似是而非的理性主義獨斷論來說」，這些方法看起來令人震驚。後者的歷史著作欠缺高傲的歷史相對論概念，以致不能像某些自詡爲「務實的」歷史學家那樣，解釋和辯解過去所發生的一切，並且爲現在仍然殘存的一些壓迫性制度雪冤、辯白（正如某位批評家語帶譴責的指出，在功利主義者身上，「舊時的那些制度喚不起任何激動；它們只是偏見的化身」）[11]。這裡無須進一步解釋，爲什麼那些暴虐與壓迫的受害者的後裔，對他們祖先的經驗有不同的看法，更不用說爲什麼他們決心抹除過去的暴政所遺留下來，現在仍然不利於他們的各種禍害。在某些史實裡，相關後裔並不滿足於僅將那些仍然有不利影響的禍害撤除，他們計劃將一些已經對他們不再有任何傷害的歷史變遷一併抹除，只因在遙遠的過去，導致這些歷史變遷的手段極爲邪惡有害。抹除語文變遷的政治運動，恰恰屬於這一類計劃。

這方面最好的例子是愛爾蘭。外國人曾經入侵並征服該國，將地主掃地出門，摧毀該國文明，成立一個專制政權，並且試圖以武力迫使該國人民，改信一種爲他們所鄙視的宗教信仰。引進外國教會的政策，並未成功使愛爾蘭人民放棄信仰羅馬天主教，卻使英語取代了愛爾蘭本土的蓋爾語（Gaelic idiom）。後來，當愛爾蘭人民逐步成功遏制外來的壓迫者終至獲得政治獨立時，大多數愛爾蘭人民在語言上已經和英國人不再有什麼區別。愛爾蘭人講英語，而傑出的愛爾蘭作家用英語創作，當中有些還是出類拔萃的現代世界文學作品。

這樣的情況讓許多愛爾蘭人覺得感情受傷，他們希望同胞恢復使用祖先在好幾個世紀以前使用過的語言。對於和這種訴求相關的政策措施，很少有愛爾蘭人公開反對。極少人有勇氣公然反抗群眾運動，更何況激進的民族主義如今是僅次於社會主義最爲流行的意識型態。誰也不想沾上被烙印爲全民公敵的風險。但，有一些強大的力量暗中抗拒這個語言改革運動。人們依舊堅持使用他們自己慣用的語言，不管那些想要壓制該語言的人是外來的暴君，或是本土狂熱的民族主義分子。現代的愛爾蘭人充分知道，他們從一口流利的英語實際獲得什麼好處：英語是當代文明最重要的語言；每個人若想閱讀許多重要的書籍，或者想從事國際貿易、參與其他國際事務或偉大的思想運動，都須學會英語。正因爲愛爾蘭是文明國家，愛爾蘭作家現在不是爲國內人數有限的讀者寫作，而是爲全世界受過教育的人寫作，所以，想以蓋爾語取代英語，成功的機會相當渺茫。不管是什麼樣懷舊的心態，都改變不了這樣的情況。

必須一提的是，愛爾蘭民族主義在語文方面的行動，是由十九世紀一個最廣受

⓫ Leslie Stephens, *The English Utilitarians* (London, 1900), *3*, p. 70, (on J. Stuart Mill).

採納的政治學說所引發的。這個所有歐洲各國人民都接受的民族國家原則，要求每一個語言群體都必須形成一個獨立國家，而且這個國家必須包含所有講相同語言的人民[12]。從這個原則的觀點來說，一個講英語的愛爾蘭應該屬於大不列顛和愛爾蘭聯合王國，而如果愛爾蘭單獨成爲一個獨立的自由國家，那就和該原則不相符、不正常了。當時，民族國家原則在歐洲享有的威信是如此巨大，以致每一個想要自己組成一個國家的民族，惟恐他們國家的獨立地位和該原則不相符，都試圖改變他們的語言，以便援引該原則，證明他們的熱望有理。這個理由解釋了愛爾蘭民族主義分子的心態，但是，它對剛剛提到的語言改革計劃的實際含義不會有影響。

語言並非只是一組音符，而是思考與行爲的工具。它的詞彙和文法被調整到適應它所服務的那些人的心性。一種活語言——活著的人用來說、寫和讀的語言——會不斷隨著使用它的人心性變化而發生相應的變化。一種不再爲人所用的語言是死語言，因爲它不再改變。死語言反映早已逝世的人的心性。對另一個時代的人來說，死語言毫無用處，不管這些人是不是曾經使用過它的那些人的血脈傳人，或者只是自認爲是那些人的後裔。死語言之所以毫無用處，問題不在於表示一些有形事物的詞條。這種詞條可以用新詞補充。眞正難解的是抽象詞條的問題。這種詞條是民族內部意識型態爭論的沉澱物，是他們關於純知識與宗教信仰、法律制度、政治組織和經濟活動等議題的種種想法的凝結物，所以這種詞條反映他們歷史中所有的興衰起伏。年輕的一代透過學習這種詞條的意義，而被啓蒙、引入他們必須在其中生活和工作的思想環境。這種詞條的意義，會不斷反應思想與生活情況的變化而跟著改變。

那些希望恢復使用某種死語言的人，事實上必須根據它的語音元素創造出一種新語言，這種新語言的詞彙和句法必須適應完全和古時候不同的現代環境。對現代的愛爾蘭人來說，他們祖先的語言沒有任何用處。當今的愛爾蘭法律不可能用古老的詞彙寫出；蕭伯納（Shaw）、喬伊斯（Joyce）和葉慈（Yeats）不可能在他們的劇作、小說和詩篇裡使用他們祖先的語文。人，不可能抹除歷史回到過去。

和試圖恢復死去的語言不同的是，試圖提升某些地方性語言（方言）的地位，使之成爲文學和其他思想與行爲表現的語言。當一國因爲國內各地方之間缺乏分工，而地方之間的交通建設又很原始，以致各地方彼此交流並不頻繁時，語言的統一狀態往往很難維持。各個地方的居民往往各自從他們的日常口語發展出他們自己的方言。這些方言有時發展成爲獨特的文學語言，例如：現在的荷蘭語就是這樣發展而

⓬ Mises, *Omnipotent Government* (New York, Yale University Press, 1944). pp. 84-89.

來的。在其他歷史實例中，這些方言只有一種成爲文學語言，而其他方言雖然仍舊在日常生活中使用，但不會在學校裡、法庭上、書本上和受過教育的人交談時使用。例如：在德國由於路德（Luther）和新教神學家的著作讓「撒克遜官署」（Saxon Chancellery）所在地的方言獲得很大的發展優勢，同時把所有其他方言降格成爲次要的語言，結果就是前述那種情形。

在歷史主義的影響下，興起一些語言運動，試圖把某些方言提升爲文學語言，從而抹除前述語言發展的歷史。這些運動中最引人矚目的，當屬法國南部一個名爲菲利柏立格（Félibrige）的文化協會，該會的宗旨是要恢復普羅旺斯方言過去作爲奧克語（Langue d'Oc）時所享有的尊榮。在著名的法國詩人米斯特拉爾（Mistral）的領導下，菲利柏立格協會足夠明智，未曾想要以他們所熱愛的方言全盤取代法語，而只是想創作與推廣以普羅旺斯方言寫就的詩歌。但，即便是這個比較溫和的雄心，前景似乎也不看好。誰也無法想像會有任何以普羅旺斯方言寫成的現代法國文學名作。

各種方言曾用在小說和戲劇裡描寫未受過教育者的生活。這種文學作品往往有一種不夠真誠的內在味道。撰述者特意紆尊降貴，把自己擺在和他所描寫的那些人同一水平的位置，而其實他和那些人的心性從來並不相同，或者他已經早就不是他們那種心性了。他像是懷著優越感而故作親切爲孩童寫書的成年人。沒有哪一本時下的文學作品，能夠自外於我們這個時代的那些意識型態的影響。任何撰述者一旦經歷過這些意識型態學派的洗禮，便不可能成功冒充單純的普通人，看似眞誠地採用他的言語和他的世界觀。

歷史是一個不可逆的過程。

七、抹除經濟史

人類的歷史是一部關於分工逐步加強的記錄。一般動物，或者完全自給自足，或者形成某種類似家庭的單位分別自給自足。人與人之間所以可能合作，原因就在於：工作在分工下進行，比各自努力自給自足更有成效，而人的理性也能夠理解這個事實。如果不是因爲有前述這兩樁事實，人將永遠只是孤獨的獵食者，受迫於不可避免的自然法則，而你死我活的彼此爭鬥。如果每個人都必須把所有其他人視爲，彼此在獵取極爲有限的食物供給這種生物性競爭過程中，不可共存的死敵，這個世界便不會發展出和平的社會連結，從而也就不會有同情心、仁慈、友誼和文明。

揭露這個導致較高生產力的分工原則在歷史上所發揮的作用，是十八世紀的社會哲學一項最偉大的成就。而亞當·史密斯和李嘉圖的此等學說，恰恰是歷史主義最爲激動猛烈的攻擊對象。

分工原則發揮作用，以及必然和它相伴的合作，最後傾向形成一個涵蓋全世界的生產體系。在各種加工業的專業化和垂直整合未受到自然資源地理分布制約的程度內，未受干擾的市場傾向發展出各種專門生產少數幾種特定商品，但供應全世界的工廠。一般人偏好比較多和比較好的商品，甚於比較少和比較差的商品；從這個觀點來說，最理想的生產體系特色，是每一種特製品都盡可能集中生產。同一導致鐵匠、木匠、裁縫師、烘焙師，也導致醫師、教師、藝術家和作家等各行各業的專家出現的原則，最後將導致出現某一工廠生產某一特殊商品供應全世界市場的局面。雖然前面提到的地理因素妨礙這個原則完全發揮作用，國際分工確實已經形成，並且勢將進一步加強，直到地理、地質和氣候所設下的界限。

在加強分工的道路上，每一步向前都會在短期內傷害某些人的利益。比較有效率的工廠擴張，會傷害比較沒效率的競爭者的利益；前者迫使後者退出市場。科技創新傷害某些工人的利益，這些工人不再能夠倚靠過時低劣的生產方法謀生。生產科技的任何進步，都會對小企業和比較沒效率的工人短期的既得利益造成傷害。這並不是什麼新現象。那些因社會經濟進步而短期利益受損的人，會要求享有某些特權保護，以對抗比較有效率者的競爭，也一樣不是什麼新現象。爲了圖利比較沒有效率的人而設下路障妨礙比較有效率的人前進，這種事情早已有之，而且屢見不鮮；人類的歷史，可以說是很長的一部關於這種障礙終被衝破的記錄。

人們通常引用「利益」解釋種種以阻止經濟進步爲目的的頑強努力。這種解釋非常不能令人滿意。姑且不論創新事實上僅傷害某些人的短期利益，我們必須強調，事實上創新僅傷害一小部分人的利益，然而對絕大多數人卻是有利。麵包工廠的確傷害某些小烘焙師的利益。但，它之所以傷害到他們，完全是因爲它實際上讓所有消費麵包的人生活處境獲得改善。外國蔗糖和手錶的進口，傷害一小部分美國人的利益。但，對所有那些想吃糖和想買手錶的人來說，這些東西的進口卻是一項福利。眞正的問題恰恰是：創新爲什麼如此不受歡迎，儘管它對絕大多數人有利？

一項授予某一特殊產業的特權，短期內有利於那些當下湊巧在該產業營生的人。但，它傷害所有其他人的利益，而且前者獲益的程度等於後者受害的程度。如果每個人都享有同一程度的特權利益，每個人作爲消費者所損失的利益，便和他作爲生產者所獲得的利益一樣多。另外，每個人都會因爲這些特權導致國內所有生產部門生產力下降而受害[13]。只要美國國會試圖抑制大企業的立法手段獲得成功，所有美國人都會受害，因爲某些商品將會按比較高的成本，在某些如果沒有這種立法便會被迫倒閉的工廠裡生產。如果美國像奧地利那樣用力打擊大企業，一般美國人的生活水準，和一般奧地利人相比，肯定高不了多少。

促使人們反抗分工深化的因素，其實並非利益，而是一些似是而非關於所謂利益的理念。歷史主義在處理這些問題時，和處理其他問題一樣，也只看到分工深化短期內對某些人不利，而忽略長期對所有的人有利。歷史主義在推薦種種政策時，完全不顧這些政策必然產生的代價。在漢斯．薩克斯（Hans Sachs）和鞋匠名歌手（the Meistersinger）的時代，製鞋匠這一行手工藝是多麼有趣啊！我們無須對這種浪漫的美夢詳加分析。但，那個時候有多少人買不起鞋子呢？現在那些大規模化學製藥公司是多麼可恥啊！但，個別藥劑師，在他們那種原始粗糙的實驗室裡，真能生產出消滅桿菌的藥物？

那些想要把歷史時鐘撥回過去的人，應該告訴人們，他們的政策需要人們做出什麼犧牲。如果你準備忍受必然的後果，拆散大企業就沒問題。如果美國現行課徵所得稅和財產稅的辦法提早五十年實施，當今美國人大多希望擁有的那些新產品，大部分肯定完全不會發展出來，而即使發展出來，大多數美國人民現在也買不起。諸如桑巴特教授（Werner Sombart）和托尼教授（R. H. Tawney）等撰述者，所描繪的那種中古世紀歐洲美妙幸福的情境只是幻想。托尼教授說，「企圖使物質財富永無止境、不斷增加」的努力，導致「靈魂淪喪、社會混亂」[14]。這裡無須強調有一些人確實覺得：如果某個靈魂是如此敏感，以致一旦知道現在剛出生的嬰兒第一年沒夭折的人數，以及現在的成年人沒因飢餓而死亡的人數，都比中古世紀少很多，這靈魂就會受不了而毀了，那麼這靈魂還眞活該毀滅。導致社會精神混亂的因素不是財富，而是諸如托尼教授這種歷史主義者努力對「經濟欲望」橫加汙衊。畢竟並非資本家，而是自然女神把各種欲望植入人心，並促使人去滿足它們。桑巴特說，在中古世紀集體主義的機構裡，譬如：教會、小鎮、鄉村、氏族、家庭和行會（基爾特），個人「好比有外皮包覆的果實，獲得溫暖的照顧和保護」[15]。隻字不提當時的人一再遭到饑荒、瘟疫、戰爭、異端迫害，以及其他災難的騷擾，這樣能算是當時情況的一個忠實描述？

要阻止資本主義繼續發展，甚或回到從前那種由小企業和比較原始的生產方法主

---

[13] 參見前文第二章第三節。

[14] R. H. Tawney, *Religion and the Rise of Capitalism* (New York, Penguin Books, n. d.), pp. 38, 234.

[15] W. Sombart, *Der proletarische Sozialismus* (10th ed. Jena, 1924), *I*, p. 31.

導的經濟情況，無疑是可能辦到的。仿照蘇聯那種公安單位組織起來的警察機構能夠完成許多事情。唯一的問題是：那些把現代文明建立起來的國家，是否願意付出必要的代價？

第十一章　科學主義的挑戰

一、實證論和觸動主義

自然科學和人的行為科學的分別，在於它們採用彼此不同的概念體系，在各自的領域裡解釋現象和建構理論。自然科學所採用的概念體系裡，沒有目的因（final causes）；自然科學的探索和理論建構，完全依循因果觀或因果概念（causality）的指引。人的行為科學領域，涵蓋各種目的與想要達成某些目的的現象；它採用目的論的（teleological）概念體系進行探索和建構理論。

這兩種概念體系——因果觀和目的論，遠古時代的人以及現代的人在日常思考與行為時都採用過。即便最為簡單的種種技巧和技術，也都隱含粗淺的因果關係研究所獲致的知識。當人們不知道如何探索因果關係時，他們會尋找某個目的論的解釋。過去，他們發明各種神靈與魔鬼，認為某些現象所以產生，乃因神靈與魔鬼刻意行為所致。某個神靈散發閃電和雷鳴。另一個神靈，對人的某些行為發怒，於是射箭擊殺觸犯者。某個巫婆的邪惡眼神，使婦女不孕和母牛不泌乳。如此這般的信念產生一些特定的行為方法。做出取悅神靈的行為，譬如，向神靈奉獻祭品和禱告，被認為是合適的手段，可以用來安撫神靈的忿怒和避免神靈的報復；又譬如，魔術儀式被認為可以用來沖銷巫術的作用。後來，人們漸漸得知，氣象事件、疾病和瘟疫散播等等都是自然現象，並且知道避雷針和各種殺菌或消毒藥劑提供有效的保護，而魔術儀式則是毫無用處。自然科學直到現代才在它們所有的學科領域，以因果關係研究取代目的論的解釋（finalism）。

實驗的自然科學種種奇妙的成果，激出一個唯物論的形上學學說——實證論（positivism）。實證論斷然否認有任何知識領域適用目的論的研究方法。它主張，自然科學的實驗方法，是任何科學研究唯一的適當方法。唯有實驗的方法才是科學的，而人的行爲科學所使用的那些傳統方法則是形上學的；在實證論的術語裡，所謂形上學的，意思是迷信的與似是而非的。實證論訓示人們說，科學的任務僅止於描述和解釋感官經驗。實證論排斥（傳統）心理學的自我反省方法，以及一切歷史學科。它對經濟學的排斥與譴責尤其狂熱。孔德（Auguste Comte）——此人絕非實證論的創立者，他只是實證論這個名稱的發明者——建議以一門新科學，社會學，取代各種傳統方法處理人的行爲問題。他說，社會學應該是社會物理學，亦即，一門按照牛頓力學的認知模式建立起來的學科。這個學科發展綱領是如此淺薄與不切實際，以致從來沒有人認眞嘗試加以落實。相反地，孔德的第一代追隨者轉向發展某種——他們自以爲是——從生物學和有機體的觀點解釋社會現象的理論。他們大肆濫用比喻，煞有其事的討論，諸如：在社會這個「身體」裡，究竟什麼該歸類爲「細胞間物質」等等問題。當這種生物學主義和有機體主義的荒謬性暴露無遺時，這些社會學家便完全拋棄孔德那些野心勃勃的主張。他們當中不再有人認爲能夠發現任何關於社會變遷的後驗法則（a posteriori laws）。於是，他們在社會學的名稱下，推出了各式各樣歷史學的、民族學的和心理學的研究。許多這些著述是夾雜不清的半吊子作品；有些著述可以算是合格的歷史研究作品，雖然所處理的不是傳統的歷史學課題。另一方面，有一些人的著述卻是毫無價值；這些人把他們信口開河，針對歷史過程之玄奧意義與目的的胡謅稱作社會學，而其實他們這種形上學性質的胡言亂語，從前一向稱作歷史哲學。譬如，涂爾幹（Émile Durkheim）和他所領導的學派，企圖使浪漫主義和德國歷史法學派所崇奉的古老幽靈，民族精神（*Volksgeist*），在群體之心這個名稱下重現人間再領風騷[1]。

儘管實證論的研究綱領遭遇這樣明顯的挫敗，一個新實證論運動仍然頑強地興起。這個運動堅持重蹈孔德的一切謬誤。鼓舞新實證論者的動機，和鼓舞孔德的動機一模一樣。他們都被一種怪異的心態所驅使，這種心態特別憎惡市場經濟和它必然產生的政治結果：代議政府，以及思想、言論和出版自由。他們渴望極權制度、獨裁統治和毫不容情地壓迫所有異議者；當然，他們毫不猶豫的認爲，他們自己或者他們的密友，將被賦予最高統治職位，擁有壓制所有反對者的權力。孔德不以爲恥的主張壓制所有他不喜歡的學說。新實證論在人的行爲科學方面的研究綱領，最爲引人矚目的捍衛者，當推奧圖・紐拉特（Otto Neurath）。紐拉特是一九一九年短命的慕尼黑蘇維埃政權一個著名的領導者，他後來在莫斯科和布爾什維克官僚組織有過短暫的合作。這些熱情的共產主義者，知道他們無法提出任何站得住腳的道理，反駁經濟學家對他們那些政策主張的批判，於是企圖根據認識論的理由，全盤否定經濟學家的學說。

新實證論主要有兩種針對經濟學的攻擊：泛物理主義（pan-physicalism）和觸動主義（behaviorism）。這兩種認識論方面的學說都主張，對於人的行爲應該從純粹因果關係的觀點加以處理，而拋棄——他們宣稱爲非科學的——目的論觀點。

泛物理主義訓示人們說，物理學的研究方法是所有知識部門唯一科學的方法。泛物理主義否認自然科學和人的行爲科學之間存在任何根本差異。這個否認是泛物理主義者所以提出「統一科學」口號的背景。據說，給人傳遞物理事件訊息的感官經驗，也給人提供關於他的同胞如何行爲的一切訊息。研究他的同胞如何反應各種刺激，和

❶ 譯者注：請參閱前文第九章第三節。

研究其他物體如何反應刺激，基本上並無不同。物理學的語言是所有知識部門普遍通用的語言，毫無例外。凡是不能以物理學語言表述的，都是形上學的廢話。人所以認爲他在這宇宙中的地位不同於其他物體，原因在於他的傲慢自負。在科學家的眼中，一切東西都是平等的。所有關於意識、意志和目標追求的論述，都是空洞的廢話。人，不過是這宇宙中的一種成分。社會物理學的應用科學，社會工程學，同樣能夠以自然科學的應用科學——科技學——處理銅和氫氣的那種方式來處理人。

泛物理主義者或許會承認，人和物理學的研究對象之間至少有一根本差異。石頭和原子既不會思考它們自己的本質、特性和動作表現（behavior），也不會思考人的本質、特性和動作表現。它們不會把自己或人當成施作工程的材料或勞力。人，至少就他作爲一個物理學家或工程師而言，和物理學的研究對象是不同的。如果沒意識到工程師審酌各種可能行得通的工程施作方法而擇其一、捨其餘，以及工程師想達成某些目的，那就很難想像有什麼其他辦法可以論述工程師的行動。爲什麼工程師建造一座橋而不是一艘渡輪？爲什麼他所建造的某一座橋最大承載重量爲十噸，而另一座他所建造的橋最大承載重量卻是二十噸？爲什麼他下定決心建造一座不會坍塌的橋？或者，橋梁大多沒坍塌，難道只是一件意外湊巧之事？在論述人的行爲時，如果我們排除刻意追求特定某些目的的說法，就必須以另一種——眞正屬於形上學的——說法代替它，也就是我們必須說：某個超人的力量引領人，不管不顧人的意志，往某個預先注定的目標前進；譬如說，驅動造橋者造橋的，是世界精神（*Geist*）或物質生產力預先注定，而難免一死的凡人不得不執行的計劃。

對於前述質疑，泛物理主義者或許會辯解說，人會反應各種刺激，並且會自我調整，以適應他所處的環境。但，這樣的辯解是行不通的。對於英吉利海峽所帶來的刺激，有些人的反應是留在國內；其他一些人的反應是以划艇、帆船、輪船，或者像現在某些人那樣，乾脆游泳橫渡該海峽。有些人搭飛機飛越該海峽；其他一些人設計各種穿越該海峽的海底隧道方案。如果想把這些反應上的差異，歸因於相關刺激所伴隨的某些情況有別，譬如，歸因於科技知識狀態，以及勞力與資本供給等等之不同，那將是徒勞的。因爲，這些其他情況也是人造成的，所以要解釋這些其他情況，絕不可能避開使用目的論的方法。

觸動主義建議的研究方法，在某些方面和泛物理主義不同，但就它拚命嘗試繞過人的意識和目的追求去論述人的行爲而言，它倒是和泛物理主義一模一樣。觸動主義拿「調整」的口號作爲它的推論基礎。據說，人，像其他任何存在那樣，調整他自己去適應他所處環境的種種情況。但，觸動主義沒能解釋爲什麼不同的人面對相同的情況，以不同的方式調整他們自己。爲什麼某些人逃離暴力侵略，而其他某些人卻挺身反抗？爲什麼西歐各民族，在面對人類的幸福所倚賴的一切東西供應稀少的情況時，自我調整的方式和東方各民族自我調整的方式大異其趣？

觸動主義建議按照動物與嬰兒心理學發展出來的方法研究人的動作表現。它摸索研究反射動作和本能動作，研究不自覺動作與無意識反應。但，對於那些建成大教堂、鐵路和堡壘的反射動作，對於那些產生哲學、詩歌和法律體系的本能動作，對於那些導致帝國興起和淪亡的不自覺動作，對於那些分裂原子的無意識反應，它什麼也沒說。觸動主義想從外觀察人的動作表現，想把人的動作表現當成只是對一定情況的反應來論述。它一絲不苟地避談意義和目的。然而，要描述某個情況，絕不可能不分析相關人等認爲該情況有什麼意義。避談這種意義，等於把那個對反應模式有關鍵性決定作用的根本因素給忽略掉了。人的動作表現或反應，並非不自覺的動作，而是完全取決於個人對情況的解讀和價值判斷——這個人想要，如果做得到，實現某個他比較喜歡的情況，以取代另一個，他若不加以干預，將勢必產生的情況。想想一個觸動主義者，避談當事各方所認爲的意義，將要如何描述一個要約出售的動作所導致的情況！

事實上，觸動主義想要撤除人的行爲方面的研究，而以生理學來代替。對於生理學和觸動主義究竟有何差別，觸動主義者從來沒成功交代清楚。華生（John B.

Watson）宣稱，生理學「對動物各部位的運作功能特別感興趣……，而另一方面，觸動主義，雖然對所有這些部位的運作功能也有濃厚的興趣，但本質上，它的主要興趣仍在於研究動物整體究竟會有什麼動作表現。」❷然而，諸如身體對細菌感染的抵抗，或某個人的成長與老化等生理現象，其實不能稱爲身體某部位的功能表現。而另一方面，某人之所以把諸如移動手臂（毆打或愛撫）這種手勢，稱爲某隻人類動物整體的動作表現，原因只可能是他認爲，這種手勢不能歸屬於人體任何個別的部位。但，這種手勢必須歸屬於的那個東西，如果不是行爲者個人所了解的意義與意圖，或這意義與意圖所由產生的那個未命名的東西，還有可能是其他東西嗎？觸動主義聲稱它想要預測人的動作表現。但，試想某個人驟然遇到另一個人以「你這個鼠輩」招呼他，在這種情況下，如果不分析他賦予這個稱呼的意義，是否可能預測他的反應動作呢？

這新、舊兩種實證論，都拒絕承認人事實上想要追求特定某些目的。在這兩種實證論者看來，一切事件都必須納入刺激與反應的關係框架來加以解釋，而且這框架裡

---

❷ John B. Watson, *Behaviorism* (New York, W. W. Norton, 1930), p.11.

也沒有探索目的因的餘地。針對這個嚴格的教條主義，有一點在這裡必須強調，那就是：在處理人的行爲領域之外的事件時，科學之所以不得不拒絕目的論，純粹是因爲人的理智還不夠充分。自然科學所以必須克制論述目的因，是因爲自然科學沒能發現任何目的因，而不是因爲自然科學能證明沒有目的因在起作用。即便我們認定所有的現象都互相關聯、現象的連結與發生順序有一定的規律、因果關係的研究事實上行得通並且已經擴大了我們的知識等等，那也不意味我們可以斷然排除這宇宙中有某些目的因正在起作用的假定。自然科學之所以忽略目的因，而完全專注於因果關係的研究，是由於這個研究方法行得通。種種按照自然科學的理論所設計與製成的物品，都按照理論所預測的方式運作，從而在實務上驗證了自然科學理論的正確性。相反的，魔法物品並未達到預期的效果，所以證明不了魔法的世界觀正確。

很明顯，我們也不可能透過純理性思辨或推理，充分證明稱作他我（the alter ego）的存在想要達成某些目的。但，前述用來贊成自然科學方面的研究應專門使用因果觀的那個實務驗證的道理，同樣也能用來贊成人的行爲科學方面的研究應專門使用目的論的方法。因爲這個方法行得通，而把人當成宛如石頭或老鼠加以論述的辦法卻行不通。這個行得通的方法，不僅在知識和理論探索方面行得通，而且在日常生活實踐上也同樣行得通。

實證論者偷偷摸摸地獲致他的觀點。他否認他的同胞有能力選擇目的和用來達成目的的手段，但他同時又宣稱自己能夠有意識地在各式各樣科學研究方法當中做出選擇。一旦遇到工程設計的問題，不管是科技工程，或是「社會」工程的問題，他的觀點就立即改變。他設計各種方案與政策，而這些方案與政策顯然不可能視爲只是對某些刺激的不自覺反應。他想要剝奪所有他的同胞自主行爲的權利，以便自己得以獨享這種特權。他根本是一個獨裁者。

觸動主義者告訴我們，無妨把人想成是「一部組裝起來立即可以運轉的有機機器」❸。他完全無視這個事實：一般機器按照司機員和運轉手讓它們運轉的方式運轉，而人則會自發地四處運轉。據說，「人類嬰兒出生時，不管他們的遺傳性質爲何，彼此都像福特車那樣相同」❹。從這個明顯的謬誤出發，觸動主義者提議按照運轉手駕駛汽車的方式，駕馭（或運轉）「人形福特車」。觸動主義者這樣的想法宛如

❸ Watson, p. 269.

❹ Horace M. Kallen, "Behaviorism," *Encyclopaedia of the Social Sciences*, *2*, p. 498.

他擁有人類，有權按照他自己的意圖控制和形塑人類。在他看來，他自己是凌駕於法律之上，上帝派到人間統治人類的使者❺。

只要實證論還沒在自己所提議的「刺激—反應」架構下，解釋清楚各種哲學與理論的由來，以及它們所衍生的各種計劃與政策，它的提議就是在自打嘴巴，自己駁倒了自己。

二、集體主義的教條

現代集體主義哲學是古老的概念實在論一個粗糙的分支。這個分支已經把自己從唯實論（realism）與唯名論（nominalism）的一般性哲學爭論切割出來，對這兩派哲學的持續衝突幾乎已不再關心。它現在是一個政治學說，因此所使用的術語，看似不同於中古世紀經院哲學辯論共相（universals）問題時所使用的術語，也看似不同於現代新唯實論（neorealism）的術語。但，它的學說核心，和中古世紀的唯實論並無不同。它把事物的共相視爲客觀眞實的存在，甚至認爲共相是比個別存在的事物更爲客觀眞實的存在；它有時候甚至斷然否認唯一眞實存在的個人獨立存在。

集體主義和哲學家所講述的概念實在論兩者的差別，不在於它們所主張的認知方法不同，而在於它們所隱含的政治傾向不同。集體主義把概念實在論這個認識論方面的學說變成一個道德主張。它訓示人們應該做什麼。它區分眞實的集體和似是而非的

---

❺ Karl Mannheim制定了一個綜合計劃，建議透過「有意地」重組各不同類別的社會因素，以生產出「最佳可能的」人類類型。Karl Mannheim在所寫的*Man and Society in an Age of Reconstruction* (London, Routledge & Kegan Paul, 1940)一書中說（p. 222），「我們，」亦即，Karl Mannheim和他的朋友，將決定什麼是「社會的至善，以及個人的內心平靜」所必備的東西。然後，「我們」將改造人類。因爲「我們的」使命是「有計劃的引導人民生活」。關於這些想法，最值得注意的一點是，它們在一九三〇和四〇年代居然被形容爲民主的、自由的和進步的理念。和Karl Mannheim相比，（納粹德國的宣傳部長）戈培爾（Joseph Goebbels）還比較謙遜，因爲後者只想改造德國人民而不是全人類。但，戈培爾處理問題的方式，基本上和Karl Mannheim建議的方法並無不同。在一封於一九三三年四月十二日寫給福特萬格勒（Wilhelm Furtwängler）的信中，戈培爾提到Karl Mannheim後來講的那個「我們」；他說，「有一個重責大任（託付給「我們」執行），就是要利用一般群眾這樣的材料，塑造出既堅固又漂亮的國家結構（denen die verantwortungsvolle Aufgabe anvertraut ist, aus dem rohen Stoff der Masse das feste und gestalthafte Gebilde des Volkes zu formen）。」見Berta Geismmar, *Musik im Schatten der Politik* (Zürich, Atlantis Verlag, 1945), pp. 97-9。很遺憾的是，不管是Karl Mannheim，還是戈培爾，都沒告訴我們，是誰將改造與重新創造人類的任務託付給他們執行！

僞集體；它說，對於前者人們應該效忠，而對於後者人們則應該完全不予理會。其實沒有統一的集體主義意識型態，而是有許多集體主義的學說。每一個這些學說都歌頌某個特別的集體，並且要求所有端正人士服從該集體。每一個集體主義學說和黨派，都崇拜它自己的偶像，並且都不能容忍所有敵對的偶像。每一個集體主義學說和黨派，都命令個人完全臣服；每一個集體主義學說和黨派，都是極權的。

形形色色的集體主義學說的黨派特性很容易遭到忽視，因爲它們總是從社會和個人之間的對立開始論述。在這個對立關係中，看似只有一個涵蓋所有個人的集體。所以，看似不可能出現許多不同集體之間的敵對問題。但，在進一步論述中，包含所有個人在內的唯一大同社會概念，會不知不覺地由某個特別集體所取代。

且讓我們首先審視一般社會概念。

人與人彼此合作。這種合作所產生的人際關係整體，稱爲社會。社會本身並非一個實體。它是人的行爲的一個面向。它並不存在或生活在人的行爲之外。它是人的行爲的一個取向。社會既不會思考，也不會行爲。人以思考和行爲，構成一個稱爲社會的關係與事實綜合體。

這個關鍵遭到一個算術比喻的混淆。人們問，難道社會僅僅是把某些個人加起來的總和，或者社會其實多於這個總和，從而是一個具有獨立眞實性質的實體？提出這樣的問題實在荒謬。社會既不是某些個人加起來的總和，也不是多於或少於這個總和。算術概念不能用在這個問題上。

另一個混淆出自如下同樣空洞的提問：社會是否——在邏輯上和時序上——先於個人？社會演化和文明演化並非兩個不同過程，而是同一過程。某種靈長類動物的生物演化，在越過單純動物性存在的階段，轉變為原始人類之際，便已經隱含發展出初步的社會合作雛形了。當人最初出現在世界舞台上時，他便已經不是一個孤獨的獵食者，也不是某種群居性動物的一個成員，而是一個知道和其他同類生物合作的生物。只有在和同類合作的過程中，他才可能發展出語言——人的思想不可或缺的工具。我們甚至無法想像有任何會理性思考的人，可能孤伶伶地活著，甚至和他自己家族、宗族或部落裡的其他成員沒有合作關係。眞正的人必然是一種社會性動物。某種合作關係是人特具的一個根本天性。但，即便知道前述事實，那也不表示：若要正確處理種種社會關係問題，便可以把社會關係視為人際關係以外的東西，或把社會視為一個獨立於人際行為之外（或之上）的實體。

最後，有種種由有機體的比喻所造成的曲解。據說，我們可以把社會比擬為生物有機體，因為生物有機體的各個部位之間存在著分工與合作，就如同社會的各個成員之間也存在著分工與合作。但，導致動、植物身體出現結構—功能體系的生物演化過程，純粹是一個生理過程，其中不可能發現任何跡象顯示各種細胞有任何有意識的行動。然而，人的社會卻是一個知性與靈性現象。人在和同胞合作時，並未剝離他自己的個性；他保留可以做出反社會行爲的權力，而且也時常使用這種權力。每一個細胞在身體結構裡的位置，都由身體結構來指定。但，人自主選擇以何種方式把他自己融入社會合作體系裡。人有他自己的想法，並且追求他自己所選擇的目的，然而身體的細胞和器官卻沒有這種自律自主的性質。

格式塔（完形）心理學激烈抵制心理學的聯結說（associationism）。它嘲笑所謂「人的感覺宛如馬賽克拼湊而來」的概念，因爲「從來沒有誰觀察到這種感覺馬賽克」；它進而教導我們說，「（心理）分析若想完整揭露宇宙（事實），就必須止步於眞正具有運作功能的整體，無論這整體是大或是小。」[6]不管我們對格式塔心理學有什麼看法，有一點很明顯，那就是它和社會問題完全無關。很明顯地，沒有誰曾經觀察到社會整體。能觀察到的永遠是人的行爲。社會這個概念，是理論家在解釋個人行爲的諸多面向時所發展出來的一個思想工具。根本用不著討論「從整體性能了解部分性能」的問題[7]，因爲社會不會有任何不能在社會成員的行爲中發現的性能。

對比社會和個人，並否定後者具有「眞正」眞實性的眾集體主義學說，把個人視爲只是冥頑不靈的叛逆。據說，這個罪孽深重的無恥之徒，居然肆無忌憚到把他私人渺小的利益列爲優先，而把社會這尊大神的崇高利益棄若敝屣。當然，集體主義者只把這崇高的神位歸給合法的社會偶像，而不歸給任何覬覦上位的僞偶像。

> 但，誰是王位覬覦者，而誰是國王，
> 那完全是另一回事——願上帝祝福我們所有的人。❽

當集體主義者頌揚國家時，他所謂的國家並不是指每一個國家，而是唯獨指他所

---

❻ K. Koffka, "Gestalt," *Encyclopaedia of the Social Sciences*, 6, p. 644.

❼ 見前引文獻，p. 645。

❽ 譯者注：這是十八世紀英國詩人約翰拜倫（John Byron）所寫的一首祝酒詩的節錄。該詩全文爲：

> Godbless the King! (I mean our faith's defender!)
> God bless! (No harm in blessing) the Pretender.
> But who Pretender is, and who is King,
> God bless us all! That's quite another thing!

本書作者Mises只引述這首詩的最後兩行。

贊同的那個政權，不管這個他所認可的政權是否已經存在或有待建立。對舊奧地利的捷克民族統一黨和英國的愛爾蘭民族統一黨來說，政府位於維也納和倫敦的國家是篡位者，而他們視爲合法的國家則還不存在。特別值得關注的是馬克思主義者所使用的術語。馬克思極端敵視霍亨索倫王朝的普魯士王國。爲了表明他希望看到的萬能與極權國家不是統治者住在柏林的那個國家，他把他計劃建立的未來國家稱爲社會，而不是稱爲國家。這只是一個口頭上的創新。因爲馬克思的目的，就是要透過轉移一切經濟活動的控制權，給通常稱作國家或政府的那個執行強制與脅迫的社會機構，以徹底廢除個人主動行爲的領域。但，前述這個口頭伎倆還是讓許多人受騙上當。甚至時至今日，仍舊有一些容易受騙的人，認爲國家社會主義和其他類型的社會主義不同。

社會（society）和國家（state）概念的混淆，始自黑格爾（G. W. F. Hegel）和謝林（F. W. J. Schelling）。黑格爾主義者通常分爲兩派：左派和右派。這種區分僅涉及這些黑格爾主義者對於普魯士王國和普魯士聯合教會教義的態度。但，不管是左派或是右派，他們的政治信仰基本上並無不同。他們都主張政府萬能。正是一個左派的黑格爾主義者，拉薩爾（Ferdinand Lassalle），把黑格爾主義的根本論點表述得最爲清晰：「國家即上帝」[9]。黑格爾本人向來比較謹慎一些。他只是宣稱，「上帝在這世間的行程（或神之道在這世間的運行）構成國家」，以及我們在處理國家問題時，必須沉思「這個理念——上帝宛如實際在人間」[10]。

集體主義哲學家未能意識到，眞正構成國家的是人的行爲。立法者及那些以武力執行法律的人，以及那些服從法律和警察命令的人等等，以他們的行爲構成國家。唯獨就這個意思來說，國家才眞實存在。在人的這種行爲之外，沒有國家。

三、社會科學的發想

集體主義哲學否認有個別的人和人個別的行爲這等事情。據說，個人只是一個不眞實的魅影，是資本主義辯護者的僞哲學虛構的一個幻象。因此，集體主義排斥人的行爲科學，認爲這種科學不可思議。在集體主義者看來，對於傳統自然科學未予處理的那些問題，唯一合乎科學標準的處理方式，就是他們稱爲社會科學的那種處理方式。

---

❾ Gustav Mayer, *Lassalleana, Archiv für Geschichte der Sozialismus*, *1*, p. 196.

❿ Hegel, *Philosophy of Right*, sec. p. 258.

社會科學據說是處理群體行動的科學。在各種社會科學的論述脈絡中，個人除了只是某個群體的一個成員，別無其他分量[11]。但，這個定義隱含，有某些行爲場合，個人並非以某個群體成員的身分在行爲，而對於這種行爲，社會科學不感興趣。果眞如此，則社會科學顯然只處理人的行爲領域當中某一任意圈定的部分。

人，在行爲時，必然在各種可能的行爲模式之間作選擇。社會科學把分析限縮在只針對某一類行爲，等於自始便完全放棄研究人基於什麼理念，選擇他們的行爲模式。於是，社會科學無法處理究竟是什麼價值判斷，促使某人在某個實際場合，捨棄其他不同的行爲方式，而選擇以作爲某個群體的一個成員有所行爲。同樣地，社會科學也無法處理究竟是什麼價值判斷，促使某人選擇以作爲群體A的一個成員有所行爲，而不以作爲群體B的一個成員有所行爲。

人，並非只是某個群體的成員；他並非僅以某一特定群體成員的身分出現在人世間。在談到各個社會群體時，我們必須記住，某一群體的成員同時也是其他群體的成員。群體之間的衝突，並非數組各自嚴密整合、宛如鐵板一塊的人群之間的衝突，而是個人心中各種不同利益之間的衝突。

構成群體成員身分的條件，是個人在某一具體場合的行爲方式。因此，群體成員並不是什麼僵固不變的東西。它可能因情況不同而改變。同一個人在同一天當中所執行的每一個行爲，可能分別使他有資格稱作某一不同群體的成員。他可能捐錢給所屬的教會，同時把選票投給某位在根本議題上牴觸該教會的候選人。某一時刻，他可能以某一工會成員的身分在行爲，另一時刻以某一宗教社群成員的身分在行爲，又另一時刻以某一政黨成員的身分在行爲，在另一時刻以某一語言族群成員或種族成員的身分在行爲等等。或者，他可能以個人身分在行爲，譬如，他這個人努力工作，賺取更多收入，以便供兒子上大學，以便買房子、買車、買電冰箱等等。事實上，他總是以作爲一個個人在行爲，他總是在追求自己的目的。他不管是加入某個群體、以該群體成員的身分有所行爲，或是他完全沒考慮到任何群體，只是自顧自的行爲，他同樣都是想實現自己的希望。他可能加入某個宗教社群，以便尋求他靈魂的救贖，或獲得內心的平靜。他可能加入某個工會，因爲他相信要獲得較高報酬，或避免身體遭到工會會員傷害，加入工會是最好的手段。他可能加入某個政黨，因爲他預期，該政黨的政綱一旦落實，他自己和家人的處境將會變得更好。

想處理「個人作爲某一群體的一個成員的行動」[12]，卻避談個人的其他行動，那

⓫ E. R. A. Seligman, "What are the Social Sciences?" *Encyclopaedia of the Social Sciences*, I, p. 3.

⓬ 見前引文獻。

是不可能成功的。群體行動本質上必然是：為了達成他們的目的而組成群體的人所採取的行動。絕不會有什麼社會現象不是源自形形色色的人個別的行動。某一群體行動所以形成，原因在於某些人想要追求某一特定目的，而這些人相信，加入該群體團結合作，是達成該目的的一個合適手段。群體是人的願望，以及人對於實現願望的手段想像，所衍生出來的東西。群體的根源在於人的價值判斷，以及人對於各種用來落實價值判斷的手段可能會有什麼不同效果的看法。

要充分而完整的處理社會群體，就必須從個人的行為開始處理。除非分析什麼意識型態形成某一群體，並使該群體持續發揮作用，否則便不可能了解該群體的行動。想處理群體行動，卻不處理人的行為的各個面向，這樣的想法是荒謬的。沒有什麼有別於人的行為科學領域的領域，是某種稱作社會科學的學科能夠加以研究的領域。

那些建議以社會科學取代人的行為科學的人，他們提出這種建議的動機，無庸懷疑，當然是某一特定的政治計畫。在他們看來，社會科學的設計，旨在抹除個人主義的社會哲學。社會科學的捍衛者發明和推廣了一套術語，把每一個參與者都意圖使自己的計劃實現的市場經濟，描述成一個沒有計劃，從而混亂不堪的體系，而把「計劃」一詞專門留給某個機構用來表述它的各種意圖；這個背後有政府警察權支持，或本身就是政府警察權的機構，透過它的種種「計劃」，阻止所有公民實現他們自己的計劃和意圖。該套術語所產生的觀念聯想效應，在我們這一代人政治信念的形塑過程中所發揮的作用，再怎麼高估也不為過。

四、群衆現象的本質

有一些人相信，群眾現象是各種社會科學的研究標的。他們認為，對於社會科學來說，個人特徵的研究不是特別重要；他們倒是期待，針對社會群體行為表現的研究，將揭露某種眞正具有科學性質的訊息。在這些人看來，傳統歷史研究方法的主要缺點，就在於傳統的研究方法是處理個人的方法。他們之所以特別推崇統計，正是因為他們認為，統計可以觀察和記錄各種社會群體的行為表現。

然而，統計其實記錄某些任意選定的群體其成員個別的特徵。不管科學家基於什麼原則定義相關群體，統計所記錄的那些特徵，主要還是指涉構成群體的那些個人本身，而僅間接指涉那些個人所構成的群體。群體的個別成員，是統計觀察的單位。統計所提供的，是構成相關群體的那些個人如何行為的訊息。

現代統計學的目標，是希望在若干以統計方法確立的數值間，藉由衡量它們之間的相關係數，可以發現它們之間固定不變的關聯性。在人的行為科學領域，應用這個方法是荒謬的。這一點很清楚獲得如下事實的證明：這樣計算出來的相關係數，無論數值多高，肯定不表示兩組事實之間有任何因果關聯[13]。

社會現象和群眾現象，並非個人現象之外或之上的東西。它們不是個人現象的成因。相反地，它們是由若干個人的合作或平行的個人行爲所產生的結果；平行的個人行爲，可以是個人獨立的行爲，也可以是個人模仿的行爲。對於反社會行爲來說，這一點也同樣成立。譬如，某個人遭到另一個人故意殺害。這樣的一個「社會現象」，如果發生在（不可能實現的）人人之間沒有合作的假想情況下，它除了是某人的一個行爲，別無其他意義。而如果出現在社會合作禁止殺人的情況下，則故意殺人，除非是在社會的法律所嚴格界定的一些場合，否則就是某個人犯了謀殺的罪行。

通常稱作群眾現象的事情，其實是某種時常重複、反覆發生的個人現象。當我們說：「在西方國家，麵包是一種大眾（或群眾）消費品」，我們的意思是：「在西方國家，絕大多數的人每天吃麵包。」而個人所以吃麵包，並非因爲麵包是一種大眾消費品。反倒是因爲幾乎每一個人每天都吃麵包，所以麵包才是一種大眾消費品。從這個觀點，我們可以理解，加百利塔德（Gabriel Tarde）爲什麼會說，模仿和重複是社會演化的根本因素[14]。

社會科學的捍衛者批評歷史學家，說後者只注意人的個別行爲，而忽略多數人、絕大多數人或群眾的行爲。這樣的批評其實似是而非。一個歷史學家，當他在處理基督教信仰的傳播、形形色色的教會與教派的擴散時，當他在處理究竟發生哪些事件導致融合的語言族群出現時，當他在處理歐洲人在西半球的殖民過程時，以及當他在處理現代資本主義興起的過程時，他肯定並未忽略多數人或群眾的行爲。然而，歷史的主要任務，是要指出個別的人其行爲和事態發展的關係。不同的人以不同方式影響歷史的變化。有一些先驅構想新的理念，設計新的思考和行爲模式；有一些領導者，引領某些人在這些人希望前進的道路上前行；當然，另外也有些默默無聞的群眾追隨這些領導者。如果不提這些先驅和領導者的名字，那就不可能寫歷史。基督教的歷史不可能對聖·保羅（Saint Paul）、路德（Luther）和卡爾文（Calvin）等人置之不理；同樣地，十七世紀的英國史也不可能不分析克倫威爾（Cromwell）、米爾頓（Milton）和威廉三世（William III）等人的角色。把產生歷史變化的理念創新

⓭ M. G. Cohen and E. Nagel, *An Introduction to Logic and Scientific Method* (New York, Harcourt, Brace, 1934), p. 317.

⓮ G. Tarde, *Les de l'imitation*, 3rd ed. Paris, 1900.

歸屬於群眾心靈，是武斷的形上學偏見的一個展現。歷史研究的主題是知識方面的創新；對於這一點，即便是孔德（Auguste Comte）和亨利．巴克爾（Henry Thomas Buckle）[15]也有正確的認識。但，知識創新絕非群眾的成就。群眾運動不是由默默無聞的泯然眾人帶頭啓動的，而是由某些不凡的個人推動的。我們不知道人類文明初期那些做出巨大貢獻者的姓名。但，我們確信，即便是文明初期的那些科技與制度創新，也絕不會是泯然眾人突然靈感迸發所產生的結果，而是遠比他們的同胞來得卓越的某些個人的成就。

其實，並沒有什麼群眾精神或群眾心靈，而只有泯然眾人於附和某些先驅與領導者的意見時，以及模仿他們的行爲時，所秉持的那些理念，以及所做出的那些行爲。烏合的暴民與群眾，只在某些頭目的領導下才有所行爲。構成群眾的普通人，他們的特徵就在於欠缺主動精神。他們雖然不是消極、被動的，他們雖然也會有所行爲，不過，他們只在教唆者的鼓動下才有所行爲。

社會學家之所以重視各種群體現象，以及他們所以把普通人當作偶像加以崇拜，源自於他們相信，就生物學的意義而言，所有人都相同的神話。據說，人與人之間的任何差異，都是後天的生活環境不同所造成的。如果所有人都平等享有良好教育的好處，人與人之間就不會出現任何差異。這個學說的支持者不知道如何解釋，同一所學校的畢業生爲什麼表現不同；他們也無法解釋，許多自學者的實際表現，爲什麼遠比從最爲著名的大學畢業的博士、碩士和學士更爲卓越。他們未能看出，教育所傳達給學生的知識，絕不可能多於老師的知識。教育培養追隨者、模仿者和墨守成規者；教育不培養新理念的先驅和有原創力的天才。學校不是進步與改良的育成所，而是傳統保存所，與一成不變的思想模式保管所。創造性心靈的標誌，在於它抗拒一部分它所學到的東西，或者它至少會給它所學到的東西增加某些新東西。如果把先驅所獲致的那些成就，歸功於先驅的老師給他的教導，那就完全誤解那些成就的來源。如果沒有一些不平凡的人物跨出他們導師智慧的範圍，奮力向前推進，則學校所給的訓練，不管是如何有效率，都將只會產生停滯、正統與頑固的學究氣息。

幾乎不可能有什麼其他研究方法，會比專注於群眾現象而忽略個別的人，以及忽略他們的功績，更爲徹底地誤解歷史的意義和文明的演化。如果不對群眾現象所隱含的個人理念加以分析，任何群眾現象都不可能獲得充分處理。再說，也不會有什麼新的理念來自神話中的群眾心靈。

---

⑮ 譯者注：關於Henry Thomas Buckle，請參閱前文第五章第六節。

第十二章　心理學和情理學

一、自然主義心理學和情理學

許多撰述者相信，心理學是各種社會科學必備的基礎知識；他們甚至認爲，心理學包含一切社會科學。

如果心理學指的是那種以生理學實驗方法進行研究的學科，前面的主張便明顯不合理、不適當。對於人的行爲科學所關切的問題來說，形形色色的實驗心理學學派實驗室裡所研究的那些問題，不會比其他任何學科所研究的問題，更有參考價值。對於行爲學、經濟學以及所有歷史學科來說，實驗心理學研究的那些問題，大多甚至毫無用處。事實上，從來也沒有誰嘗試說明，在人的行爲科學的任何部門裡，如何利用自然主義心理學（或實驗心理學）的研究發現。

但，「心理學」一詞還有另一種意思。它意味認識人的情感、動機、理念、價值判斷和意志等等；這種認識能力，不僅每個人在日常事務處理上不可或缺，對詩人、小說家、劇作家以及歷史學家來說，也一樣不可或缺。現代認識論把歷史學家獲得這種認識的心智運作過程，稱作人的行爲歷史科學（簡稱歷史）的特殊了解（specific understanding）。這種特殊了解肩負雙重任務。它一方面確立如下的事實：受到某些價值判斷的促動，人們曾經從事某些行爲，採取了某些手段，意圖實現他們想要的目的。另一方面，它也嘗試評估這些行爲的實際效果，以及行爲效果的強度（intensity）❶，亦即，行爲對事態進一步發展的影響分量。

歷史科學的特殊了解，其實並不只是歷史學家專門採用的一種心智運作過程。每一個人在日常和他人交往時也都採用它。它是一個用在所有人際關係的技巧。事實上，幼兒園裡的小孩子、做生意的商人，以及處理國家事務的政客與政治家，都實際應用它。每一個人都渴望掌握他人價值判斷與行動計劃的相關訊息；每一個人都渴望對這些價值判斷與行動計劃有一正確的評估與掌握。人們通常把這種洞察他人想法的知識稱作心理學（psychology）。譬如，人們說合格的推銷員應該是好的心理學家，而合格的政治領導者應該是群眾心理學專家。一般人平常使用「心理學」一詞時所隱含的這個意思，絕不可以和任何自然主義學派所謂的心理學相互混淆。當狄爾泰（Dilthey）和其他認識論學家宣稱歷史必須以心理學爲基礎時，他們所指的心理學，就是這種世俗意思或常識意義的心理學。

❶ 譯者注：這個「intensity」指相對於「extensive property」的「intensive property」；intensive property 係指不能進行加減乘除等基數運算的性質。

爲了避免混淆這兩種完全不同的知識部門而導致誤解，一個方便的辦法，就是把「心理學」一詞專門留給自然主義心理學使用，而把人的價值判斷與意志方面的知識稱作「情理學」（thymology）❷。

情理學，一方面是內省的副產品，另一方面則是歷史經驗的沉澱物。它是每一個人從他和他人交往的過程中學到的東西。它是某人對他人會如何評價不同情況、會有什麼願望與欲望、會採取什麼計劃試圖實現這些願望與欲望等等的認識。它是某人對他生活與行爲所在的社會環境的認識，或者對某個歷史學家來說，是他特別透過研究某些歷史資料而得到的，關於國外某個社會環境的知識。如果某個認識論學家表示，歷史必須以這種情理學知識爲基礎，他只不過是在陳述一則老生常談的自明之理。

自然主義心理學完全不處理人的思想、價值判斷、欲望與行爲等等人的內涵，然而情理學的領域恰恰是關於這些現象的研究。

自然主義心理學和生理學以及另一方面的情理學，兩者之間的差別，以精神科醫學的治療法爲例，最能說明清楚。傳統精神病理學和神經病理學，從生理學觀點，處理神經和大腦的疾病，而精神分析學則是從情理學的觀點處理這一類疾病。精神分析學的研究對象，是種種和生理衝動發生衝突的理念，以及違背生理衝動追求某些目的的有意識行爲。理念敦促人們壓抑某些自然的生理衝動，特別是性衝動之類的生理衝動。但，嘗試抑制自然衝動的努力，並非總是完全成功。自然衝動並未被徹底根除，而僅僅被貶抑到某個藏匿之處，伺機反撲、遂行報復。這些遭到貶抑，藏在心底深處的生理衝動，對個人有意識的生活與行爲，施加惱人的影響。精神分析或精神科醫學所採取的治療方法，就是讓病人完全意識到相關的衝突，以去除所造成的神經官能困擾。這是用理念來治療，而不是用藥物或外科手術來治療。

---

❷ 有一些撰述者，例如：桑塔亞納（George Santayana），使用「文學心理學（literary psychology）」這個名詞。請見其所寫的*Scepticism and Animal Faith*一書第二十四章。然而，這個名詞似乎不宜採用；這不僅是因爲桑塔亞納，以及許多自然主義心理學的代表性人士，以帶有貶義使用該名詞，而且也因爲不可能給該名詞型塑一個對應的形容詞。「Thymology」源自古希臘文θυμοζ；這個古希臘文名詞，被荷馬（Homer）和其他古希臘時代的作家，用來指涉人心中感情所在的地方，以及活人身體中用來進行思考、決斷與感覺的那個心智運作能力。請見Wilhelm von Volkmann, *Lehrbuch der Psychologie* (Cöthen, 1884), *I*, pp. 57-9；Erwin Rohde, *Psyche*, trans. by W. B. Hillis (London, 1925), p. 50；Richard B. Onians, *The Origins of European Thought about the Body, the Mind, the Soul, the World, Time, and the Fate* (Cambridge. 1951), pp. 49-56。最近，Hermann Friedmann教授，以稍微不同的含義，使用*Thymologie*一詞。請見其所寫的*Das Gemüt, Gedanken zu einer Thymologie* (Munich, C. H. Beck, 1956), pp. 2-16.

論者通常斷言，精神分析學處理一些對人的行爲有影響的非理性因素。這句話需要解釋，以免產生困惑。人們所追求的一切最終目的，是不可能根據什麼道理加以批評的。價值判斷是不可能根據什麼道理予以辯護或否定的。「道理」和「理性」這些字眼始終僅指涉，爲了達到最終目的，所選擇的手段合適與否。而就這個意思來說，最終目的不管如何選擇，總是非理性的。

性衝動和保持自身生命力的衝動，是人天生固有的動物性質。如果人只是一種動物，而並非也是一個天生具有價值判斷（或取捨）性格的人，他將永遠順從任何當下最爲強大的衝動。人之所以出類拔萃，異於一般禽獸，原因就在於他有理念，並且會根據理念，在互不相容的目的之間作選擇。他甚至在生與死、在進食與飢餓、在性交與禁欲之間作選擇。

從前，人們輕率地認定，神經病患者的怪異行爲毫無意義可言。但，佛洛伊德（Freud）證明，神經病患者看似無意義的行爲，其實是想要達成某些特定目的。神經病患者想要達成的那些目的，也許不同於正常人所追求的目的，而且神經病患者所採取的手段，常常也不適合實現所想達成的目的。但，所選擇的手段不適合所要追求的目的，即便是事實也不表示相關行爲就是非理性的。

人在追求他所選目的過程中犯錯，是人類普遍的一個弱點。某些人比其他人較不常犯錯，但是，沒有哪一個難免一死的凡人是無所不知和永不犯錯的。錯誤、無效率與失敗，絕不可以和非理性混爲一談。射擊的人通常想要射中標靶。如果他沒射中標靶，他並不是「非理性的」；他是一個差勁的射手。某個選錯方法治療病人的醫生，並不是非理性的；他也許是一個無能的醫生。從前訴諸巫術儀式，意圖提高收成的農夫，其理性程度，不會少於施加更多肥料以求豐收的現代農夫。他的所作所爲，在他當時——固然是錯誤——的見解看來，適合他所追求的目的。

神經病患者之所以是神經病患者，特徵不在於他採取了不合適的手段，而在於他未能理解，並成功處理文明人所面對的那些衝突。社會生活要求個人克制某些存在於每一個動物身上的本能衝動。我們也許用不著斷定，侵略的衝動是否爲這些本能衝動中的一種。但，無庸置疑的是，社會生活不容許個人放縱追求性滿足的動物習性。或許有比實際社會所採用的那些更好的性交調節辦法。然而，不管更好的辦法是什麼，事實都是社會採用的那些辦法，讓某些個人的心靈承受過多壓力。這些男男女女不知道如何解決一些比較幸運的人輕易便能克服的問題。他們的困窘使他們變成神經病患者。

曾經有一些人提出許多似是而非的理由反對理性主義哲學。十九世紀許多思想流派完全誤解理性主義學說的精髓。相對於這些誤解，有一點很重要、必須知道，那就是：十八世紀古典的理性主義只在某些次要與純屬附帶性質的議題處理上有瑕疵，儘管這些小瑕疵很容易把未能審慎鑑別的批評家導入歧途。

理性主義的根本論點是無懈可擊的。人是一種理性的存在；也就是說，他的行爲接受理性指導。說：人行爲，就等於說：人渴望以某個比較適合他的事態，取代另一個比較不適合他的事態。爲了達到這樣的目的，他必須使用合適的手段。而正是他的理性，使他得以發現什麼手段合適達成他所選擇的目的，以及什麼手段不合適。

理性主義進一步的論述也是正確的，它強調：人對於最終目的的選擇，有相當廣泛的一致見解。除了幾乎可以忽略不計的例外，所有人都希望保持他們的生命與健康，以及改善他們賴以生存的物質條件。人與人之間的合作和競爭，就是取決於這個事實。但，在處理這一點時，理性主義哲學家犯了一些嚴重的錯誤。

首先，理性主義哲學家假定，所有人都具備相同的道理推演（或推理）能力。他們忽視聰明人和笨蛋之間的差別，甚至忽視開創性天才和一般頭腦簡單、墨守成規的絕大多數民眾之間的差別；後者充其量有能力擁護偉大思想家所發展出來的學說，但通常沒有能力理解那些學說。在理性主義哲學家看來，每一個神智正常的成年人，都有足夠的智力，理解最爲複雜理論的含義。如果他未能理解，有問題的不會是他的智力而是他的教育。一旦所有的人都接受完美教育，他們都將和最傑出的聖人一樣有智慧，一樣做出明智的判斷。

理性主義的第二錯誤，在於忽略錯誤思索的問題。理性主義哲學家大多未能看出，即便是誠實的人，全心全意投入追求眞理的志業，也可能犯錯。他們礙於這個先入的偏見，乃至未能持平看待從前的一些意識型態和形上學方面的學說。任何他們所不贊同的學說，在他們想來，都只可能是爲了欺騙無知者而刻意發展出來的謊言套路。許多這些理性主義哲學家排斥一切宗教信仰，說它們是邪惡的騙子有意詐欺的產品。

然而，古典理性主義的這些缺點，並不能作爲任何現代非理性主義猛烈抨擊理性主義的藉口。

二、情理學與行爲學

情理學和行爲學以及經濟學，沒有特別的關係。流行的見解認爲現代主觀主義經濟學，或所謂邊際效用學派經濟學，建立在「心理學」基礎上或和「心理學」關係密切，其實是錯誤的見解。

價値判斷本身是一種情理學現象。但，行爲學和經濟學並不處理價値判斷的情理學層面。行爲學和經濟學的主題，是行爲人將自己的選擇付諸實施的行爲。具體選擇是某一價値判斷的結果。但，行爲學不關心，究竟某人靈魂裡或心靈裡或大腦裡發生了什麼事件，以致他在某A和某B之間作出一定的取捨決定。行爲學理所當然的假定，這宇宙的本質促使人在互不相容的目的之間作選擇。行爲學的主題，不是這些選擇的具體內容，而是選擇所導致的行爲本身。行爲學不在乎某人具體選擇什麼，而是專注於他有所選擇，並按照選擇而有所行爲的事實。行爲學不在乎究竟是哪些因素決定了人的選擇，它並不擅自以爲自己有能力審查、修改或糾正人的價値判斷。它是價値中立的（wertfrei）。

爲什麼某人選擇水，而另一人卻選擇葡萄酒？這是一個情理學問題（或者，以傳統的術語來說，這是一個心理學問題）。但，這個問題和行爲學以及經濟學，毫無關係。

行爲學的主題，以及行爲學當中迄今發展最爲完善的部門——經濟學——的主題，是行爲本身，而不是促使某人追求特定某些目的的具體動機。

三、情理學是一門歷史學科

心理學，就如今稱作心理學的學科使用這個名詞的意思來說，是一門自然科學。這門自然科學究竟和一般生理學有何不同，不是這本關於人的行爲科學認識論的專著必須處理的課題。

心理學就情理學的意思來說，是歷史學的一個部門。它處理來自歷史經驗的知識。我們將在本章最後一節處理內省的問題。在這裡只消強調一個事實，那就是：情理學的觀察，不管是對他人所作選擇的觀察，還是觀察者對自身所作選擇的觀察，永遠必然指涉過去，就像歷史經驗必然指涉過去的經驗那樣。在情理學領域，沒有任何方法，可以產生某種類似自然科學所謂「實驗已確立之事實」那樣的知識。情理學所能告訴我們的只是：某些人或某些群體，過去按某一特定方式做出價值判斷與行爲。而他們未來是否也將按同一方式做出價值判斷與行爲，則仍然是不確定的。關於他們未來的行爲，所能斷言的，全是應用人的行爲歷史科學特殊了解的方法，所做出的揣測與預料。

在這方面，個人情理學與群體情理學之間並無差別。所謂民族心理學（*Völkerpsychologie*）和群眾心理學也是歷史學科。所謂某個國家的國民「性格」，充其量，是該國國民過去所展現的人格特性。至於該國國民將來是否也會展現出和從前一樣的人格特性，仍然是不確定的。

所有動物天生都具備自我保護的衝動。牠們抗拒一切有害於牠們生存的力量。如果遭到攻擊，牠們會防衛自己或反擊，或趕緊逃到安全的地方。生物學，根據對各種動物行爲的觀察，能預測每一種動物健康的個體將如何回應攻擊。關於人的行爲，不可能有生物學這種無可置疑的預測。沒錯，絕大多數人接受一般動物天生自我保護衝動的驅使。但，有一些人例外。有一些人接受某些理念的引導，選擇不抵抗。另外有一些人，由於感到絕望，而放棄任何抵抗或嘗試逃離。對於某個人將會如何反應，事先不可能百分百確定知道。

事後回顧的歷史分析，試圖對我們證明，事情的結局不可能和實際發生的情形有所不同。當然，事情的結局總是由於某些因素發揮作用而必然產生的結果。但，根據情理學總結的經驗，不可能確切推斷出人未來的行爲，不管是人個別的行爲，或是人群體的行爲。所有以情理學知識爲根據的預測，都是應用歷史學科特殊了解的方法對未來情況的一種揣測；每一個人，尤其是政治家、政客和商人，在他們的日常行爲中，爲了掌握所面對的社會環境發展態勢，都會實際應用歷史學科特殊了解的方法。

情理學可以闡述、編排一系列人格特性。它還能確立某些人格特性過去通常和其他某些人格特性相連在一起。但，它絕不可能像自然科學能辦到的那樣預測未來。它絕不可能事先知道，各種因素在未來某一特定事件中的影響分量。

四、歷史與小說

歷史試圖如實描述過去發生的事件。它意在忠實呈現。所謂忠實呈現，意指吻合曾經的事實。

史詩和戲劇小說，描繪可以從情理洞察力（或情理學）觀點視爲眞實的故事情節，不管所述說的故事是否眞的曾經發生過。史詩和戲劇小說作家希望他們的作品產生什麼效果，以及他們的作品有什麼形上學、美學和道德方面的含義，不在我們的討論範圍內。許多戲劇小說作家只是想要娛樂大眾。其他一些作家則比較有企圖心。他們試圖以說故事的方式，提示某一關於命運、生死、奮發與苦難、成功與挫敗等等的人生觀。他們想傳達的訊息，和科學以及哲學所傳達的，截然不同。科學在描述和解釋宇宙時，完全倚賴理性和經驗。它避談一切不能根據邏輯方法❸和經驗加以證明的

❸ 廣義而言，邏輯包括數學和行爲學。

命題。它分析宇宙各個部分，但完全不對宇宙整體表示任何看法。哲學試圖在科學打下的基礎上，建構某一包羅萬象的世界觀。在追求這個目標的過程中，哲學自覺不該牴觸當代科學已經牢牢確立的任何論點。因此，哲學探索的路徑，也受到理性和經驗的制約。

詩人和藝術家，則是以另一種心情，看待各種事物與問題。他們總是以處理整個宇宙的心情，處理這宇宙的某一個面相；或者說，他們企圖以偏概全。敘述個別的事件和描繪特定的人物，對他們來說只是一種手段。他們作品的根本特徵，不在於作品的文字、結構或顏色，而在於鼓舞創作者，並感動讀者與觀眾的那種難以言宣的感覺和理念。當康拉德·邁爾（Konrad Ferdinand Meyer）[4]描寫羅馬的噴泉時，以及當萊納·里爾克（Rainer Maria Rilke）[5]描寫獸欄裡的美洲豹時，他們並非只是在敘述事實。他們彷彿驚鴻一瞥看見了全宇宙。在福樓拜（Flaubert）的小說裡，真正的看頭不是包法利夫人不幸的故事，而是遠在這個不幸的女人命運之外的某種意義。最爲眞實的相片和藝術家所畫的肖像畫，兩者之間有根本差異。文學與藝術作品的本質，不在於記錄了什麼事實，而在於以某種獨特方式，揭露宇宙的某一面相，以及展現某種人生態度。某人所以成爲藝術家，條件不在於他的經驗和知識本身，而在於他對人生與命運問題有一獨特的反應。這反應是對人生的一種感悟（*Erlebnis*），一種純屬個人，對所處現實環境與個人經歷的獨特感觸。

詩人和藝術家有一個訊息想告訴我們。但，這個訊息指涉難以言宣的感覺與理念。正因爲它是難以言宣的，所以它無法用語言明確表達。我們絕不可能知道，我們欣賞他們的作品時所感悟到（*erleben*）的意義，是否爲他們創作時所感悟到的意義。因爲，他們的作品並非只是單純的訊息傳達媒介。除了作品本身所傳達的訊息，作品在讀者和觀眾心裡還激起某些可能不同於創作者的感覺和理念。詮釋一首交響曲、一幅畫或一部小說，是一份沒有希望成功的任務。詮釋者充其量試圖告訴我們，他對相關作品有些什麼感觸。但，他不可能確切告訴我們，創作者的感觸是什麼，或其他人從作品中可能看出什麼意義。即便是創作者本人爲文解說他的作品，例如：像是在標題音樂（program-music）的場合那樣，前述那種不確定性仍舊存在。沒有文字可以用來描述難以言宣的感覺和理念。

---

❹ 譯者注：Conrad Ferdinand Meyer (1825-1898)，瑞士詩人與歷史小說家，現實主義大師。

❺ 譯者注：Rainer Maria Rilke (1875-1926)，出生於奧匈帝國波西米亞區布拉格，德語詩人，現代主義文學的聞人。

歷史和小說共同之處，在於它們兩者都以關於人心的知識爲根據。它們都以情理學經驗作爲材料。它們的操作方法都是本於特殊了解人的價值判斷，以及人如何回應所處自然環境與社會環境的挑戰。但，它們接著便分道揚鑣。歷史學家要告訴我們的訊息，完整地表述在他的報告裡。他傳達給讀者一切他所確立的事實。他的訊息是外顯的，一般人都能理解的。他的報告，除了有能力讀通的讀者所能理解的東西外，沒有別的含義。

有時候，研究歷史——而就這一點來說，研究自然科學也一樣——可能在研究者內心裡喚起一些不可言說，關於宇宙整體的想法和看法，覺得彷彿和宇宙整體同感共鳴似的。但，這並不會改變歷史學家著作的本質與特性，歷史絕對在於探求實際已發生的事實和人事物的變遷。

小說可以自由描繪一些從未發生的事件。人們常說，小說家創造虛構的故事。小說家可以自由偏離現實。用來檢測歷史著作是否眞實的那些標準，對小說並不適用。然而，小說家自由創作的程度也是有限的；他不可以違逆情理學的經驗教訓。戲劇和小說所述說的那些人事物，不必是實際存在或已經發生的；它們甚至不必是實際可能發生的；戲劇和小說可以描述異教偶像、精靈、像人那樣行爲的動物、鬼魂和其他幽靈等等。但，小說或戲劇中，所有角色的表現必須符合情理學的知識，或者說，必須是在情理上可以想像、理解的。史詩和戲劇適用的眞假概念，指涉情理上的貌似眞實。小說家或劇作家可以自由創造虛構的人物與情節，但他絕不可以試圖發明某種新的情理學——心理學，不同於我們從觀察人的行爲所得到的那種。

小說，和歷史一樣，不處理普通的人、抽象的人或一般的人（*homme général*）❻，而是處理個別具體的人和個別具體的事件。然而，即使在這一點，歷史和小說之間還是有一顯著的差別。

歷史所處理的那些個人可能是，也時常是，形成某些群體的個人，而歷史所處理的那些個別事件，則是對這些群體有影響的事件。每當歷史學家關注某一個人時，主要的著眼點在於，該個人的行爲對大多數人的影響，或該個人是代表某一群個人的範例。歷史學家不會個別關注其他什麼人。但，對於小說家來說，眞正重要的永遠是個人本身，不管該個人對其他人的影響如何，也不管該個人是否能視爲代表某一群個人的範例。

某些於十九世紀下半葉發展起來的文學學說，完全誤解了前面這一點。提出這些

---

❻ P. Lacombe, *De l'histoire considérée comme science* (2nd ed. Paris, 1930), pp. 35-41.

學說的文學家，遭到當時歷史學潮流改變的誤導。從前的歷史學家主要書寫偉大的人物和國家大事，而現代的歷史學家則轉向思想史、制度史和社會發展史。在那個年代，科學的聲望遠遠超過文學，還有實證論的狂熱信徒對小說嗤之以鼻，說小說乃小道消遣爾，毫無實用價值。而小說家爲了辯護他們職業的正當性，於是力陳小說是一門科學。左拉（Emile Zola）認爲，小說是一種敘述性經濟學與社會心理學，所以在寫作小說之前，必須先對相關社會情況與制度進行一絲不苟的探索。其他文學家甚至比左拉更爲前衛，他們宣稱：只有階級、國家和種族等等抽象集體的命運，才是小說和戲劇應該處理的主題，而個人的命運則不是。他們完全抹煞統計報告和「社會」小說（或戲劇）之間的區別。

遵照這種自然主義美學箴言寫成的小說和劇本是拙劣的作品。除了口頭上支持這種箴言，沒有哪一位傑出的小說家或劇作家眞的照做。左拉本人，在應用他自己的文藝學說時也顯得非常拘謹。

小說和戲劇的主題是活生生、有感覺、有所行爲的個人，而不是姓名不詳的眾人集合而成的整體。社會環境，是作家所刻畫的那些個人影像的背景；是劇中人物以種種動作和行爲予以回應的外在事物狀態。任何小說和戲劇絕不可能拿諸如某個種族、某個國家、某個世襲階級或某個政黨等等抽象概念作爲主角。唯有人，眞正活著、有所行爲的個人，才是文學永遠的主題。

我們在談到先驗的科學定理——邏輯、數學和行爲學的定理——以及自然科學所確立的實驗事實時，無須提到定理發明者或實驗完成者的個性。在處理歐幾里得幾何學的問題時，我們不會在乎歐幾里得這個人，甚至可以忘掉他曾經存在。歷史學家的著作，由於含有歷史學家對相關問題的特殊了解，所以多少會染上歷史學家本人個性的色彩，但若要討論某部歷史著作所隱含的各種議題，還是有可能不必過問它們出自哪一位歷史學家。在處理小說類作品時，便不允許有這種客觀性。一部小說或戲劇的主角人數，總是要比故事或劇情所顯示的還多一個。一部小說或戲劇，也是創作者個人內心的告白，因此它所講的不僅是關於劇中人物的故事，同樣也是關於創作者個人的故事。它揭露創作者藏在心底的靈魂。

有時候，人們說，小說裡有比歷史著作更多的眞實。在小說或劇作可以視爲創作者本人內心告白的程度內，前面的說法當然是正確的。詩人總是以創作來自我表白，他總是於作品中剖析自己的靈魂。

五、合理化

情理學分析，是歷史研究的基本功夫。關於人的最終目的與價值判斷，我們所能知道的一切，都來自於情理學分析。但，正如前面已經指出的，情理學分析，對於開展行爲學理論毫無幫助，而且對於處理用來達成目的的手段問題也幾乎沒用。

關於手段的選擇，唯一重要的是，手段是否合適用來達成所要追求的目的。評價手段，沒有其他標準。手段只有合適或不合適的問題。從行爲人的觀點來看，如果所選的手段不合適，那永遠是錯誤的選擇，是不可原諒的失誤。

歷史的一個任務，是訴諸情理學和特殊了解的方法，來解釋這種錯誤的來源。由於人是容易犯錯的，而尋求合適的手段又不是一件容易的事，所以人類歷史大體上是一系列錯誤與挫折的過程。從我們現在的知識高度往回看，我們有時候很容易小看過去的年代，而爲我們這個時代的能力感到自豪。然而，即便是「原子時代」的權威專家也不保證不會犯錯。

手段選擇和行爲方面的失誤，並非總是錯誤的思考和無能所造成的。挫折，往往是在目的選擇方面優柔寡斷的結果。行爲人在若干互不相容的目標之間搖擺不定，因此在事務處理上躊躇徘徊。三心兩意阻礙他直線邁向某個目標。他來回搖擺。他時而往左，時而向右。於是，他一事無成。政治、外交、和軍事方面的歷史著作，處理過許多這種在國家事務處理上舉棋不定的行爲。佛洛伊德曾說明過，潛意識裡遭到壓抑的衝動，在個人日常生活中所發揮的作用，譬如，健忘、過失、口誤或筆誤，以及意外等等。

某個人如果必須在他人面前辯護他對某一件事情的處理方式，他往往會拿某個理由作爲託詞。他把他之所以偏離最合適處理方式的動機，歸因於某個和實際觸動他的理由不同的理由。他不敢承認他眞正的動機，因爲他的批評者不會接受那是一個充分正當的理由。

行爲者爲了在內心裡辯解自己行爲的正當性，往往也會建構某些託詞；心理分析給這種現象取名爲合理化（rationalization）。行爲人要麼不願意面對自己眞正的動機，要麼就是連他本人也不知道遭到壓抑的衝動正在指使他行爲。他把他的行爲歸因於他的超我（superego）可以接受的一些理由，藉以掩飾他的潛意識衝動。他並非有意欺騙或撒謊。他自己便是他的錯覺和妄想的受害者。他欠缺勇氣，不敢正視現實。他朦朦朧朧地猜測，眞實的事態如果認清將是不愉快的，會傷害他的自尊並且削弱他的決心，因此每當他把問題分析到某個程度，他就退縮卻步。這當然是一種相當危險的心態，一種臨陣退縮的心態，從某個自己不喜歡的現實情況撤退，縮進另一個自己比較喜歡的幻想世界。再往同一方向前進，寥寥幾步便是瘋狂。

然而，在個人的生命中，有許多攔截點，遏止這種合理化現象變得肆無忌憚、橫行蔓延，乃致造成傷害。恰恰因爲合理化是許多人身上常見的一種表現，所以人們時時注意、小心提防它，甚至在沒有它的地方懷疑有它。有一些人總是隨時準備要揭穿他們鄰居試圖強化自尊的狡猾伎倆。最爲巧妙建構的合理化故事，終究抵擋不住揭穿眞相者一再的攻擊。

但，爲了某些社會群體的利益而發展出來的合理化託詞，卻完全是另外一回事。這種合理化託詞能夠成長茁壯、猖獗蔓延，因爲它們不會遭遇到來自相關群體內部成員的批評，而另一方面也因爲外人的批評總是會被視爲明顯偏頗而一笑置之。歷史分析的一個主要任務，便是在所有政治意識型態領域，找出形形色色的合理化現象加以研究。

六、內省

內省論者和反內省論者之間充滿激情的爭論，指涉自然主義心理學的問題，和情理學沒有關係。反內省論者所推介的那些方法和程序，沒有哪一個能夠針對情理學所探索的現象，給我們提供任何訊息和知識。

每一個人，由於他自己就是一個會做出價值判斷和有所行爲的自我（ego），都知道價值判斷和行爲的意義。他知道，對於他所處環境的諸多不同狀態，他並非價值中立；他知道，他偏好某些狀態甚於其他狀態；他知道，他有意識地採取行動，在他可以干預的情況下，干預他所處環境的變化，希望能以他比較喜歡的某個狀態，取代他比較不喜歡的另一個狀態。我們無法想像，會有哪一個神智健全的人，欠缺前述這種洞察力或內省能力。我們同樣無法想像，一個欠缺這種內省能力的人，如何能夠藉由任何經驗或他人教導，而獲得該內省能力。價值判斷和行爲概念，是每一個人心裡都具備的根本先驗範疇。任何科學，如果事先對這些根本先驗的概念或範疇沒有認識，便不應該，也不可能，處理涉及這些概念或範疇的問題。

只因爲我們能體會這些根本先驗的概念，所以我們才知道意義（meaning）是什麼意思，也才知道如何解讀他人的行動。這種體會和認識促使我們，在外在的世界中，區分兩個獨立的領域：人類事務的領域和非人類事物的領域，或者說，目的因（final causes）的領域和因果關係（causality）的領域。在這裡，我們的任務不是處理因果關係。但，我們必須強調，目的因概念並非源自經驗，也不是源自對外在事物的觀察；它本就存在於每一個人的內心裡。

這裡必須一次又一次強調，關於人的行為，絕不會有什麼陳述或命題沒有涉及行為所追求的目的。行為這個概念是目的論的概念；如果未指涉有意識的追求所選定的某些目的，行為這個概念便沒有任何意義。在人的行為方面，如果未藉助於手段與目的等根本先驗概念，便不可能獲得任何經驗。如果觀察者不熟悉他所觀察的那些人的意識型態、科技學和治療學，他便不可能理解他們的行為表現。他看到人們跑來跑去和揮動他們的手，而只有當他開始發現他們想要達成什麼目的時，他才會開始知道他們跑來跑去和揮手究竟是怎麼一回事。

如果使用「內省」一詞時，實證論者指的是，譬如「保羅趕著去搭火車」這句話最後四個字所陳述的那種命題，那我們就必須說，沒有哪一個神智健全的人，在他動心轉念時無須藉助內省。

第十三章　歷史研究的意義與用處

一、爲什麼研究歷史

在實證論哲學家眼裡，研究數學和研究自然科學，都是爲了行爲實踐而做的準備工作。科技學的實用性，證明自然科學實驗家的努力沒有白費。但，誰也提不出這種扎實的理由，爲歷史學家所採用的傳統研究方法的正當性背書。因此，實證論者說，歷史學家應該拋棄他們那種不科學的古董癖，轉而研究社會物理學或社會學。這種新興的學科，據說，將從歷史經驗提煉出能幫助社會「工程」的法則，就像物理學發現的法則能幫助科技工程那樣。

歷史主義哲學家認爲，研究歷史是爲了給人提供一些路標，指示他應該沿著哪些道路前進。人的行爲，據說，唯有順應歷史演化的趨勢才可能成功。而發現這些趨勢路線，正是歷史研究的主要任務。

實證論和歷史主義皆告信譽破產的事實，重新引起歷史研究到底有什麼意義、價值和用處的問題。

一些自封的唯心論者認爲，只消提出所有的人或至少比較高尚的人，有一種天生的求知欲，便可以圓滿回答前述問題。然而，問題是如何劃出一條界線，把激勵語言學家研究非洲某個部落語言的求知欲，和刺激人們窺視電影明星私生活的好奇心區隔開來。許多歷史事件之所以會讓普通人感興趣，是因爲聽到或讀到那些事件或看到它們在舞台上和銀幕上演出，會帶給他快感，即使有時候是夾雜著一絲毛骨悚然的快感。大多數民眾之所以貪婪的吸納犯罪新聞與審判報導，並非因爲他們和（德國歷史學家）蘭克（Leopold von Ranke）一樣，熱切的想知道各種事情的實際經過。不過，究竟是哪些激情在鼓動他們，那是心理分析的問題，而不是認識論的問題。

唯心論哲學家提出來爲歷史研究辯解的理由——說歷史研究純粹是爲了知識——並沒有考慮到，事實上有些事情肯定不值得知道。歷史的任務並非記錄所有過去的事情和事件，而是只記錄那些具有歷史意義的。因此，必須找到某個標準，讓我們用來分辨什麼事情具有，以及什麼事情不具有歷史意義。如果秉持「只要知道，不管知道什麼，都值得稱讚」這樣的觀點，那就沒有什麼標準可以分辨所知道的事情是否有意義了。

二、歷史情況

行爲人面對某一確切的情況。他的行爲是對該情況所給挑戰的反應；他的行爲是他的反應。他評估該情況可能帶給他的影響，也就是，他試圖確定該情況對他有什麼意義。然後，他選擇他的目的，並採取行爲，試圖達到所選定的目的。

當個人所面對的情況能用自然科學的方法完整加以描述時，自然科學通常也會對該情況的意義提供一個解釋，讓個人得以做出他的決定。譬如，管線滲漏的地方確診出來後，在大多數場合該採取什麼行爲便很清楚。然而，如果個人所面對的情況不能用自然科學的方法充分加以描述，向歷史求助便不可避免。

人們時常沒意識到這一點，因爲他們遭到某種幻覺的欺騙，幻想在過去和未來之間有一段稱作「現在」的延續時間。然而，正如我在前面已經指出的❶，這種「現在」的概念，並不是一個天文學或計時器概念，而是一個行爲學概念。它指涉某種情況的延續，這種情況給一定種類的行爲提供可行的條件。因此，對於不同的行爲領域來說，「現在」所指涉的時間是不相同的。另外，絕不可能事先知道，會有多長的未來或尚未成爲過去的時間，該納入我們今天稱作「現在」的時段內。這一點只可能在事後回顧時才能確定。如果今天某人說「現在Ruritania和Lapputania兩國之間的關係是和平的」，這個「現在」是否將在後來某個回顧今天的記錄裡包括明天，今天是不能確定的。該問題只有等到過了明天之後才能確定。

對於現在狀況的分析，沒有非歷史分析這種事。對現狀的審視與描述，必然是一個關於過去——截至剛剛消逝的這一刻爲止的過去——的歷史記述。政治或企業營運現狀的描述，必然是關於過去哪些事件導致現狀的描述。如果，在企業或政府裡，某個新人接掌舵手的位置，他的第一個任務便是：了解如今他掌舵的機構，直到他就任的那一刻，都幹過哪些事。政治家以及商人，從研究過去的記錄，認識現在的情況。

在人間世事的領域，要知道某一件事情，就必須熟悉它是如何發展而來的；就強調這個事實來說，歷史主義並沒有錯。歷史主義者的致命錯誤在於相信：只消分析過去，便可知道人們未來的行爲方向。其實，歷史分析只說明相關情況；而對於該情況的反應，則取決於行爲人所認爲的意義，他想要達到的目的以及他所選來達成目的的手段。譬如，在一八六〇年美國聯邦中許多州有蓄奴制度。關於這種制度在世界各地以及特別是在美國的歷史記錄，不管是多麼詳細和忠實，都測繪不出該國未來在蓄奴方面的政策。在開始大量生產汽車之前，福特所發現的汽車製造與行銷情況，並未指示他在汽車產業方面應有什麼作爲。歷史分析只給出情況診斷。而人的反應在目的選

---

❶ 參見Misses, *Human Action*, p. 101，或《人的行爲：經濟學專論》（台北市，五南圖書，2017年），第一四〇至一四一頁。另外，也請參見前文第十章第一節。

擇方面，取決於人的價值判斷；在手段選擇方面，取決於當時的行爲學與應用科技學交給人處置的全部知識。

且讓那些想要反駁前述說明的人負起責任，挑選某個現在情況——不管是哲學、政治、戰場、股市或是個別企業方面的現在情況——來描述，看看他們能否不提起過去。

三、遙遠的過去歷史

持懷疑態度者也許會反駁說：即使某些歷史研究確實是在描述現狀，但並非所有的歷史研究都是這樣。他也許會承認，研究納粹的歷史，確實有助於深入了解現在政治與意識型態方面許多形形色色的現象。但，那些研究密特拉神教（Mithras cult）、古時候的迦勒底王朝（Chaldea）或早期埃及王朝的歷史著作，對我們現在所關切的問題，會有什麼參考價值呢？這些歷史研究只是展現古董癖的好奇心罷了。它們毫無用處，純粹浪費時間、金錢和人力。

諸如此類的批評是自相矛盾的。它們一方面承認要描述現狀，除了充分說明哪些事件導致現狀外，不可能有其他方式。而另一方面，它們又預先斷言某些事件，對導致現狀的事態發展過程，不可能有任何影響。然而，問題中的事件是否和現狀的由來無關，肯定必須經過仔細檢視一切可以取得的歷史資料之後才能斷定；事先根據某些匆忙做成的結論而遽下斷言，是不成的。

僅僅指出某件事情發生在某一遠方國家和某一久遠年代，並不足以證明該件事情和現在的事態沒有任何瓜葛。三千年前的猶太人歷史，對今天千百萬美國基督徒生活的影響，大於遲至十九世紀下半葉才發生的美國印第安人事件。現時羅馬天主教和蘇聯的衝突當中，有一些元素可以追溯到開始於一千多年前的東西教會大分裂。而要徹底檢視這個大分裂，就不能不觸及基督教從萌芽開始的全部歷史；而研究基督教，必然預設分析猶太教，以及各種對猶太教的形成有影響的歷史因素，譬如，迦勒底人、埃及人等等。歷史探索是永無止境的，絕不會有什麼歷史研究的境界，讓我們感到滿足，覺得沒有遺漏任何重要因素，從而不再深入。人類文明的發展，究竟是必須視為一個連成一體的過程，還是我們應該區分許多不同的文明，對我們此處所討論的問題並沒有影響。因為，在這些自主的文明之間也會有理念的相互交流，而理念交流的程度與影響分量，則必須由歷史研究來確定。

膚淺的觀察者或許認為，歷史學家只是重複他們前輩述說過的話，充其量偶爾在細節上對前輩已完成的歷史圖畫稍加潤飾罷了。事實上，歷史學家對於過去的了解，永遠變個不停。歷史學家的成就，就在於以新的了解觀點，呈現過去的事實。歷史演變的過程，是由引導行爲的理念不斷轉變所驅動的；或者毋寧說，歷史演變的過程，就在於種種行爲理念的不斷轉變。在這些理念或意識型態的轉變過程中，對於以往歷史的了解改變，有一定的作用。後來的年代之所以有別於先前的年代，除了其他意識型態的變化外，也是因爲兩者對於以前年代的歷史有不同的了解。歷史學家藉由檢視和重塑我們對以往歷史的了解，對所謂時代精神的形成做出他們的貢獻[2]。

四、捏造歷史

因爲歷史並非無用的消遣，而是具有重大實際意義的研究，所以人們向來熱中於捏造歷史證據和歪曲事實經過。誤導後代對於事實經過的了解，以及以捏造的故事取代忠實的記錄，這方面的努力，往往是由本身積極參與相關事件的當事人所啓動的，而且在相關事件發生的那一刻便開始，有時候甚至在事情發生前就開始這方面的努力了。許多政治家、外交家、政客和作家認爲，歪曲歷史事實和銷毀相關證據，是公共事務處理和歷史寫作的應有之義。歷史研究的一個主要任務，便是揭露這種謊言。

撒謊者的動機，往往是希望從他們亟想贏得支持或至少保持中立的那些人的道德律觀點，證明他們自己或他們黨派行爲的正當性。如果相關行爲，就行爲當時的道德律觀點而言並無可議之處，而只是不見容於撒謊者同代人的道德標準，那麼粉飾相關行爲便顯得頗爲荒唐。

僞造者和撒謊者的陰謀詭計，對歷史學家的努力，不會構成嚴重的障礙。對歷史學家來說，比較困難的是如何避免遭到一些似是而非的社會與經濟學說的誤導。

歷史學家利用他所學到的邏輯學、行爲學和自然科學等方面的知識作爲工具，處理歷史材料。如果他在這些方面的知識有瑕疵，他對材料的研究與分析就不會有好的成果。過去八十年間，經濟史和社會史方面的著作，有很大一部分幾乎對我們的歷史

---

❷ 有時候，歷史研究，甚至在一些一直認爲已經獲得充分探索與完滿描述的領域，成功揭露某些根深蒂固的錯誤，從而以正確的事實說明，取代原來不夠充分的歷史記述。一個顯著的例子，是關於馬克森提（Maxentius）、李錫尼（Licinius）和康斯坦丁（Constantinus）等東羅馬皇帝，以及一些結束迫害基督教徒、導致基督教會勝利的事件，令人驚奇的史料發現（見Henri Grégoire, *Les Persécutions dans l'Empire Roman* in Mémoires de l'Académie Royale de Belgique, Tome *46*, Fascicule 1, 1951, especially pp. 79-89, 153-6）。但，對於歷史事件的了解，根本的改變，較常是在表面的事件敘述沒有任何改變，或僅略有修正的情況下達成的。

知識毫無貢獻，就因爲著作者所掌握的經濟學知識不夠充分。歷史主義者宣稱，歷史學家不需要熟悉經濟學，甚至應該摒棄經濟學；遵守這樣的箴言，已經使好幾代歷史學家的作品乏善可陳。歷史主義對某些著述家的影響更具破壞性；這些著述家把他們描寫最近過去種種社會與商業情況的作品稱爲經濟研究。

五、歷史和人文主義修養

實用主義哲學家看重知識，因爲知識帶來力量，讓人有能力完成某些事。實證主義者從這個觀點排斥歷史，說歷史無用。前面已經努力說明過，歷史如何幫助行爲人了解他必須有所作爲的現在處境。我們已經嘗試從實用的角度說明歷史研究的正當性。

但，研究歷史，還有更多更重要的理由。它不僅提供擬定政治決策時不可或缺的知識。它打開人的心房，迎向了解人的天性與天命。它增加智慧。它是遭到許多誤解的那個教養領域——通識或博雅教育（a liberal education）——的眞正本質。它是通向人文主義修養——傳統對於人性特有的、使人有別於其他生物的、人所特別關心的那些事項的認識——的最重要途徑。

剛出生的孩子，從他的祖先繼承到人類的生理特徵。他並沒有繼承到人這種存在意識型態方面的特徵——學習欲和求知欲。這種使文明人有別於野蠻人的特徵，每一個人都必須重新學到。需要曠日持久與耗費心神的努力，才可能獲得人類特有的精神遺產。

一個人並非只要熟悉科學、科技和公共事務的現狀便稱得上有文化。一個人的文化不是讀過一些名著、看過一些名畫、有一些旅行經驗和逛過一些博物館等等那樣簡單。一個人的文化是要把某些關鍵的傳統理念吸收同化；這些理念曾喚醒過去某些人，讓他們拋棄一般動物天生不知變通的惰性，轉而追求一種積極思辨與揣測未來的生活。一個人的文化，是他透過參與從前世代遺贈下來的一切最美好的傳統，努力要使自己人性化。

實證主義者詆毀歷史，聲稱研究過去的事物將轉移人的注意力，使人忽略眞正重要的任務——改善未來的情況。沒有什麼指責比這更爲莫須有了。歷史所以回顧過去，是爲了提供關於未來的教訓。歷史並不教人懶散無爲，而是激勵人效法前人，成就偉大的事蹟。歷史對人們說的話，就像但丁《神曲》裡的尤利西斯（Ulysses）對他的同伴所說的話：

> 你們要想想你們的由來；
> 你們並非生來注定要一直像畜生般活著，
> 而是生來爲了追求美德與知識。❸

黑暗時代之所以黑暗，並非因爲人們執著於研究古希臘文明所遺留下來的知識珍寶；黑暗時代之所以黑暗，只是因爲這些珍寶一直處於隱藏與休眠狀態。一旦它們重見天日，並且開始刺激最爲先進的一些思想家的心靈，它們便對如今稱爲西方文明的肇始，做出重大的貢獻。「文藝復興」（Renaissance）一詞，雖然遭到許多批評，不過，就強調古代文明的遺產，在西方文明所有精神特徵的演化過程中，所扮演的角色而言，它倒是頗爲貼切。至於文藝復興的起始，是否應當比布克哈特（Jacobs C. Burckhardt）當初所認定的日期，更推前若干世紀的問題，這裡則無須討論。

在征服古代歐洲的野蠻人後裔當中，那些率先認眞研究古代文明的，爲之肅然起敬。他們意識到，他們和他們同代人面對的，是一些他們自己斷不可能發展出來的理念。他們禁不住認爲古希臘和古羅馬的哲學、文學與藝術是無可超越的。他們看不出，除了古代文明所鋪就的道路有什麼其他途徑通向知識與智慧。對他們來說，「現代的」一詞，用來形容某項精神方面的成就，帶有貶抑的意思。但，漸漸地從十七世紀開始，人們意識到西方正在逐漸成熟，正在創造某種它自己的文化。他們不再哀嘆某個藝術與學術發展的黃金年代已一去不復返的消逝；他們不再認爲，古代的那些傑作是他們該追隨，但絕不可能並駕齊驅更不用說超越的典範。他們開始以逐步改善的積極理念，取代先前盤踞在他們心頭的逐步退化的消極理念。

現代的歐洲，是經過一段知識發展過程，才逐漸認識到它自己的價值，從而產生現代西方文明自力更生（self-reliance）的精神意識；在這一段知識發展過程中，歷史研究具有無與倫比的重要性。人間世事的發展，不再視爲只是野心勃勃的君主與軍頭爭取權力、財富和榮耀的鬥爭過程。歷史學家發現在世事流變過程中，除了通常稱爲政治與軍事的力量外，還有其他力量在運作。他們開始認爲，歷史發展的動力來自人天生嚮往生活改善的衝動。歷史學家的價值判斷，以及他們對形形色色的政府與改革者所追求目的的評價，彼此差異頗大。但，他們幾乎全體一致認爲，每一代人努力

---

❸ *L'Inferno*, XXVI（〈地獄篇〉，第二十六首），118-20. Longfellow的英譯如下：

Consider ye the seed from which ye sprang;
Ye were not made to live like unto brutes,
But for pursuit of virtue and of knowledge.

的主要目的，就是要把祖先留給他們的情況變得更爲令人滿意。他們宣稱，往某個更好的公共事務狀態前進，是人努力的主旋律。

忠於傳統，對歷史學家來說，意味遵守人的行爲的根本法則，也就是不停地努力爭取改善生活情況。忠於傳統，並不意味保存不合適的舊制度，或堅持早就遭到比較站得住腳的理論駁倒的舊學說。忠於傳統，並不意味承認任何歷史主義的觀點。

六、歷史和侵略性民族主義的興起

歷史學家應該在他的研究中，利用非歷史學科交給他應用的一切知識。非歷史學科方面的知識如果不夠好，他的研究成果就會遭殃。

如果我們把荷馬（Homer）的兩部史詩看成只是歷史敘述，我們將必須判定它們不夠好，因爲它們使用神學或神話來解讀和解釋事實。君主與英雄彼此的個人恩怨和政治衝突、瘟疫的傳播、氣象的變化和其他事故，被歸因於諸神對人間世事的干預。現代歷史學家不會把人間世事歸因於超自然的原因。他們會避開明顯和自然科學的教誨有所牴觸的命題。但，他們往往欠缺經濟學方面的知識，從而在涉及經濟政策問題的處理上，執著於一些站不住腳的學說。許多歷史學家死抱新重商主義

（neomercantilism）——這是當今各政黨與政府幾乎無一例外採納的，也是所有大學裡傳授的社會哲學。他們贊同重商主義的根本論點，認爲：一個國家獲得多少利益，其他國家便要受到多少傷害；沒有任何國家能贏，除非其他國家輸給它。他們認爲，國家之間基本上有不可調和的利益衝突。許多，甚至多數歷史學家從這樣的觀點解釋所有的事情。在他們看來，國家之間的暴力衝突，是某種自然給定、不可避免的敵對態勢必然的結果。這種敵對態勢，任何國際關係安排都不可能去除。他們認爲，那些主張完全自由貿易的人，那些曼徹斯特或自由放任的自由主義者，是不切實際的，所以才沒看出自由貿易會傷害任何採取自由貿易的國家。

一般歷史學家和同一時代的大多數人有種種同樣的思想謬誤與事實誤解，這一點也不令人意外。然而，必須指出的是，把現代關於國際衝突和侵略性民族主義等意識型態發展出來的，並非歷史學家，而是一些反對經濟學的僞經濟學家。歷史學家只是單純的採納與應用這種意識型態罷了。另外，也許不是特別值得一提的是，歷史學家在他們的著述中，當然會偏袒他們自己的國家，努力辯護他們國家的權利主張與理由。

對一般讀者來說，講述歷史的書籍，尤其是那些講述本國歷史的書籍，比專門討論經濟政策的論著更有吸引力。由於歷史學家的聽眾，比著書立說討論國際收支、外匯管制和類似課題者的聽眾來得廣泛許多。所以，歷史學家時常被認爲，是導致好戰精神在我們這個時代復甦，從而挑起戰爭的主要煽動者。其實，他們只是推廣一些僞經濟學家的學說，把它普及化罷了。

七、歷史和價值判斷

歷史的主題是行爲，以及引導行爲追求一定目的的價值判斷。歷史處理價值判斷，但它本身不做任何價值判斷。歷史，以不受影響的旁觀者眼光，看待事情的發展。這當然是客觀思考，以及探索眞理的科學研究的特徵。眞理指涉現在或曾經的事實，而不指涉某種現在和過去都不存在，但比較合乎眞理追求者個人主觀願望的事態。

關於探索絕對與永恆的價值注定徒勞無功，本書的第一篇已明確指出，這裡無須再多說什麼。難免一死的凡人所謂的價值標準，不過是某些人於某時某地所宣示，而爲其他人於當時當地所拒絕的個人價值判斷罷了；歷史不會比其他任何科學更能提供不是這種價值標準的價值標準。

有一些著作家斷言，就邏輯觀點而言，不可能在處理歷史事實時不表示價值判斷。在他們看來，對於歷史事實，如果不做出一個又一個價值判斷，就無法說出任何相干的命題。例如：當處理諸如壓力團體或賣淫此等現象時，就必須意識到這些現象本身「可以說，是根據價值判斷而來的」[4]。沒錯，許多人在使用諸如「壓力團體」這種名詞時，以及幾乎每一個人在使用「賣淫」一詞時，帶有某種價值判斷的意思。按照Geoffrey May所給的定義，賣淫的意思是：「爲了金錢報酬，而經常或時斷時續地與不特定對象性交的業務行爲」[5]。一個壓力團體，是想要達成據信有助於增進自身利益之立法目標的一群人所組成的團體。在單純使用這些名詞或提到這些現象時，並未隱含任何價值判斷。歷史，並非眞的像某人所認爲的，如果必須避開價值判斷，便不允許談論殘酷[6]。在《簡明牛津詞典》裡，殘酷（cruelty）這個字的第一個意思，是「對他人的痛苦無動於衷，甚或覺得愉快」[7]。這個定義和同一詞典對虐待

---

[4] Leo Strauss, *Natural Right and History* (Chicago, University of Chicago Press, 1953), p. 53.

[5] G. May, "Prostitution," *Encyclopaedia of the Social Sciences*, *12*, p. 553.

[6] 前引Strauss著作，p. 52。

[7] *Concise Oxford Dictionary*, 3rd ed., 1934, p. 273.

狂（sadism）的定義一樣客觀和不含任何價值判斷：「特別愛好殘酷對待性伴侶的性變態」❽。如同精神科醫師用「虐待狂」一詞描述某個病人的情況，歷史學家可以在描述某些行為時說它們「殘酷」。至於什麼會或什麼不會造成痛苦，以及在某一具體場合，痛苦是否因爲給行爲人帶來快感而施加於他人，或是因爲其他理由等等問題，如果發生爭議，那也是關於事實如何確定的爭議，而不是價值判斷的爭議。

歷史對於價值判斷秉持中立的問題，絕不可以和試圖捏造歷史說明的問題相混淆。曾經有一些歷史學家急於把他們本國軍隊輸掉的戰鬥描寫爲勝利；也有一些歷史學家宣稱，一切他們認爲值得稱讚的事蹟，都出自他們自己的國民、種族、政黨或宗教，而一切他們認爲令人反感的事蹟，都無關他們自己的國民、種族、政黨或宗教。那些爲公立學校而準備的歷史教科書，特徵就在於相當幼稚的本位主義和沙文主義。對於這些無效的努力和嘗試，這裡無須多費唇舌。但，必須承認的是，即使對最爲誠實的歷史學家來說，避免價值判斷，有時候也需要克服一定的困難。

歷史學家，身爲一個凡人和一個公民，在許多現世的爭執和辯論中偏袒某一方。要結合歷史研究上的科學超然與現世利益上的黨性偏頗於一身並不容易。但，這樣的境界，傑出的歷史學家應當能夠達到，而且過去也曾經有人達到。歷史學家的世界觀可能扭曲他的作品。他對事情的描述，可能混雜某些評論，無意中洩露他個人的情感和希望，乃至洩露他的黨派關係。然而，一些偶爾洩露歷史學家個人偏好的評論，如果沒影響到整部歷史作品的大意，應當不算違反了歷史作為科學應避免價值判斷的要求。如果某位著作家在談到他自己國家或黨派軍隊裡某位無能的指揮官時說，該將軍「不幸」不能勝任指揮職務，那並不表示他未盡到歷史學家的責任。歷史學家可以自由的哀嘆古希臘的藝術傑作遭到摧毀，只要他的惋惜沒影響到他對導致此一摧毀的歷史事件所作事實報告的品質。

價值中立的問題，也必須和解釋歷史事實時所採用的理論選擇問題，清楚區別開來。在處理手中的資料時，歷史學家需要其他學科——邏輯學、數學、行為學、自然科學等等——所提供的一切知識。如果這些學科所傳授的理論不夠充分，或者，如果歷史學家，從其他學科專家所傳授的若干彼此矛盾的理論中，選中某個錯誤的理論，他的努力便會遭到誤導，而他的研究表現便會大為失色。他所以選擇某個站不住腳的理論，也許是因為他的立場偏頗，而該理論恰好最適合他的黨派精神。但，他所以接受某個錯誤的理論，也許往往只是出於無知，或者只是因為該錯誤的理論比正確的理

---

❽ 見同一出處，p. 1042。

論更爲流行。

歷史學家彼此意見不一的主要來源，在於其他知識部門所傳授的理論見解分歧；這是因爲歷史學家的歷史陳述，建立在所有其他知識部門所傳授的理論基礎上。對古時候相信巫術、魔術和魔鬼干預人間世事的歷史學家來說，事情有不同於現代相信不可知論的歷史學家所看到的另一面。國際收支和美元短缺方面的新重商主義學說，所呈現的當今世界情況印象，和根據現代主觀主義經濟學觀點檢視實際情況時所呈現的印象，大大不同。

第十四章　歷史的認識論特徵

一、自然科學方面的預測

自然科學有兩種模式預測未來事件：概括模式和統計模式。前一種預測模式說：a導致b。後一種預測模式說：在x%的場合，a導致b；在(100 − x)%的場合，a導致非b。

這些預測沒有任何一種，能稱爲必然爲眞。這兩種模式的預測都根據經驗。而經驗必然是過去事件的經驗。只有藉助於假設自然現象的連結與發生順序服從某一不變規律，經驗才能用來預測未來事件。在指出這個先驗的假設後，自然科學便步入放大歸納的操作模式，也就是，從過去觀察到的規律，推論未來事件也將顯現相同規律。

放大歸納法（ampliative induction）是自然科學的認識論基礎。各式各樣按照自然科學定理設計的機器和小工具，都按照所預料的方式運轉與發揮功效；這個事實，從實際觀點證明相關定理和放大歸納法皆確實有效。然而，這種確實有效的證明，也僅僅指涉過去的事實罷了。它並未排除有朝一日，有可能出現某些我們迄今不知道的因素帶來巨大衝擊，使我們目前的知識與科技局面天翻地覆變成爛攤子。哲學家必須承認，難免一死的凡人沒有任何方法獲得確定無疑的未來知識。但，對於自然科學的邏輯與認識論基礎不夠堅實的事實，實際行爲的人沒有理由認爲有多重要。自然科學提供唯一，能在永不間斷的生存奮鬥過程中使用的心智工具。自然科學的實際價值已經獲得證明。由於人沒有其他門路獲得知識，所以除了自然科學，他別無選擇。如果他想繼續生存下去，如果他想使生活變得更爲愜意，他就必須接受自然科學，作爲達到科技與醫術應用成功的嚮導。他的行爲必須宛如把自然科學的預測視爲眞理，儘管也許不是永恆、不可動搖的眞理，但至少在他的行爲所能未雨綢繆的期間是眞理。

自然科學在宣稱它們的發現時，所帶有的那種自信，並非只是建立在這種宛如眞理的基礎上。這自信也來自於（感官）經驗——自然科學的基本資料和推理起始點——的共通性（intersubjectivity）與客觀性（objectivity）。由於人們對外在客體的了解（或感官經驗）具有這些性質，以致凡是能夠察覺到相關客體的人，他們的了解很容易達成一致。譬如，人們對於指針的讀數，不會有最後不能達成一致的不同見解。科學家對於理論也許有彼此不同的意見。但，對於所謂純粹事實如何確定，他們絕不會永遠不停地爭吵。對於某樣東西究竟是銅，還是鐵，它的重量究竟是二磅，還是五磅，不可能有不同意見。

對於歸納法、眞假標準、或然率的數學演算，等等所涉及的認識論問題的討論和意義，如果不加以理會，那是愚蠢的。然而，這些問題的哲學論述，對於我們所要分析的人的行爲科學方面的認識論問題，不會有直接幫助。關於自然科學，人的行爲科學方面的認識論必須記住的是：自然科學的定理，雖然是從經驗——也就是，從過去的事實——摘要而來的，卻一向成功用在計劃未來的行爲。

二、歷史與預測

在自然事件領域，最爲精心的研究所採用的那些程序，就它們的邏輯面而言，和每個人日常行爲的素樸邏輯並無不同。科學的邏輯，和任何人於行爲前籌劃行爲，或行爲後權衡成效時的思維邏輯，並無不同。對於人心來說，只有一種先驗範疇，所以也只有一種邏輯可以想像。因此，只有一套自然科學體系，禁得起以一切經驗的邏輯分析爲依據的批判檢視。

由於只有一種邏輯思維模式，所以只有一種對所有的人都成立的行爲學（同理，也只有一種對所有的人都成立的數學）。由於不會有任何人的思維不會分辨A和非A，所以不會有任何人的行爲不會區分各種不同的目的和手段。這種區分隱含個人權衡價值，也就是，他偏好某A甚於某B。

對自然科學來說，知識的極限在於某一最終事實（an ultimate given）的確立；

該事實因爲不能進一步追溯到另一個將必然導致它的事實，所以稱爲最終事實。對人的行爲科學來說，最終事實是行爲人的價值判斷，以及產生價值判斷的理念。

正是這個事實，自始阻止我們使用自然科學的方法，解決人的行爲問題。人，觀察自然，發現物體對刺激的反應有一不變的規律。他按照物體的反應模式將其分類。某一具體的東西，例如銅，是某一同樣按照其他同類樣品的反應方式，反應刺激的東西。由於已知反應模式，所以工程師知道，關於銅，他必須預期什麼反應。這個預先知道的知識，儘管有前一節所提到的那些認識論方面的保留意見，被認爲必然爲眞。如果這些反應模式有變，哪怕只發生一次，也只發生於一時，所有我們的科學與哲學，以及所有我們的文明，立即就會引起懷疑。

使人的行爲科學有別於其他科學的地方，就在於如下這個事實：人將會有什麼價值判斷，在這些價值判斷的影響下將會追求什麼目的，爲了達到所追求的目的將會採取什麼手段，以及人的行爲會有哪些影響等等問題，由於並非完全取決於自然科學所能發現服從一定規律的因素，所以關於這些問題，並沒有前面提到的那種預先知道的知識。關於這些問題，我們知道一些可能爲眞的答案，但我們這方面的知識，在根本概念上，截然不同於實驗的自然科學所研究的那種關於自然事件的知識。我們原本可以把這方面的知識稱作歷史知識（historical knowledge），要不是這個名稱很容易引發錯誤聯想，讓人誤以爲這種知識只是或主要是有助於解釋過去的事件。然而，這種知識的最重要用處，其實是有助於預料未來的情況，從而有助於籌劃必然總是旨在影響未來情況的行爲。

假設某國國內政治圈發生了某件事情。參議員X，綠黨的領銜人物，將會如何反應？對於該參議員的預期反應，許多知情人士也許各有不同看法。在這些看法當中也許有一個，結果將證明是正確的。但，也有可能，他們沒有一個是正確的；該參議員的反應出乎任何人的意料之外。然後，對於該參議員的反應所導致的後果評估，也會發生類似的難題。這第二道難題不可能像前一道難題那樣，一旦獲知該參議員的行爲，便可解決。對於某些行爲所產生的影響，歷史學家經過好幾個世紀的討論，也許還很難達成一致的見解。

傳統的認識論，全神貫注於自然科學的邏輯問題，甚至對行爲學研究領域的存在完全無知，還嘗試從它那狹隘、獨斷的正統觀點，處理行爲問題。它譴責所有實驗的自然科學以外的科學，說它們是落後且執著於過時的哲學與玄學方法的學科（所謂玄學，在傳統認識論的術語裡，意味愚蠢）。它把平常口語，在講到歷史與實際日常行爲時，所說的或然性（probability）一詞的意思，和演算或然率的數學所使用的或然率概念搞混。最後，社會學（sociology）露臉登台，承諾將以眞正的科學，取代歷史學家的胡說八道和空洞的閒言閒語；它說，它將發展一門從歷史經驗探求「社會法則」的後驗（aposteriori）科學。

這種對歷史學方法的蔑視，首先激起狄爾泰（Wilhelm Dilthey），然後是文德爾班（Wilhelm Windelband）、李凱爾特（Heinrich Rickert）、韋伯（Max Weber）、克羅齊（Benedetto Croce）和柯林伍德（R. G. Collingwood）等人挺身反對。但，他們對歷史學方法的解釋，在許多方面不能令人滿意。他們，除了柯林伍德，完全沒看出經濟學獨特的認識論性質。在提到心理學時，他們語焉不詳。此外，前四位歷史學家，儘管是最爲傑出的幾位德國思想家，也未能擺脫泛日耳曼運動時期的沙文主義偏見，從而貶低一切他們稱作西方哲學的學說。但，他們畢竟非常出色的闡明了歷史研究的認識論特徵。他們徹底摧毀了那些責怪歷史學是歷史學而非「社會物理學」的認識論學說的聲望。他們揭露：探索歷史變遷或歷史生成的後驗法則，冀望存在這樣的法則，可以像物理學家預測銅的未來表現那樣，用來預測未來的歷史，結果將是鏡花水月，一場空夢。他們使歷史學意識到自己獨立存在。

三、歷史學的特殊了解

行爲學——先驗的人的行爲科學，以及尤其是經濟學——迄今發展最爲完善的行爲學部門，在它的領域裡，對過去有記錄的事件提供圓滿的解釋，也對一定的未來行爲將會有哪些效果，提供可靠的預測。但，不管是行爲學的解釋或是行爲學的預測，都不會告訴我們任何關於行爲人價值判斷的具體內涵和品質。行爲學和經濟學都預設人有自己的價值判斷與行爲，但它們所論述的定理，獨立於具體的價值判斷與行爲之外，不受價值判斷與行爲具體內涵和品質的影響。這些具體內涵和品質，對人的行爲科學來說是最終資料或事實，它們是稱作歷史個性（historical individuality）的最終因素。

然而，自然科學方面的最終事實和人的行爲科學方面的最終事實，兩者之間有一巨大的差異。自然科學方面的某個最終事實，對人的思索過程來說，是一個——暫時的，也就是，直到某人成功揭露它是其他某個最終事實必然的後果時——停止點。關於它，我們只能說：它就是這樣。

但，關於人的行爲的最終事實，或者說，關於人的價值判斷，以及所導致的行爲，情況就不同了。沒錯，它們是最終事實，因爲它們不能進一步追溯到某些必然把它們衍生出來的事實或因素。如果不是這樣，就不允許把它們稱作最終事實。但，和自然科學方面的最終事實不一樣，它們並不是人的思索過程的停止點，而是某種特別思索程序——人的行爲歷史科學特有的了解過程——的起始點。

如果實驗室裡的實驗家確立了某個事實，而該事實至少暫時不能追溯到另一個必然導致它的事實，那麼，關於該事實便不可能再多說什麼。但，如果我們面對某個價值判斷和所導致的行爲，我們卻可以嘗試了解它們如何在行爲人的心裡產生。

這種特別針對人的行爲而進行的了解，這種每個人在所有他的人際關係與行爲上都經常實踐的思索程序，絕不可以和自然科學以及任何人在執行純粹的科技或醫術應用活動時，所採用的任何邏輯程序相混淆。

這種特別了解的程序，目的在於認識他人的行爲。它回顧他人的行爲，試圖解答這些問題：他在做什麼，他這麼做是什麼目的？他選擇這個目的用意何在？他這樣行爲的結果是什麼？或者，它試圖爲將來解答如下類似的問題：他將選擇什麼目的？爲了達到目的，他將會有什麼行爲？他這樣的行爲將會有什麼後果？

在實際生活中，所有這些問題很少被單獨提出。它們大多和其他指涉行爲學或自然科學的問題聯結在一起。認識論不得不區別的不同範疇（或先驗概念），是我們進行思考的工具。但，眞實事件是複雜現象，人心若想加以掌握，只有適當使用所有不同領域的思考工具，才可能辦到。

這種特殊了解的認識論問題，主要是：人，對於他人未來的價值判斷與行為，怎麼可能有任何知識？傳統處理這個通常稱作他我（alter ego）問題，或跨文化了解（*Fremdverstehen*）問題的方法，不是很令人滿意。它專注於如何掌握他人「現在」——更爲確切地說，是過去——行爲的意義。但，行爲人，也就是每一個人，在他的一切人際關係中所面對的任務，並非指涉過去而是指涉未來。知道他人未來的反應，是行爲人的第一要務。知道他人過去的價值判斷與行爲，雖然是必要的知識，畢竟只是知道他人未來反應的一個手段。

這種讓人得以在一定程度內預料他人未來態度的知識，顯然不是先驗的知識。先驗的人的行爲學科，行爲學並不處理各種價值判斷的實際內涵；行爲學只是處理人按照價值判斷而行爲的事實。關於價值判斷的實際內涵，我們的知識只可能得自經驗。我們有他人過去的價值判斷與有所行爲的經驗；我們有我們自己的價值判斷與行爲的經驗。後一種經驗通常稱作內省。爲了凸顯這種知識和實驗心理學不同，我在前面第十二章，建議以情理學稱呼這個專門處理人的價值判斷與理念的知識部門。

狄爾泰強調情理學——當然，他說心理學——在人的精神學或道德學（*Geisteswissenschaften*）——亦即，種種以人的思想、理念和價值判斷，以及這些因素在外部世界的運作，爲處理對象的學科——所扮演的角色❶。把狄爾泰的思想追溯到在他之前的思想家，不在我們這裡的任務範圍內。他的思想深受前人，尤其是休謨（David Hume）的影響，這一點無庸置疑。但，這些影響的考察工作，必須留給專門處理哲學史的著作來做。狄爾泰的主要貢獻在於指出，他稱作心理學的那種知識，從認識論和方法論的觀點來看，和自然科學，從而也和實驗心理學，有什麼不同。

四、情理學的經驗

情理學的經驗是一種特別的知識，是我們對人的種種價值判斷、這些價值判斷所決定的行爲，以及這些行爲在他人身上激起的反應等等的具體認識。正如前面所說，這種經驗若不是來自內省，就是來自我們與他人交往的過程，來自我們於形形色色的

❶ 尤其參見Dilthey, *Einleitung in die Geisteswissenschaften*, Leipzig, 1883. 另外參見H. A. Hodges. *The Philosophy of Wilhelm Dilthey* (London, 1952), pp. 170 ff。

人際關係中的行爲互動。

就像所有的經驗那樣，情理學的經驗也必然是關於過去事情的知識。由於一些我們已在前頭清楚交代過的理由，情理學的經驗，和自然科學實驗結果的那種經驗，性質截然不同。我們從情理學的經驗學到的東西，絕不會有自然科學稱作實驗確立的事實所具有的那種意義。情理學的經驗永遠是歷史事實。情理學是一門歷史學科。

由於沒有更好的工具，所以，我們如果想預料他人未來的態度與行爲，就必須藉助情理學。利用我們一般的情理學經驗——不管是我們直接從觀察我們同胞，與同胞進行交易當中獲得的，或是間接從閱讀和道聽塗說獲得的——以及我們先前和相關個人或群體接觸而獲得的特殊情理學經驗，我們設法對他們未來的行爲形成某個看法或預測。如此形成的看法或預測，和工程師在設計橋梁建造計劃時的預測，兩者的根本差異何在很容易看出。

情理學所告訴我們的不過是：人受到種種天生本能，種種激情和種種理念的驅使。預測他人未來行爲的人，首先挑出那些在他考慮的具體個案中顯然不會有任何作用的因素，予以擱置。然後，他設法在剩下來的因素當中挑選。

人們通常形容這種預測爲多少有些或然性的（probable）預測，以凸顯這種預測有別於曾經號稱確定，而且現在仍然有不熟悉邏輯與認識論問題的人，認爲確定與精確的自然科學預測。我們可以擱置自然科學預測所涉及的邏輯與認識論問題，但必須特別強調：那些關於人們未來行爲的預測，它們的或然性大小，和演算或然率的數學所處理的那種或然率概念，幾乎沒有任何共同之處。前者是個案的或然性，不是類的或然率❷。爲了避免混淆，在涉及個案或然性的場合，最好使用可能性（likelihood）代替或然性（probability）。

針對未來事件的特殊了解當中，通常有兩種不同層次的可能性必須加以確認。第一種可能性指涉如何列舉出那些對產生討論中的事件結果可能有影響的因素。第二種可能性指涉如何認定這些因素，對相關結果的產生，可能分別貢獻了多少分量。很容易看出，所列舉的那些有影響的因素名單正確而且完整的可能性，遠高於這些因素個別貢獻的分量都獲得適當認定的可能性。然而，關於未來行爲的預測，正確與否取決於第二種推估的正確與否。這種預測之所以不可靠，主要是由於這第二種問題的複雜性。它不僅是預測未來事件時一個相當難解的問題。即使就歷史學家事後回顧的工作來說，它也同樣難解。

---

❷ 請參見前文第五章第六節。

對政治家、政客、將軍或企業家來說，只知道所有對決定未來事件可能有影響的因素是不夠的。要做出正確的預測，他們還必須正確預測出各個因素的影響分量，以及這些分量個別生效的時刻。而後來回顧事件的歷史學家，在分析和了解相關事件時，也將一定會面臨相同的難題。

五、眞實類型和理想類型

對於外部世界的各種東西，自然科學按照它們對刺激的反應加以分類。因爲銅是按一定方式反應刺激的東西，所以任何按不同方式反應的東西都不得稱之爲銅。在確立某樣東西爲銅的時候，我們也對它未來的反應表現做出預測。稱作銅的東西，不可能是鐵或氧。

人在行爲時——在每天例常的行爲中，以及在應用科技與醫術時，而歷史中的行爲也一樣——使用種種「眞實類型」（real types）的概念，也就是使用種種按照某些可明確定義的特徵，將人或制度予以分類的概念。這樣的分類可以是根據行爲學與經濟學的概念，法理學的概念，應用科技學的概念，以及自然科學的概念。例如：義大利人，作爲一個眞實類型，可以用來指生活在一定區域的居民，或具有某一特別法律地位（義大利國籍）的人，或某一語言族群（說義大利語的人）。這樣的分類，和（歷史的）特殊了解無關。它指向所屬成員共同面對或享有的某種東西。就義大利人一詞的地理學意義而言，所有義大利人，都受到觸及他們國家的那些地質或氣象事件的影響。所有義大利公民，都受到涉及義大利國籍人民的法律行爲的影響。就義大利人一詞的語言學意義而言，所有義大利人都能夠相互溝通，了解彼此的意思。當我們稱某人爲一個義大利人時，除了指謂前述這三種意義中的某一種，不會有別的意思。

另一方面，一個「理想類型」（ideal type）的特徵，則在於它隱含某些關於人如何權衡價值與行爲的命題。一個關於某一類人的理想類型，隱含這些人在某些方面，依某一統一或類似方式，權衡價值，並採取行爲。而一個關於某一類制度的理想類型，則隱含相關制度是人們依某一統一或類似方式權衡價值並採取行爲的產物，或隱含相關制度依某一統一或類似方式影響人的價值權衡與行爲。

種種理想類型的建構與應用，不管是爲了預測未來或是爲了分析過去，都是以一定的歷史了解模式爲基礎。如果某個歷史學家在處理美國的選舉時提到義大利人的選票，他的意思是：有一些義大利裔的選民，他們的投票行爲在某一程度內，受到他們身爲義大利移民後裔的影響。沒錯，有這樣一群選民存在，幾乎是不可否認的事實；但，對於這一群人所包含的公民人數，以及他們的投票行爲，在何等程度內，取決於他們身爲義大利移民後裔的自覺（或意識型態），不同歷史學家的看法可能彼此大相逕庭。理想類型之所以是理想類型，以及它之所以有別於眞實類型，特徵就在於前述這種關於意識型態影響力的不確定，也就是不可能確認與測量相關意識型態對群體成員心智的影響力。一個理想類型是一個用於歷史了解的概念工具，它所提供的幫助，完全要看它所依據的歷史了解模式合用的程度而定。

理想類型絕不可以和道德或政治主張裡所提到的「理所當然」類型相混淆；我們或許可以把這種「理所當然」類型稱作「應然類型」（ought types）。馬克思主義者斷言，所有的無產者必然依一定的方式行爲，而納粹黨徒針對所有德國人也有類似的斷言。但，無論是馬克思主義者或是納粹黨徒都不能否認，他們的聲明作爲一個實然命題是站不住腳的；因爲確實有一些無產者和德國人的行徑，偏離馬克思主義者和納粹黨徒分別稱之爲無產者和德國人的行爲模式。其實，馬克思主義者和納粹黨徒的格言，只是在宣示一則道德義務。他們眞正的意思是：每一個無產者，都應該按照共產黨黨綱和黨綱的合法闡釋者，所宣稱的無產者方式採取行爲；每一個德國人，都應該按照國家社會主義德意志工人黨認爲眞正的德國人方式採取行爲。那些行徑不遵守相關義務規則的無產者和德國人遭到汙衊，被稱爲叛徒。應然類型是屬於倫理學和政治學的術語，而不是屬於人的行爲科學認識論的術語。

另外，我們也必須清楚分辨理想類型和有著相同名稱的組織。譬如，處理十九世紀法國史的時候，我們時常會碰到關於耶穌會（the Jesuits）和美生會（the Free Masons）的記述。這些名詞可能用來指稱相關組織的活動，例如：「耶穌會開辦了一間新學校」，或「地方的美生會捐出一筆錢救濟這次火災中的難民。」但，相同名詞也可能是理想類型，用來指出這些組織的成員和他們的朋友，在某些方面的行爲，受到一定的耶穌會或美生會意識型態的影響。說(1)某一政治運動是由耶穌會或美生會親自組織、指導和資助的，和說(2)該政治運動是受到某一意識型態的鼓舞而引起的，而耶穌會或美生會則是該意識型態的典型或突出代表；這兩則命題之間是有差異的。第一則命題完全沒涉及歷史的特殊了解。它只涉及一些能藉由研究記錄與聽取目擊者的證言而予以確證或否定的事實。第二則命題涉及歷史的特殊了解。要判斷第二則命題的適切與否，就必須分析相關的理念和學說，研究它們對行爲與事件的影響。(1)分析馬克思學派的社會主義意識型態對我們當代人的心態與作風的影響，和(2)研究形形色色的共產主義和社會主義政府、政黨與陰謀集團的行爲，兩者在方法上有一根本的差異。[3]

對努力預料未來事件的行爲人來說，以及對分析過去事件的歷史學家來說，某一理想類型所提供的幫助，端看該理想類型的建構所依據的特殊了解模式而定。要質疑某一理想類型是否有助於解釋某個問題，就必須批判相關的了解模式。

對於處理拉丁美洲的情況，「將軍」這個理想類型可能有一些用處。那裡向來流行的一些特定意識型態，在某些方面決定軍隊將領所扮演的政治角色，許多——但並非全部——將軍因而成爲重要的政治人物。在法國也流行的類似理念，大體上決定了法國將軍的政治地位，以及諸如卡芬雅克（Cavaignac）、麥克馬洪（MacMahon）、布朗熱（Boulanger）、貝當（Pétain）和戴高樂（de Gaulle）等人所扮演的角色。但，在美國，使用政治將軍或政壇上的將軍作爲一個理想類型，便毫無意義。沒有任何美國的意識型態會認爲，軍隊是一個獨立實體，有別於「平民」，並且和「平民」相對立。因此，在美國的軍隊裡，並沒有政治方面的團隊精神，而對「平民」來說，軍隊的將領也沒有任何威望。一個將軍一旦成爲美國總統，他在法律上和政治上都不再是軍隊的成員。

從事分析過去的歷史學家，以及從事預測未來的歷史學家，也就是行爲人，在使用理想類型時，絕不應忘記，自然科學所處理的那些物體的反應和人的反應，兩者之間有一根本差異。當人們講心物對立，講意志自由，以及講個性時，他們想要凸顯的正是這個根本差異。理想類型是權宜手段，用來簡化處理多樣多變、令人費解的人間世事。在使用理想類型時，必須永遠記住任何簡化都會導致缺陷。人的生命與行爲的豐富多樣與多變，是概念與定義無法完全抓住的。永遠會留下一些未回答的，甚至回答不了的問題；有些問題，甚至最偉大的心靈也沒有能力解決。

---

❸ 共產黨或某個有組織的共產主義團體，和共產主義（馬克思主義）意識型態，兩者之間是有所不同的。在處理當代歷史和政治問題時，人們往往未能意識到這樣的事實：許多不屬於任何政黨——既沒有黨證，也沒繳黨費——的人，可能在心智上，全面或在某些方面，受到政黨意識型態的影響。這個認識上的錯誤，導致嚴重的困惑，尤其是在評估共產主義、德國納粹主義或義大利法西斯主義等理念的影響力時。另外，也必須知道，某一意識型態有時候可能也對那些自認爲完全不受它影響，甚或自認爲是它的死敵，而且此刻正和它激烈戰鬥的人的心智有影響。一九三三年納粹主義在德國之所以成功，乃是由於絕大多數德國人，甚至絕大多數把選票投給各馬克思主義政黨候選人、投給天主教主流政黨候選人，以及投給形形色色從主流政黨分裂出來的「資產階級」小黨派候選人的那些人，堅決擁護極端侵略性民族主義的理念，而同時納粹本身也已經採納了社會主義政綱的基本原則。如果英國的保守黨，更不用說英國的「自由黨」，並未實質上贊同社會主義的理念，英國是不會像現在這樣往社會主義傾斜的。

第四篇　歷史發展過程

第十五章　歷史的哲學解釋

一、歷史哲學與歷史的哲學解釋

歷史的哲學解釋，和任何形形色色的歷史哲學體系不同，絕不可搞混。從事歷史的哲學解釋工作者，從不試圖發現人類歷史的過程朝著什麼目標前進，而是試圖揭露一些對歷史事件的發展有巨大影響的因素。他們只處理個別的人和個別的群體所追求的目的，而從不對整個歷史過程的目的與意義表示任何意見，或對人類注定的命運有任何看法。他們不倚賴直覺，而只倚賴對歷史的研究。他們嘗試引用歷史事實，以證明他們對歷史的解釋正確。就此意義而言，他們是本於推理與科學的。

詳細討論任何流派的歷史哲學有什麼優缺點，是沒用的。對任何歷史哲學來說，要麼必須全盤接受它，要麼必須全盤否定它；任何人都提不出什麼邏輯論證或引述什麼事實來支持它或反對它。歷史哲學是沒什麼道理好講的；唯一的問題是，信或不信。有可能在若干年後，社會主義將統治全世界。如果這事成眞，它肯定一點也沒證實馬克思學派的歷史哲學正確。社會主義肯定不是某個「不以人的意志爲轉移的」法則，「像自然法則是人力無法改變的那樣」運作，所產生的結果，而將恰恰是某些理念進入人的頭腦所產生的結果；社會主義將是因爲大多數人相信，社會主義比資本主義對他們更爲有利，而導致的結果。

對歷史的哲學解釋，有可能遭到誤用，作為政治宣傳。然而，要分辨這種歷史學說核心的科學成分和其中的政治改編與修飾，並不困難。

二、環境主義

環境主義（environmentalism），作為歷史學說，是以人生活所在的環境，解釋歷史變化；它說，環境產生歷史變化。有兩種這一類的學說，一是物理的或地理的環境主義，另一是社會的或文化的環境主義。

前一種學說斷言，一個民族文明的基本特徵，是地理因素所導致的。某個地區的物理、地質和氣候條件，以及當地的植物群與動物群，決定居民的思想與行為。陳述這種論點最為極端的人類地理學者，渴望把不同種族、民族和文明之間的一切差異，追本溯源至人所處自然環境的運作使然。

這種歷史解釋固有的誤解，在於把地理當作一個積極因素，而把人的行為當作消極因素。然而，地理環境只是人出生所在，那個讓他感覺到不適並導致他運用他的理性與身體力量，試圖將這不適感盡可能去除的整體環境的一部分罷了。地理環境（自然界），一方面讓人有行為的動機，而另一方面讓人有行為所需使用的一些手段，同時又讓人在努力改善處境的過程中，必定會遇到一些難以克服的障礙。地理環境給人提供刺激，而不給人提供反應。地理環境給人設置了一個任務，而人必須設法加以解決。人生活在一定的地理環境中，他不得不調整他的行為，以適應這個環境的情況。但，他自我調適的方式，他的社會、科技與道德適應方法，並非取決於外部的物理因素。北美大陸並未產生印第安原住民文明，也未產生有歐洲人血統的美國人文明。

人的行為，是人對生活所在環境所給刺激的有意識反應。由於他生活所在，從而他必須適應的環境中，有部分條件在全球各地不盡相同，所以文明也就會有一些地理上的差異。荷蘭漁夫腳上穿的木製鞋，對瑞士高山上的居民不會有用。皮毛大衣在加拿大很實用，但在大溪地就不是那麼實用。

社會與文化環境主義的歷史學說，只突顯人類文明事實上——必然——有一連續性。新的年輕世代不會從根本開始創造一個新的文明。他們加入以前世代所創造的社會與文化環境。個人誕生在歷史的某一時刻，加入地理、歷史、社會制度、風俗和意識型態等等所決定的某個傳統情境。他天天必須面對同時代人的行為給這傳統環境帶來的結構變化。他並非只是生活在這世界，而是生活在某個有一定環境圍繞的點。他在行為時，一方面得助於，而另方面也受限於，這個點所特有的一切。但，他的一切並非取決於這個有一定環境圍繞的點。

環境主義所包含的眞理，在於認識到，每一個人都生活在一定年代和一定地理空間，並且在這個時空環境所決定的條件下行爲。時空環境決定個人的處境，但不決定他的反應。針對相同處境，有不同的反應模式是想得到與行得通的。這些反應模式中，行爲人究竟選擇哪一個，取決於行爲人的個性（individuality）。

三、平等主義者對歷史的解釋

生物學家大多主張，人類只有一種。所有的人都能與異族交配而產出具有生育能力的後代，這個事實被認爲是所有人類同屬一種動物的證據。然而，在人類當中，還是有許多差異，使生物學家不得不區分許多人類亞種或不同種族。

不同種族成員的身體有非常可觀的差異；同一種族、亞種、部族或家族成員的身體，甚至兄弟姊妹，以及非同卵雙胞胎的身體，也有相當顯著，儘管不是那麼巨大的差異。每一個人出生時，便已經在身體上和所有其他人不同，便已經有他自己個人的身體特徵。但，身體上的這些差異，無論多麼巨大，並不影響人心的邏輯結構。沒有絲毫證據支持形形色色的學派所主張的，認爲不同種族的邏輯與思維截然不同的論點。

科學對個人之間的先天差異，以及對人的生物與生理遺傳問題的處理，一向遭到某些政治偏見的嚴重搞混與扭曲。觸動主義的（behavioristic）心理學主張，人與人之間所有心理特質上的差異都是環境因素造成的。它拒絕承認身體特質對心理活動有任何影響。它主張，無論人歸屬於哪一個種族或家族，只要把生活與教育的外在條件弄平等，便可抹除人與人之間的所有文化差異。事實觀察否定這些主張。事實顯示，身體特質和心理特質之間有某一程度的相關。個人從他的父母，以及間接從他父母的祖先，不僅繼承到他身體特有的生物性特徵，而且也繼承到一定的心理能力基本特質，這種先天特質限定他的心理成就潛力和他的性格發展範圍。某些人天生具有適合特定某些種類活動的能力，而其他人則完全欠缺或只具有一點點這種稟賦。

觸動主義的心理學說曾用於支持平等主義版的社會主義運動。平等主義版的社會主義抨擊「法律之前，人人平等」的古典自由主義原則。平等主義版的社會主義認爲，存在於市場經濟裡的所得與財富不平等，就它們的來源與社會意義而言，和存在於身分階級社會裡的所得與財富不平等，並無不同。它們都是任意以暴力進行霸占與侵占，以及隨後對群眾的剝削，所造成的結果。這種暴力的受益者組成一個支配階級，利用國家作爲該階級的工具，以武力鎮壓被剝削階級。「資本家」之所以不同於「普通人」，就在於前者加入了無恥的剝削集團。要成爲企業家，所需具備的唯一品行，是本性敢於爲惡。列寧說，企業家的工作是會計核算和控制生產與銷售，而這些事情已經被「資本主義極度簡化，乃至變成超級簡單的監看、記錄與開發收據等作業程序；任何人只要能讀、能寫，並且知道加減乘除的算術規則，便能勝任此等作業。」❶因此，「資本家」的「財產特權」，和工業革命前夕貴族地主所擁有的世襲身分特權，一樣是多餘的，一樣是某種寄生現象。資產階級，一方面建立「法律之前人人平等」這種似是而非的平等，一方面保存所有特權當中最爲不平等的特權——私有財產權，而成功欺騙了沒有心理戒備的人，搶走他們應得的工業革命果實。

前述這個平等主義學說，在獲得盧梭（Jean Jacques Rousseau）和巴貝夫（F. N. Babeuf）等人的宣揚而普遍流傳之前，便已經隱約出現在他們之前的某些創作家的著述中；後來，該平等主義學說，在馬克思學派的階級鬥爭說中，變成一個從資源霸占觀點解釋整個人類歷史發展過程的學說。在馬克思學派的歷史哲學脈絡中，身分地位與階級區別的出現，是物質生產力演化一個必然的，歷史上不可避免的結果。居於支配地位的種姓與階級，其個別成員並非壓迫與剝削的肇因，所以無須爲此等行徑

---

❶ Lenin, *State and Revolution* (New York, International Publishers, 1932), pp. 83 f.

負責。道德上，他們並非比那些遭到他們壓迫與奴役的人更爲低劣。他們只是被高深莫測的命運挑選出來，執行社會、經濟與歷史必要任務的人。由於物質生產力的發展狀態，決定每一個人怎樣輔助歷史走完其全程，所以執行他們所幹下的一切，正是他們的本分。

但，在馬克思與恩格斯處理具體的歷史問題，或處理他們當代的政治問題時，他們對人間世事如何發展的描述，卻呈現出和前述不同的道德觀點。他們在這一類著述裡，毫不保留地支持流行的學說，認定「剝削者」天生道德敗壞。在他們看來，人類歷史好比是一個道德逐漸敗壞的過程，起始點就在於，原始村莊社會的幸福情境，因一些自私自利的個人貪得無厭而遭到擾亂。土地私有財產權，是逐步導致一切災難，讓人類受盡折磨的原罪。把「剝削者」提升到他同胞水準之上的因素，全在於他本性邪惡。在《資本論》全套三卷中，關於成爲「剝削者」所需具備的品行，無恥是唯一被提到的條件。科技進步與資本累積——馬克思視爲社會主義賴以實現的先決條件——被描述爲神祕的物質生產力自發演化的結果。對於科技進步與資本累積，「資本家」沒有任何功勞可言。這些惡棍所作所爲，不過是剝奪那些理當享有物質生產力運作成果者的權益。他們把「剩餘價值」據爲己有。他們只是社會的寄生蟲，人類大可去之而後快。

這個從平等主義觀點解釋歷史的學說，是我們這個時代的官式哲學。它假定，某一自動的歷史演化過程傾向改善科技生產技術、傾向累積財富，以及傾向提供各種改善群眾生活水準所需的手段。回顧資本主義西方世界過去一、兩百年的實際發展情況，統計學家看到生產力有一逐漸上升的趨勢，於是輕率地臆測，無論社會的經濟組織如何改變，該趨勢仍將持續存在。在他們看來，歷史的演化趨勢，是某種位於人的行爲層次之上的法則，某種被「科學」確立的事實，絕不可能受到人的行爲或社會體制的影響。因此，一些旨在最終抹除所得與財富不平等的制度，諸如我們當代的稅法，是造成不了什麼傷害的。

這個平等主義學說，顯然牴觸生物學與歷史所確立的一切事實。只有狂熱擁護這個學說的黨派分子，才可能主張天才和笨蛋的差別，完全是後天的影響因素造成的。這些人異想天開，假設人類文明、科技進步與生活改善，是某個神祕因素——在馬克思學派的歷史哲學裡，這神祕因素是所謂的物質生產力——以某一方式塑造人的心靈，使得某些理念按照某一順序，分別出現在一代代人的心裡，從而導致的結果；如此這般的假想，不過是荒謬的神話罷了。

關於人與人之間不存在任何差異的議題，向來有許多空談。但，從來沒見過有什麼人嘗試按照平等主義的原則組織社會。創作短篇文宣鼓吹平等主義的作家和主張實施平等主義的政黨領袖，以他們身體力行的作爲，反駁他們口頭支持的原則。平等主義信條所扮演的歷史角色，其實只是掩飾最爲卑劣無恥的獨裁壓迫體制罷了。在蘇聯，平等主義被宣布爲官方信仰的一個主要信條。但，列寧死後被神格化，而史達林在世時被崇拜的程度，從來沒有哪一個在羅馬帝國日漸沒落以後的統治者曾經享受過。

平等主義的那些神話解釋不了過去的歷史發展，它們和經濟問題的分析格格不入，而且對於計劃未來的政治行爲毫無用處。

四、種族主義者對歷史的解釋

不同的種族所發展出來的文明不同，是一個歷史事實。在以前，要確立這個事實，無須嘗試區分不同文明的高低。因爲，論者能主張，每一個種族都發展出一種符合它的願望、需求與理想的文化。每一個種族的特性，都充分展現在該種族的各種成就裡。一個種族可能模仿其他種族的某些成就與所發展出來的某些制度，但它並不希望完全拋棄它自己的文化型態，而代以某個進口的外國文化體系。如果兩千年前左右，希臘羅馬人和中國人彼此獲悉對方的文明，他們雙方誰也不會承認對方的文明比較優越。

但，時至今日，情況就不同了。非白種人可以憎惡與鄙視白人，他們可以陰謀毀滅白種人，也可以大肆讚揚他們自己的文明而自娛自樂。但，他們嚮往西方的物質成就，渴望西方的科學、科技、醫術、西方的行政與產業管理方法等等。他們的許多官方發言人聲明，他們只想模仿西方的物質文化，甚至也只想模仿到不至於牴觸他們本土的意識型態，不至於危害他們的宗教信仰和習俗。他們未能看出，一方面採納他們帶有貶義稱之爲僅僅是物質成就的那些東西，和一方面保存他們傳統的種種儀式與禁忌，以及他們習慣的生活方式，兩者並不相容。他們沉迷於幻想，誤以爲他們的人民能借來西方的科技，以達到較高的物質生活水準，而無須首先在某個文化衝突中，使他們自己擺脫他們祖先留傳下來的世界觀和行爲模式。他們受到社會主義學說的蠱惑而益發堅持他們這個錯誤的想法；社會主義也未能看出，西方的物質與科技成就，是理性主義、個人主義和功利主義等哲學思想的成果，而且一旦集體主義與極權主義的信條得勢，以社會主義取代了資本主義，那些物質與科技成就，勢必消失不復存在。

無論人們對於西方文明有什麼看法，事實仍然是：所有的種族現在都羨慕西方的種種成就，都想複製它們，因此暗地裡都承認西方的優越。正是這種情況，產生現代關於種族差異的學說，以及此等學說在政治方面的衍生物——種族主義（racism）。

種族差異的學說主張，在追求所有人都想追求的那些目標上，某些種族比其他種族更爲成功。對生命、健康和幸福有害的因素，所有人都想抗拒。誰也不能否認，現代西方資本主義制度在這些方面的努力最爲成功。資本主義制度，已經史無前例的延長平均壽命，並提高平均生活水準。它已經使普通人能夠很容易接觸到一些比較高級的文明成果，譬如，哲學、科學與藝術等等；這些成就，過去無論在什麼地方，而目前在西方資本主義國家以外的地方也仍然是，只有很少數人才接觸得到。好發牢騷者可以責怪西方文明的物欲主義，也可以斷言資本主義，除了讓一小撮粗魯的剝削者稱心如意之外，誰也不覺得滿意。但，他們的悲嘆抹除不了一些事實。無數媽媽由於嬰兒死亡率降低而變得比從前快樂。饑荒消失，而瘟疫遭到遏制。一般人現在的生活條件，比他們的祖先，以及他們在非資本主義國家的同胞，更好。再者對於一個幾乎使每一個人都能享受一場，由某位傑出大師指揮某個管弦樂團演奏某一號貝多芬交響曲的文明來說，誰也不應視爲只是物欲主義的文明而輕蔑以待。

過去，某些種族在文明發展方面的努力，比其他種族更爲成功；這樣的論點，作爲一則關於歷史經驗的陳述，是無可反駁的。如果有人斷言現代文明是白人的成就，作爲一則關於過去所發生事實的概述，那是非常正確的。然而，這個事實的確立，既不意味白人的種族自大有理，也不表示種族主義的各種學說正確。

許多人因為他們祖先或親戚曾經成就偉大的事業而引以為傲。某些人因為知道他們屬於某個曾經表現傑出的家族、氏族、民族或種族，而有某種特別的滿足感。但，這種無害的虛榮心，很容易轉變成瞧不起那些不屬於同一傑出群體的人，甚至想方設法要羞辱與侮辱他們。有一些西方國家的外交官、軍人、官僚與商人，在他們和有色人種接觸時，頤指氣使、目中無人。但，他們毫無資格誇耀西方文明的任何成就。他們並不是西方文化的締造者，而只是以他們所作所為降低這種文化的格調罷了。他們傲慢的心態，有時候表現在「狗和本地人不准進入」這樣的看板上，毒害了他們之後無數世代的種族關係。但，這些不幸的事實，我們在分析種族主義的學說時，無須特別加以處理。

歷史經驗會認可如下這則陳述：過去白種人中某些族群努力發展文明，讓其他種族的類似努力相形見絀。但，歷史經驗並不會認可任何關於未來的陳述。它並不允許我們假定：未來白種人也將持續保有這方面的優勢。任何以歷史經驗為依據的預測所具有的或然性，絕不可能和以實驗室實驗所確立的事實為依據的自然科學預測所具有的那種或然性相提並論。在一七六〇年，歷史學家可以正正當當地宣稱，西方文明主要是拉丁語系的歐洲人與英國人的成就，而德國人對該文明則少有貢獻。當時的情況允許歷史學家主張，德國人的科學、藝術、文學、哲學和科技造詣，相比於其他某些國家成員的成就，是微不足道的。論者可以很公平地斷言，那些在這些領域有傑出成就的德國人——其中最著名的當推天文學家哥白尼（Copernicus）❷和克卜勒（Kepler），以及哲學家萊布尼茲（Leibniz）——所以能成功，全因他們充分吸收了非德國人在相關方面的貢獻。論者甚至可以斷言，從知性的觀點來說，他們並不屬於德國；有好長一段時間，他們在德國沒有任何追隨者，而且那些首先重視他們學說的人，絕大多數並不是德國人。但，如果當時有人根據這些事實而推論說，德國人是文化方面的次等人，所以未來的文化成就也將遠低於法國人和英國人，那麼，後來的歷史發展就會證明他的結論錯誤。

關於現在被認為文化落後的那些種族，未來會有何等文化表現，只有生物科學才可能做出相關預測。如果生物學將來發現，非白種人天生具有某些必然會使他們的心智能力遭到扼制的解剖學特徵，那時或許有人會鼓起勇氣，做出現在文化落後的種族將永遠落後的預測。但，迄目前為止，生物學並未發現任何這方面的特徵。

處理種族主義所涉及的生物學議題，不在本書的任務範圍內。所以，這裡必須放棄分析種族純度與異族通婚等爭議性問題。另外，討論種族主義政治主張的優缺點，也不是我們在這裡的任務；那是行為學與經濟學的任務。

關於種族主義的議題，根據歷史經驗，我們所能斷言的，可以歸結為下面兩點。

第一，生物學所區分的不同人種之間的主要差異，反映在相關種族成員的文明成就上。第二，在我們這個時代，某些白種人族群文明的主要成就，被所有其他種族絕大多數成員認爲，比他們各自所屬種族成員所發展出來的文明特徵更爲可取。

五、西方文明的世俗主義

一個幾乎普遍接受的現代文明觀，區分文明的精神面與物質面。這種區分很是可疑，因爲它並非源自就事論事的冷靜觀察，而是源自怨恨的心理。每一種族、民族或語言群體，都誇耀它的成員在精神方面的成就，甚至還邊承認它在物質方面落後。他們滿以爲這兩方面文明沒有什麼關聯，而且精神文明比「只是」物質的文明更爲崇高、更有價值也更爲可貴，並且專注於改善物質文明，阻撓一個民族投注足夠的注意力於精神面上。

❷ 我們在此無須深究哥白尼到底是德國人，還是波蘭人的問題。請參見Mises, *Omnipotent Government*, p. 15。

這就是十九世紀渴望在他們自己國家，複製西方文明某些成就的東方諸民族，其頭面人物的想法。他們對西方文明的研究，使他們潛意識裡鄙視他們本國的制度與意識型態，從而覺得自卑。他們藉由貶低西方文明只是物質文明的學說，重建他們的心理平衡。羅馬尼亞人和土耳其人，一邊渴望西方資本幫他們建造鐵路與工廠，一邊以讚揚他們本國的精神文化來自我安慰。印度人和中國人當然更有道理提起他們祖先的文學與藝術表現，並引以爲傲。但，他們似乎沒想到，哲學與詩作表現卓越的那幾代人和他們相隔好幾百年（因此，可以說關係淡薄），而且在這些著名的祖先在世的年代，他們國家在物質文明方面，如果不能說領先，肯定不會次於任何同一時代的國家。

最近數十年，貶低現代西方文明只是物欲主義文明的學說，幾乎普遍獲得那些先前發展出該文明的國家贊同。這個學說讓歐洲人，在比較美國的經濟繁榮和他們本國目前的窘況時，稍感安慰。美國的社會主義者，努力要把美國資本主義描述爲人類的一個詛咒，引用該學說作爲他們的一個主要論點。由於他們不甘心被迫承認，資本主義其實讓人民享受豐饒的物質生活，並且馬克思學派關於群眾愈來愈貧窮的預測，也已經戲劇性地遭到事實反駁，所以他們努力要將現代文明描述爲只是物欲主義文明和假象文明，藉以挽回他們對資本主義肆意誹謗的攻勢。

一些自認在爲宗教請命的著作家，也對現代文明發起猛烈攻擊。他們譴責我們這個時代的世俗主義。他們哀嘆某種生活方式的消逝；他們要我們相信，從前以這種方式生活的人，並不專注於追逐塵世的抱負，而是首重恪守他們的宗教義務。他們把所有罪惡歸咎於懷疑論和不可知論的散播，並且激昂地主張回歸從前的正統信仰。

很難找到一門學說，比前述這個反世俗主義，更爲徹底扭曲歷史。向來總是會有一些虔誠的人，心思純淨，獻身於敬謹守戒的生活。但，這些眞誠信徒的信仰性質，和建制的宗教禮拜體系沒有任何交集。在現代個人主義哲學與現代資本主義興起之前的年代，所謂政治與社會制度充滿某種眞正的基督教精神，其實只是一則神話。福音書的教誨並沒有決定當時的官方信仰態度。恰恰相反，正是世俗統治者——專制君主和貴族寡頭，但偶爾也包括起義反叛的農民和都市暴民——今生現世的利益牽掛，使宗教變質，成爲褻瀆宗教的政治野心所操弄的工具。

沒有什麼事情，會比異議者遭到無情的迫害，和眞正的宗教信仰更不相容，更不用說十字軍東征和宗教戰爭的恐怖行徑。從來沒有歷史學家否認，那些在十六世紀遭到宗教改革運動神學家批判的教會裡，以及那些在十八世紀遭到啓蒙運動哲學家攻擊的教會裡，甚少可以發現基督精神。

開啓現代資本主義發展的個人主義和功利主義等意識型態，也給人的宗教信仰渴求帶來了自由。這種意識型態粉碎國家掌權者自命的信仰領導權，否定掌權者有權利強制國民接受掌權者自己的信仰。宗教信仰，不再是遵守保安官和劊子手所強制執行的那些條條框框，而是個人，在良心的引導下，當作他自己的信仰，予以守護的東西。現代西方文明是世俗的文明。但，恰恰是它的世俗主義，它的不在乎宗教信仰，才使真正的宗教情操因得以自由發揮而復甦。今天在自由的國家裡，那些做禮拜的人，並不是被世俗的武力，而是被他們自己的良心，趕去做禮拜的。在恪守他們信仰的種種告誡時，他們並非意在規避塵世權威的懲罰，而是意在來世的救贖與心靈的平靜。

六、反世俗主義對資本主義的排斥

反世俗主義的擁護者，對現代生活方式的敵意，顯現在指責資本主義為不公平的制度。

社會主義者，以及干預主義者，都認為，市場經濟阻礙科技成就的充分利用，因此抑制生產技術的演進，限制了可供消費的產品生產數量。從前這些資本主義批評者並不否認，即使將社會整體產出平均分配給所有人，絕大多數人的物質生活條件也幾乎不會有任何顯著的改善。在他們的計劃中，平均分配只是一個次要角色。他們對所有人承諾的繁榮與富庶，在他們想來，只有把生產力從自私自利的資本家據稱施加的束縛中解放出來後，才可能實現。他們所建議的種種改革，據稱目的就是要以一個比較有效率的生產體系取代資本主義，從而開創一個所有的人都生活富裕的時代。

然而，由於社會主義者和干預主義者對資本主義的指責，所隱含的錯覺與謬誤，已經遭到經濟分析揭露，所以他們現在嘗試以另一種方式挽救他們的計劃。馬克思主義者先前已經發展出社會主義不可避免的學說，所以干預主義者亦步亦趨效法前者，也大談特談政府對經濟事務的干預愈來愈多是不可逆的趨勢。很明顯地，以這些辦法取代理性論證，唯一的用意，就是要掩蓋他們在知識思辨方面遭到挫敗的事實，同時轉移公眾的注意力，希望公眾看不出社會主義與干預主義政策所導致的災難性後果。

那些基於道德與宗教信仰的理由而支持社會主義與干預主義的人士，也呈現類似的動機。他們認為檢討相關經濟問題是多餘的；他們設法想把關於市場經濟優劣的討論，從經濟分析的領域轉移到他們所謂比較高層次的領域。他們拒絕資本主義，說它是一個不公平的體系；他們要麼支持社會主義，要麼支持干預主義，說它們符合他們的道德或宗教信仰原則。他們說，看待人間世事，如果是從生產力、利潤，以及關切財富與物質產品供應是否豐沛的物欲主義觀點，那是卑鄙可恥的。人，應該追求公平、正義，而不是財富。

這個論證模式，如果公開以內在的道德價值賦予貧窮，並且毫不留情地譴責任何，在足夠維持基本生存之上，繼續提高生活水準的企圖，那麼，它的邏輯將是一致的。科學不可能反對這樣的價值判斷，因爲所有價值判斷都是說出價值判斷的那一個人所做出的最終選擇。

然而，那些從某種道德和宗教信仰觀點排斥資本主義的人士，並非眞的偏愛赤貧甚於幸福安康。相反地，他們告訴信眾說，他們想改善人類的物質幸福。在他們看來，資本主義的主要缺點，就在於資本主義並未給廣大群眾提供，他們相信，社會主義或干預主義能提供的那種程度的物質幸福。他們所以指責資本主義，以及他們所以推薦社會改革，都隱含這個論點：社會主義或干預主義將提高，而非降低普通人的生活水準。這些資本主義的批評者，就這樣完全贊同社會主義者與干預主義者的那些教誨，而一點也不想仔細考察經濟學家曾經提出來駁斥那些教誨的理由。對於馬克思學派的社會主義和世俗的干預主義政黨的原則，他們唯一的抱怨，是前者對無神論和後者對世俗主義的堅持。

很明顯地，究竟是資本主義，還是社會主義或干預主義，最有助於增進物質幸福的問題，只有在仔細分析每一個這些體系如何運作之後，才能斷定。而這正是經濟學要完成的任務。在處理這些議題時，沒有道理不充分考量經濟學方面的意見。

如果倫理學和宗教告訴人們應該善用資本主義帶來的物質幸福；如果它們試圖誘導信徒以比較好的花費方式，取代暴飲暴食和賭博等不良生活習慣；如果它們譴責說謊與欺騙，同時讚揚家庭關係貞潔，與慈善賑濟窮苦人家等所隱含的道德價值，那是無可非議的。但，如果還沒充分搞清楚每一種社會體系的經濟後果，就率爾譴責其中某一種體系，並建議以另一種體系取代它，那就非常不負責任了。

對於一個使人口大幅增加，並使資本主義國家大多數民眾，得享自有歷史以來最高生活水準的經濟制度，任何倫理學說裡或任何以十誡為基礎的信條教義裡，都不可能找到什麼理由加以譴責。從宗教信條的觀點來說，嬰兒死亡率降低，平均壽命延長，對瘟疫與疾病抗戰成功，饑荒、文盲與迷信消失等等，也都是贊成資本主義的理由。教會人士確實有道理哀嘆，經濟落後國家大多數民眾生活窮困。但，如果教會人士假定，有其他辦法掃除這些可憐人的貧窮，完全用不著無條件採納以追求利潤的大企業為骨幹，大規模生產以滿足大多數人消費需求的經濟制度，那他們就錯了。

正直的道德家或教士，如果他們自己沒充分了解所有相關的物理、化學和生理學問題，不會考慮插手科技或醫療方面的爭議。然而，許多道德家和教士卻認為，對經濟學無知，並不妨礙他們處理經濟議題。他們甚至以他們對經濟學無知為榮。他們認爲，考量社會的經濟組織問題，應該本於某一先入爲主的公平觀念，而完全無須在意他們稱爲不光彩的物欲主義對生活舒適的渴求。他們建議某些政策，而拒絕其餘，完全不關心採納了他們的那些建議必然會產生的後果。

無論建議或拒絕政策，對政策的效果，採取無視的態度，是荒謬的。道德家和反對資本主義的基督教人士，畢竟並非出於任性而關心社會的經濟組織問題。他們尋求改革現狀，因爲他們希望引起一定的效果。他們所謂資本主義不公平，指的是這個據稱的事實：資本主義造成普遍的貧窮與困苦。他們提倡某些他們預期將掃除貧窮與困苦的改革。所以，從他們自己的價值判斷，以及他們自己渴望達到的目的觀點來說，他們的邏輯是不通的，因爲他們只提起某個他們稱爲比較高層次的公平與道德標準，而忽略資本主義與反資本主義政策的經濟分析。他們給資本主義冠上不公平，而給反資本主義措施冠上公平的稱號，那是完全任意武斷、毫無道理的，因爲這樣的稱號和這兩套經濟政策任何一套的效果沒有任何關係。

事實是：那些把資本主義當成一個違背道德與宗教原則的制度，而極力加以反對的人士，已經未加批判，輕率的採納社會主義者和共產主義者所有的經濟教誨。像馬克思主義者那樣，他們把一切弊病——經濟危機、失業、貧窮、犯罪與其他許多惡行——歸咎於資本主義的運作，而把一切好事——資本主義國家裡比較高的生活水準、科技進步、嬰兒死亡率下降等等——歸功於政府和工會的運作。他們不經意的擁護馬克思主義所有的信條，除了馬克思主義附帶的——次要的——無神論。道德哲學（或倫理學）與宗教如此這般對反資本主義學說投降，是社會主義者與干預主義者的宣傳運動所取得的最大勝利。如此這般的投降勢必貶低道德哲學與宗教的地位，變成只是跟隨某些勢力企圖破壞西方文明的小弟。道德家和教士，由於指責資本主義不公平，並宣稱廢除資本主義將可建立公平，大大助長了社會主義與干預主義運動的聲勢，也解除了社會主義者與干預主義者所面對的最大窘境——他們因無法以說理論證反駁經濟學家針對他們所提計劃的批評而陷入的窘境。

有一點很重要，必須在此重申，那就是：沒有任何以道德哲學或基督教信條為基礎的說理論證能說，一個成功改善所有人民物質生活條件的經濟制度，是一個根本不公平，而應予拒絕的制度，並把「公平」的稱號歸給一個傾向散布貧窮與飢餓的制度。評斷任何經濟制度的好壞，必須仔細分析相關制度對人民福祉的影響，而不能只訴諸某個任意武斷而未充分將這些影響納入考量的公平概念。

第十六章　目前的一些趨勢與未來

一、自由化趨勢的逆轉

從十七世紀開始，哲學家在處理歷史的根本內涵時，便強調自由與奴役的問題。但，對於自由與奴役，他們的概念相當模糊，主要是借自古代希臘的政治哲學，而當時流行的對於入侵並摧毀西羅馬帝國的那些日耳曼部族歷史的解釋，也有一定的影響。在這些思想家看來，自由是原始的人類狀態，而君主專制則是後來才出現的。在舊約聖經掃羅王（Saul）登基的敘述裡，他們找到了肯定他們學說的段落，以及對君主專制政府種種特徵相當不以爲然的描述[1]。他們於是斷定，歷史的演變剝奪了人類不可剝奪的自由人權。

啓蒙運動的哲學家幾乎一致否定世襲君主專制，並推薦共和政體。王室的警察迫使他們在表達理念時小心謹慎，但公衆能讀出他們字裡行間的意思。在美國與法國大革命前夕，君主專制已經失去它長久掌握的民心。當時世界上最富有、最強大的國家——英國——所享有的巨大威望，暗示兩個互不相容的統治原則可以折衷，因爲所形成的君主共和制在聯合王國——英國——運作情況相當不錯。但，歐洲大陸那些古老的本土王室，不甘心默認他們的地位削弱至僅具有儀式象徵意義，像英國那個外來的王室，經過一番抵抗最後才接受的那種地位。他們終究失去了他們的王位，因爲他們鄙視扮演尙博伯爵（Count of Chambord）稱作「人民革命認可的合法國王」那樣的角色。

在自由主義鼎盛時期，輿論普遍認爲，向民治政府（government by the people）演變的趨勢不可阻擋。甚至那些主張恢復君主專制、貴族身分特權和思想審查的保守分子，也或多或少相信大局已定，而他們的目標，不管如何努力，注定不可能成功。黑格爾（Hegel）——普魯士君主專制的捍衛者——發現，把歷史定義爲「自由意識的進步過程」，如此虛僞奉承普遍接受的自由主義學說，不失爲伸張他那保守思想的權宜之計。

但，接著興起一批新世代的激進分子，他們拒絕自由主義運動的一切理想，而且和黑格爾不一樣，他們從來沒對自由這個字眼有過任何虛情假意的尊敬，他們完全沒想要隱藏他們眞正的意圖。約翰·穆勒（John Stuart Mill），儘管滿心同情這些自稱社會改革者的信條，忍不住將他們的計劃——尤其是孔德（Auguste Comte）的那

---

❶ 撒母耳記上8:11-18。

些計劃——取名爲扼殺自由（liberticide）[2]。在這些新世代的激進分子看來，人類最卑鄙、最邪惡的敵人，並非暴君，而是趕走暴君的「資產階級」。他們說，資產階級，假借自由、法律之前人人平等，和代議政治等響亮的口號，欺騙了人民。資產階級眞正的意圖，是肆無忌憚的剝削絕大多數誠實的民眾。所謂民主政治，其實是金權政治，是用來掩飾資本家無限專制統治的一塊遮羞布。民眾眞正需要的，既非自由，也非參與管理政府事務，而是民眾「眞正的朋友」、無產階級的「先鋒」，或有超凡個人魅力的領袖等，無所不能，擁有統攝一切的權力。凡是讀過宣揚社會主義革命書籍與小冊子的人，絕對不會沒注意到，它們的作者追求的，並非自由，而是極權專制。但，只要社會主義者尚未奪得政權，爲了宣傳他們的計劃，他們便迫切需要自由主義「金權政治的」種種制度和人權法案。作爲反對黨，他們不能沒有國會議事殿堂提供給他們的宣傳舞台，也不能沒有言論、思想和新聞自由。於是，無可奈何地，他們必須暫時在他們的政綱，納入種種他們決心要在他們奪得政權後，立即予以廢除的個人自由與人權。因爲，正如布哈林（Nikolai Bukharin）在布爾什維克黨人征服俄國之後所說，想要從資本家陣營求得發展工人運動的自由，除了要求所有的人都享有自由外，其他任何辦法都是荒謬可笑的[3]。

在他們執政的頭幾年，蘇聯當局並未想到要掩飾他們對民治政府和人權的厭惡，他們甚至公開讚揚他們的獨裁辦法。但，一九三〇年代末期，他們意識到，一個未加掩飾的反自由政綱在西歐和美國並不受歡迎。由於德國重新武裝讓他們感到害怕，從而想要和西方建立友好關係，所以他們突然改變他們對待民主、憲政和人權等字眼（注意，不是理念）的態度。他們端出「人民陣線」（popular front）的口號，並且和一些敵對的社會主義黨派結盟；在此之前，這些他國的黨派一直被他們稱作社會叛徒。他們還爲俄國制定了一部在全世界普受他們的御用文人吹捧的憲法，譽爲歷史上最完美的憲政文件，儘管它的基本原則是以一黨專政，否定一切民權。從那時開始，歷史上最野蠻、最爲專制的政府便給它自己冠上「人民民主」的稱號。

十九和二十世紀的歷史，讓啓蒙運動時期那些哲學家的希望與預測落空。各國人民並未繼續走向自由、憲政、民權、自由貿易、和平與國際善意之路。相反的，歷史趨勢是傾向極權主義和傾向社會主義。並且再次有人宣稱，這個趨勢是人類歷史發展

---

❷ Letter to Harriet Mill, Jan. 15, 1855. F. A. Hayek, *John Stuart Mill and Harriet Taylor* (Chicago, University of Chicago Press, 1951), p.216.

❸ Bukharin, *Programme of the Communists* (*Bolsheviks*), ed. by the Group of English- Speaking Communists in Russia (1919), pp. 28-9.

的最後階段，它將永遠不會讓位給另一個趨勢。

二、要求財富與所得平均的意識型態興起

自古以來，平民的生活哲學一直毫不懷疑地接受身分差別，以及必須對掌權者屈服的事實。人的基本需要是獲得保護，以免受到他人和所組成群體的惡意攻擊。只有當人身安全無虞，無須掛慮敵人攻擊時，人才能蒐集食物、建立家庭、養兒育女，或者簡單地說，才能生存。生命是最有價值的東西；對於遭到掠奪性襲擊的人來說，爲了保存生命，任何所需支付的代價都不會顯得太高。他們認爲，活著爲奴，仍然好過被殺。幸運兒享有某個仁慈的主人保護。但，即使主人非常苛刻，也好過完全沒有保護。人，天生不平等。有些人比較強壯、比較聰明，有些人比較羸弱、比較笨拙。後者除了屈服於前者，把他們自己的命運和某個強大主子的命運連結在一起，別無選擇。神父說，上帝如此命定這事。

正是這種意識型態，將活力賦予佛格森（Adam Ferguson）、聖西蒙（Henri Saint-Simon）和史賓賽（Herbert Spencer）等人稱之爲軍國主義，而目前美國的學者稱之爲封建的社會組織。這種意識型態威信的式微，肇始於那些爲軍閥打仗的戰士

意識到，他們首領的權力倚賴他們的英勇來維持，並且由於此一洞見，形成他們獨立自主的意識，進而要求參與處理國家事務。貴族的這個權利主張所導致的政治衝突，產生了一些勢必質疑傳統意識型態的理念，乃至最後推翻了身分與世襲階級區分有其必要性的社會學說。一般平民會問，爲什麼貴族就應該享有我們不准享有的那些特權與權利呢？難道國家興旺並不倚賴我們的辛勞？難道國家事務只和國王與貴族有關，而和我們絕大多數人無關？我們納稅，我們的兒子在戰場上流血，然而在國王與貴族代表參與決定我們命運的議會裡，我們毫無發言權。

沒有任何站得住腳的理由，能用來反對平民階級的這些權利主張。王室與貴族的那些特權，起源於某一型態的軍事組織；但該型態的軍事組織早已被拋棄，所以保留相關的身分特權，是一種時代的倒錯。王室宮廷與「上流社會」習以爲常，歧視一般平民的態度，不過是徒惹人厭的生活小插曲。但，在軍隊裡，以及在外交和公務行政體系裡，這種鄙棄非貴族出身者的習慣，造成巨大災難。在貴族蠢貨指揮下，法國皇軍被打得潰不成軍；然而，在法國有許多平民後來在革命隊伍裡，以及在第二帝國的軍隊裡，以事實證明他們才幹出眾。英國外交、軍事和海軍的豐功偉業，顯然有一部分是因爲英國實際上對每一個公民開放所有職業生涯。巴士底監獄遭到拆除，以及法國貴族的特權遭到廢除，獲得全世界精英的歡呼，在德國獲得康德（Kant）、歌德（Goethe）、席勒（Shiller），以及其他許多名人的掌聲。在奧匈帝國首都維也納，貝多芬寫了一首交響曲，獻給領導法國革命軍打敗奧地利軍隊的英雄，而在聽到他心目中的英雄推翻了法國共和政體的消息時，深感悲痛。自由、法律之前人人平等，和憲政等原則，在所有西歐國家，幾乎毫無異議獲得輿論贊同。當時輿論認爲，在這些原則引導下，人類正邁向一個公平與繁榮的新時代。

然而，大家對於平等概念的解釋，意見並不一致。對所有支持平等的人來說，平等意味廢除身分與種姓階級特權，以及廢除對「低下」階級不利的法律行爲能力限制，尤其是針對奴隸與農奴的法律行爲能力限制。但，有一些人主張消除財富與所得差異。

想要了解這個平均主義的起源和影響力，就必須知道它受到某個理念死灰復燃的激發，而這個理念就是平均地權；平均地權的理念，在過去數千年間於全世界範圍內，曾鼓舞無數改革運動，以及許多烏托邦作家純學究意義的著作。該理念將一切折磨人類的禍害，歸因於某些人占有多於他們養家活口所需的土地。莊園領主富庶，必然引申出手無寸土者赤貧的結果。土地分配不平均，據稱是犯罪、搶劫、衝突與流血的原因。在一個完全由平均擁有土地的農夫組成的社會裡——這樣的農夫每一個都能在他自己家庭裡，不多不少，恰好生產出養家活口所需的糧食——前述那些不幸將全部消失。在這樣一個社會裡，將不會有使人爲惡的誘惑。不管是個人或國家，都不會貪圖理應屬於他人的東西。將不會有暴君，也不會有征服者，因爲侵略和征服都將得不償失。世界將永久和平。

土地平均分配的理念，在歷史上，曾激起許多政治事件與社會運動，包括：古羅馬時代的格拉克兄弟（the Gracchi）事件、一再擾亂所有歐洲國家的農民造反事件、許多基督教教派個別推動的農村改革，以及耶穌會教士，在如今稱作巴拉圭（Paraguay）的地方，組織他們那種非常出名的印第安人社區。這個烏托邦理念的魅力，誘惑過許多最爲高貴的心靈，湯馬斯．傑佛遜（Thomas Jefferson）便是其中一個。它影響了俄國社會主義革命黨（the Social Revolutionaries）的黨綱；該黨在帝俄時期招募了絕大多數俄國人民成爲黨員。它是今天亞洲、非洲與拉丁美洲好幾億人民的政治運動理念；而有夠矛盾的是，他們這種努力，居然獲得美國外交政策的支持。

然而，土地平均分配的理念，其實是一個有害的幻想。它的落實執行，不僅將使人類立即墜入苦難與飢餓的深淵，甚至會抹除整個文明。

在土地平均分配的計劃脈絡裡，除了按照各個地區特殊的地理條件而實施的專業化生產，沒有空間容納任何形式的分工。這種計劃如果貫徹到底，甚至不提供醫生和鐵匠。它沒有考慮到，在經濟先進國家裡，目前的土地生產力狀態，其實是社會分工長期演化的結果；現代的社會分工供應農作工具與機器、肥料、電力、汽油以及其他許多大大增加農產數量與提升農產品質的東西。在分工體系下，農夫並不種植他自己和他家庭能直接使用的農作物，而是專門種植他的土地相對最爲有利於生產的那些農作物。他在市場上出售他的農產品，並且在市場上購買他和他家庭需要的東西。最爲適當的農場規模，不再和農夫家庭的大小有任何關係，而是取決於科技考量：使每單位投入獲得最高可能的產出。像其他企業家那樣，農夫爲利潤而生產，也就是，他爲每一個社會成員生產最迫切需要使用的東西，而非只爲他和他家庭生產他們自己能直接用來消費的東西。但，那些希望土地平均分配的人，頑固的拒絕注意所有這些經過數千年演化，逐步形成的土地利用方式，反而夢想使土地利用回到早已過時的狀態。他們要撤除整部經濟發展史，不管後果如何。他們無視這一事實：在他們所建議的原始土地利用方法下，我們的地球不可能養活超過一小部分現今居住在地球上的人口，甚至只可能使這一小部分人口在遠低於目前的水準下苟活。

經濟落後國家的無知貧民，想不出其他任何能使他們處境獲得改善的辦法，除了取得一塊土地；這是可以理解的。但，他們居然獲得一些經濟先進國家代表的肯定而益發堅定相信他們的幻想正確，這就不可原諒了，因爲這些自稱爲專家的先進國家代表，應該非常清楚，要使一國人民富裕，需要什麼樣的農業。要根本解決落後國家的貧窮問題，只有透過工業化，以及工業化必然衍生的農業改革：以供應市場為導向，取代以供應農夫自家直接消費為導向的土地利用方式。

今天，以及過去，那些在社會分工下生活，享受所有好處的人，對種種土地平均分配計劃的同情與支持，從來不是基於對無法改變的自然給定狀態有任何務實的關注與了解，反而是基於浪漫的幻想。羅馬帝國衰敗時期，墮落的上流社會成員，被剝奪了參與公共事務的權利，感到無聊與失意，從而想入非非，以為自給自足的農夫與牧羊人生活簡單、快樂無比。法國十五至十八世紀舊制度時期，更加遊手好閒、墮落和無聊的貴族成員，在一種他們選擇稱為酪農的消遣中找到樂趣。當今美國的百萬富翁，把農作當成一種嗜好，而追逐這種嗜好，除了樂趣，還另有一種好處：它的花費可以抵減應該繳納的所得稅。這些人比較不是把農作當成一種生產活動，而是比較把它當成一種娛樂。

在貴族的公民特權撤銷之際，要求沒收貴族的土地所有權，是一個看似合理的主張。封建時代的莊園是君主分封給貴族領主祖先的禮物，以報答他們過去所提供，以及他們與他們的子孫將來要提供的軍事服務。這種莊園是君主用來維持其武裝扈從生活的手段，每一個臣子分封的土地大小，取決於他在君主護衛隊裡的等級與位置。

但，當軍事情況改變，軍隊不再是由應召勤王的屬下封臣組成時，當時普遍存在的土地分配制度，變成是一種時代的倒錯。似乎沒有理由讓貴族鄉紳繼續享有他們不再提供的那些服務的酬勞。收回采邑封地，似乎有正當的理由。

這樣的論點無法從貴族自己，爲了辯護他們的身分特權，所引用的那一套道理的觀點，來加以駁斥。他們扒著他們的傳統權利不放，指出他們的祖先曾經爲國家提供的那些服務很有價值。但，很明顯地，因爲他們本身不再提供這些必要的服務，所以對於一切作爲這些服務的報償而獲得的利益，應予撤銷是正確的推論。這應予撤銷的利益，當然包括他們的封地。

然而，在自由主義經濟學家看來，沒收貴族的土地，顯然會使經濟演化的連續性遭到沒必要與危險的破壞。需要的是，廢除所有對不具效率的土地利用者提供實質保護的法律制度，讓他們不得不和比較有效率的人——一些比他們更善於利用土地，能生產出更好與更便宜東西的人——競爭土地的使用權。那些把貴族所有地撤出市場與消費者至高權力影響範圍的法律——諸如，限嗣繼承，以及平民不得藉由買賣取得土地所有權的法律限制——必須廢除。然後，市場沛然莫之能禦的力量，就會把土地控制權，轉移到那些知道如何以最有效率方式，滿足消費者最迫切需要的業者手中。

經濟學家對空想家的美夢無感，而把土地視爲一種生產要素。所有人民正確了解的利益（或長期利益），要求土地，像所有其他物質類生產要素那樣，應該由最有效率的企業家控制使用。經濟學家對於任何特殊的農場規模，都沒有主觀偏好；他們認爲，讓土地獲得最有效利用的那個規模，就是最好的規模。有一則神話說：國家的利益在於讓盡可能多的國民從事農業。經濟學家不會讓自己蒙受該則神話的愚弄。相反的，他們充分意識到，如果能像所有其他生產部門那樣避免農業部門的人力浪費，那不僅對非農業人口有利，而且對從事農業工作者也一樣有利。物質幸福水準所以提升，正是因爲發生這樣的事實：由於科技進步，只需總人口中占比愈來愈小的一部分人，便足以生產出全部所需的農產品。農業人口相對於非農業人口的比例愈來愈低，是長期的演化趨勢，而任何試圖干涉此一演化的舉措，都勢必降低平均生活水準。總人口中，從事生產所需一切食物與原料的人口，所占比例愈低，人類愈是繁榮。如果「反動」一詞有任何意義的話，那麼，以特別措施企圖保留那些在市場競爭中無法自己站穩腳步的小型農戶，肯定應當稱爲反動。這些措施傾向以某一較低程度的分工取代較高程度的分工，從而減緩甚或完全中止經濟進步。就讓消費者決定何等大小的農場最適合他們自己的利益吧！

經濟學家對平均地權烏托邦的批評，非常不討喜。但，他們論證的理性分量有一陣子成功抑制社會改革者的熱情。直到第一次世界大戰結束後，主要甚或完全由小農經營農業的理想，才再度獲得它今天在世界政治舞台上所扮演的角色。

平均地權論對歷史與政治的重大意義，在於它爲社會主義與共產主義的普受歡迎鋪平了道路。馬克思學派的社會主義者從學術觀點反對平均地權論，他們主張農業國有化。但，他們利用「平均分配土地所有權」的口號作爲槓桿，煽動經濟落後國家的群眾。對這些國家裡目不識丁的農村人民來說，所謂「企業社會化」的救苦妙方毫無意義。但，當政客承諾把富農與大莊園所有者的土地分給他們時，所有他們本能的嫉妒與仇恨心理都被喚起了。在羅斯福（F. D. Roosevelt）總統時代，當美國聯邦政府和美國新聞界裡的親共產黨分子說，中國的「左派分子」並非共產主義者，而「只是土地改革者」時，就某個程度來說，他們並沒有錯，因爲當時蘇聯在中國的代理人採納列寧聰明的詭計，以訴諸最受群眾歡迎的口號，同時隱藏自己眞正的意圖，推動社會主義革命。今天我們看到，在所有經濟未開發國，土地沒收與重分配計劃如何成爲蘇聯最有效的宣傳手段。

土地沒收與重分配計劃，作爲宣傳伎倆，顯然不適用於西方文明國家。工業國家的城市人口不可能被土地改革的前景所引誘。平均地權論，對資本主義國家群眾思想的邪惡影響，在於使財富與所得平均的計劃更容易引起共鳴。它因此使種種最終必然導致全面社會主義的干預主義政策頗受歡迎。強調此一事實，並不意味認爲任何社會主義或共產主義體制有朝一日眞能實現所得平均，而只是想指出：社會主義與共產主義之所以普受歡迎，不僅因爲人們幻想它們會讓每一個人大大發財，而且也因爲人們幻想它們將不會使任何人比別人更爲富有。嫉妒畢竟是人類最深沉的一種情感。

美國的「進步運動者」（progressives）煽起他們國人，以及所有外國人的嫉妒與仇恨心理，並激烈要求財富與所得平均，然而，他們並不知道其他國家如何解讀這些理念。外國人民在看待所有美國人（包括美國工人）時所懷有的嫉妒心理與敵意，和一般美國工會成員在看待所得超過他自己的美國人時所懷有的嫉妒心理與敵意，並無二致。在外國人眼中，美國納稅人所以花費數十億美元援助外國，純粹是因爲他們問心有愧與害怕。亞洲、非洲、拉丁美洲，以及許多歐洲國家的輿論看待美國這套援外制度，就好比社會主義煽動家看待富人的慈善捐款：略施小惠、賄賂窮人，以免他們起義奪回本該屬於他們的財富。建議他們國家應該和美國站在一起對抗俄國的那些政治家與作家，不受他們國人歡迎的程度，不亞於少數幾個有勇氣辯護資本主義，拒絕社會主義的美國人，不受他們同胞的歡迎。在霍普特曼（Gerhard Hauptmann）的劇作《織工》（*Die Weber*）——德國反資本主義文學中影響最大的一部作品——裡，某個商人的妻子，因爲意識到人們的行爲舉止宛如認爲發財是犯罪似的，而大吃一驚。除了微不足道的極少數人，今天每個人都傾向把譴責財富視爲理所當然。仇富心理使美國的外交政策注定失敗。美國因爲繁榮富有，而受到譴責與怨恨。

平均主義幾乎未受挑戰的勝利，完全湮沒了其他一切政治理想。滿心嫉妒的群眾，對於煽動家稱爲「資產階級的」關切事項，諸如，信仰自由、思想自由、言論自由、人身自由、陪審制審判等等，一點也不在乎。他們渴望社會主義運動領導者所承諾的人間天堂。他們，和這些領導者一樣，相信「清算資產階級」將使他們重回伊甸園。諷刺的是，如今他們把這種清算計劃稱作自由主義的計劃。

三、完美人類狀態的妄想

所有企圖在人類歷史發展過程中尋找一定事態演變次序的學說，在論及過往時，對於已確立的歷史事實，彼此有不同的解釋，然而，就嘗試預測未來這一點來說，後來的歷史發展證明它們每一個都大錯特錯。

這些學說大多有一個特徵，也就是，指涉某一完美的人類狀態。它們把此一完美狀態，或者擺在歷史的起點，或者擺在歷史的終點，或者擺在歷史的起點和終點。因此，歷史在它們看來，或者是一個逐漸退步的過程，或者是一個逐漸進步的過程，或者是在一段逐漸退步的時期後，接著是一段逐漸進步的時期。在某些這種學說裡，完美的人類狀態是一個源自宗教信仰與教條的理念。然而，詳細分析這種歷史學說的神學面，並非世俗科學的任務。

很明顯地，在完美的人類狀態下，絕不可能有任何歷史。歷史是關於變化的記錄。而完美，這個概念本身，便隱含沒有任何變化，因爲完美的狀態，只可能轉變成某個比較不完美的狀態，也就是，只可能遭到任何改變的損害。如果把完美狀態擺在歷史據稱的起點，那就等於說，在有歷史的時代之前，有一個沒有歷史的時代，然後某一天發生了某些事件，打亂了這個原始的完美狀態，從而開啓了有歷史的時代。相反的，如果認爲歷史傾向實現某個完美的狀態，那就等於說，有朝一日將不再會有歷史。

人的天性是不停的努力，尋求以比較愜意的處境，取代比較不愜意的處境。這種動機驅策人的精神能量，促使人有所行爲。在完美的環境下生活，將使人退化成爲只是植物般的存在。

其實，歷史並非從某個黃金時代開始的。原始人的生活處境，在後世看來，是相當不好的。他被無數的危險圍繞著，而這些危險，對文明人完全沒有威脅，或至少沒有原始時代那個程度的威脅。和後世相比，原始人是極其貧窮與野蠻的。如果他有機會利用我們這個時代的任何成就，例如：治療身體創傷的方法，他肯定會很高興。

另一方面，人類也絕不可能達到某個完美狀態。烏托邦文學作品充斥這樣的想法，認爲某個沒目的與無所謂的狀態是値得嚮往的，並且是人類可能達到的最高幸福境界。這些烏托邦計劃的創作者所描述的社會，不需要任何進一步的改變，因爲一切已經達到最佳可能的狀態。在烏托邦裡，將不再有任何理由要求改善，因爲一切業已完美。歷史演化已經結束。此後，所有的人都將徹底幸福❹。這些創作者從來沒有哪一個曾想到，那些他們渴望透過改革使之獲益的人，對於什麼是利益以及什麼不是利益，也許和他們的看法不同。

最近，由於對經濟學研究方法有一個愚蠢的誤解，產生了一個微妙的完美社會概念新版本。爲了研究市場資料變化的影響、種種因應資料變化而調整生產活動的努力，以及利潤與虧損現象，經濟學家建構一個假想的、不可能實現的事態概念，在這個假想事態下，生產活動總是調整到已完全滿足可能滿足的消費者願望，並且市場資料不再有任何進一步的變化。在這個假想世界裡，明天不會和今天有所不同，不會發生任何供需失調，不需要出現任何企業家（調整生產活動）的行爲，企業經營不需要任何倡議、創舉或創新，而是一種由一些機器人，在某些神祕、類似本能的力量驅使下，所執行的無意識、自動過程。對經濟學家來說（而就這一點來說，討論經濟議題的非經濟學家也一樣），要理解一直變個不停的眞實世界到底發生了什麼事，除了拿

❹ 就這個意思來說，馬克思也必須稱爲一個烏托邦主義者。他也嚮往某個狀態，在該狀態下，歷史將會陷入停頓。因爲歷史，在馬克思的思想架構裡，是階級鬥爭史。一旦階級和階級鬥爭遭到廢除，便不可能再有任何歷史。沒錯，《共產黨宣言》只是宣稱，所有以前存在的社會，或者按照恩格斯後來補充的、比較正確的說法，在原始黃金時代的共產社會消失之後出現的所有社會，它們的歷史都是階級鬥爭史，因此《共產黨宣言》並不排除可以解讀爲，在社會主義時代確立之後，有可能出現某種新的歷史內涵。但，馬克思、恩格斯，以及他們追隨者的其他著述完全沒提到，這一種新型態的歷史變化，一種性質和從前階級鬥爭時代的歷史變化根本不同的歷史變化，如何可能出現。

馬克思說，一旦達到共產主義的高級階段，每個人將獲得所需要的一切東西；既然如此，還能期待什麼進一步的變化呢？馬克思認爲，他本人所提出的「科學的」社會主義，和那些他稱爲烏托邦主義者的前輩論述家所提出的社會主義計劃，兩者的差別，不僅涉及未來社會主義國的性質與組織問題，也涉及這個社會主義國家將如何成立的問題。那些遭到馬克思貶損爲烏托邦主義者的論述家，首先擬出某個社會主義天堂的藍圖，然後嘗試說服人民相信該藍圖的實現非常值得追求。馬克思拒絕這個程序。他自稱發現了歷史演化的法則，而根據該法則，社會主義的來臨是不可避免的。他認爲，烏托邦社會主義者的缺點，他們的烏托邦性格，就在於他們期待人民的意志，也就是，人民有意的行爲，將使社會主義來臨，而他本人所謂科學的社會主義則斷言，社會主義將隨著，獨立於人民意志之外的，物質生產力演化而來臨。

眞實世界和前述這種假想的、沒有任何變化的穩定世界相比較，沒有其他辦法。但，經濟學家完全清楚他們假想出來的均勻輪轉經濟（evenly rotating economy）概念只是一個思想工具，在人生活所在、必須有所行爲的眞實世界裡，沒有任何它的對照物。他們甚至想都想不到他們的概念，其只是假想的，用來輔助思考的性質，有什麼人會把握不住。

然而，還是有某些人誤解了這個思想工具的意義與用處。數理經濟學家，從力學理論借來一些比喻名稱，把均勻輪轉經濟叫作靜態經濟，把均勻輪轉經濟裡流行的情況叫作均衡，同時把任何偏離均衡的情況叫作失衡。這種比喻名稱暗示，眞實經濟情況本質上有某種應予譴責的缺點，因爲在眞實經濟裡，失衡情況總是存在，均衡狀態從未實現。相反地，只是想像出來，沒有任何擾動的假想均衡狀態，在數理經濟學家看來，似乎是最令人嚮往的眞實狀態。某些論述家，就這個意思，把變動的經濟裡時常看到的那種競爭，稱作不完全競爭。但，事實是：只有在變動的經濟裡，競爭才可能存在。競爭的功能，恰恰在於掃除失衡，產生傾向達到均衡的趨勢。在靜態均衡的狀態下，不可能有任何競爭，因爲在這種狀態下，競爭者根本沒有切入點，讓他執行某些——比別人畢竟已經執行的——更好滿足消費者的行動。均衡，根據定義，隱含經濟體系裡無論什麼地方都沒有供需失衡的情況，因此不需要任何掃除失衡的行爲，不需要任何企業家活動，也不會出現企業家的利潤或虧損。恰恰是這種沒有利潤的情況，讓數理經濟學家認爲，沒有任何擾動的靜態均衡狀態是最理想的狀態，因爲他們論述的動機受到某一先入偏見的扭曲，認爲企業家是無用的寄生蟲，而利潤則是不義之財。

熱中均衡者也迷惑於「均衡」一詞在情理學方面的模糊含義，儘管這些含義當然完全和經濟學如何利用假想的均衡狀態概念無關。關於人的心情均衡，流行的概念相當模糊，除非加入某些任意的價值判斷，否則無法將其具體化。因此，對於這個模糊的心情均衡或精神平靜的狀態，我們只能說，在這種狀態下，人不會有任何行爲傾向。行爲預設某種不適感，而行爲的唯一目的，只可能是去除這種不適感。因此，心情均衡和完美狀態明顯類似。完全滿足的人漫無目的，他並不行爲，沒有任何刺激他思索的誘因，他整天無所事事地享受生命。這樣神話般的存在，是否值得嚮往，可以存而不論。無庸置疑，活著的人絕不可能達到這種完美與均衡的狀態。但，同樣無庸置疑的是，在眞實生活種種不完美的情況下，飽受折磨與試煉的人，會夢想這種所有他們的願望都已完全實現的狀態。這就是某些人所以熱烈讚美均衡而譴責失衡的原因。

然而，情理學方面的均衡概念和假想的靜態經濟概念兩者的用處，經濟學家絕不可以混淆。假想的靜態經濟概念唯一的用處，是以對比方式，凸顯活生生的行爲人不停的努力，尋求改善他們的生活處境。價値中立的科學觀察家對失衡情況的描述，本身沒有什麼可議之處。只有唯數理是尙的僞經濟學家，以其熱愛社會主義的激情，才會把邏輯經濟學的一個分析工具，轉變成一個烏托邦概念，說它是人間最美好、最値得嚮往的世事狀態。

四、據稱永不間斷的進步趨勢

任何實事求是解釋歷史的學說，絕不可以引用完美的人類狀態等妄想概念。實事求是的歷史解釋，只能從這個基本事實出發：人，像所有其他生物那樣，受到本能衝動的驅使，會保持他自己的生命，並且會盡可能去除任何他所感覺到的不適。絕大多數人就是從這個（保持生命與去除不適的）觀點，評價他們生活所在的環境。從倫理學觀點，把他們這種態度視爲物欲主義而嗤之以鼻是不對的。道德家總是推崇一些據稱比較高尙的目的，而鄙視只是物欲的滿足；但，追求任何比物欲的滿足更爲高尙的目的，肯定都要以一定程度的物質幸福爲先決條件。

對於歷史來說，關於人類只有一個起源或有多個起源的爭論，正如已在前面指出的❺，是一個無關緊要的問題。即使我們假定所有人都是某一群，單獨演化成爲人類的，靈長類動物的後裔，我們也必須考慮到這個事實：人類在很早的時候便分散到全世界各地，於是原來一體的人類分裂成好幾個多少各自孤立的部分。在好幾千年的時間中，每一個這些部分各自過它自己的生活，彼此很少或完全沒有交往。最後由於現代營銷與運輸方法的發展，才結束各個人類族群彼此隔離的狀態。

如果主張所有人類從原始情況到目前狀態的演化過程遵循一定的路線，那無異是在歪曲歷史事實。在歷史事件的更迭中，既沒有一致性，也沒有連續性。如果歷史學家或哲學家沒有任性到自以爲知道什麼應該是人類努力的目標，那就更不容許在描述歷史變遷時，使用成長與衰退、進步與倒退、改善與惡化等等字眼。對於依據什麼標準來鑑別種種文明成就的好與壞或更好與更壞，大家的意見並非完全一致。

但，對於現代資本主義文明物質成就的評價，人類的意見幾乎一致。絕大多數人認爲，這種文明讓普通人享有比較高的生活水準，是很可取的。除了爲數很少而且不斷縮減的言行一致的禁欲主義者群體，很難找到什麼人不希望他們自己、他們家人和

❺ 請參見前文第十章第五節。

朋友享有西方資本主義所提供的物質生活器具。如果人們從這個觀點宣稱，「我們」已經進步到超越以前的處境，他們的這個價值判斷和大多數人相同。但，如果他們以為他們所謂的進步是一個必然的現象，而這是因為世事發展遵循某個將使這個意義的進步永遠持續下去的法則，那麼，他們就錯得離譜了。

要反駁這個以為有一固有的、可以說自動運作的趨勢確保進步的學說，無須指出從前某些文明的歷史，在物質生活進步時期後，出現物質生活衰敗時期或停滯時期。沒有任何理由可以假定，某一歷史演化法則必然朝改善物質生活情況的方向運作，或假定最近盛行的趨勢未來也將持續。所謂經濟進步，是資本財累積超過人口增加的結果。如果這個趨勢讓位給資本累積停滯，甚或資本去累積化，那就不再會有這個意義的進步。

除了最偏執的社會主義者，每個人都同意，過去兩百年經濟情況史無前例的改善，是資本主義的一項成就。現在要是有人假設，在某個不同的社會經濟組織下，經濟仍將繼續傾向愈來愈進步，那我們至少可以說，這假設未免不夠成熟。何況經濟學已經證明，社會主義體系由於無法建立任何形式的經濟計算方法，必將使生產體系完全崩潰。但，社會主義的捍衛者拒絕這個證明，認為考慮不周。即使社會主義者無視社會主義經濟分析的態度是對的，那也證明不了將來在社會主義體制下，經濟進步的趨勢肯定或可能持續。

五、「經濟」自由遭到抑制

一個文明是一定世界觀的產物；一個文明所信奉的哲學，顯現在該文明的每一項成就裡。人們所生產的種種器物，或許可以稱爲物質的。但，在生產活動的安排上，所採用的種種方法，無疑是精神的，是一些理念決定哪些事該作，以及該如何作的結果。一個文明所有部門或分支的活力，都來自一股瀰漫於其意識型態各角落的精神。

稱爲個人主義的哲學，是西方文明的特徵標記；過去幾個世紀對該哲學的透澈闡述，改變了西方所有的社會制度。個人主義主張：理念，不管是好的或是壞的，都源自於某一個人的心靈。只有少數幾個人具備能量構想新理念。但是，由於政治理念，只有被社會接受，才會產生作用，所以贊成或不贊成首倡者的新理念，取決於那些本身沒有能力開展新思維的群眾。沒有什麼能保證，這些爲數眾多的追隨者與墨守成規者，會有智慧使用他們身上的這種權力。他們可以拒絕好的理念、拒絕那些如果採納將使他們獲益的理念，反而支持那些如果採納將使他們嚴重受害的理念。但，如果他們選擇接納那些比較壞的理念，那也並非全是他們的過失。好理念的首倡者，由於未能以更有說服力的方式成功闡明他們的思想，也一樣有過失。人間世事若要朝有利的方向演化，終究須倚賴人類不僅能生出好理念的創作者，而且也能生出好理念的傳遞者與宣傳者。

人類的命運取決於人——當然不是萬無一失——的心靈；對於這個事實，有人也許會覺得感傷而悲嘆。但，這樣悲嘆改變不了現實。事實上，人的優點就在於他有善惡選擇的權力。恰恰是因爲想到這個事實，所以神學家讚美神賦予人善惡選擇的決定權。

群眾無能所潛藏的危險，並不會因爲把最終決定權移轉給某一個或少數幾個獨裁者而完全排除。期待獨裁者總是會推行好理念，是一種幻想。專制獨裁的特徵，是想方設法對任何理念先驅改善同胞命運的努力加以抑制。專制政府的首要目標，是防止任何可能對它本身的霸權造成危害的創新。它的本質，把它推向極端的保守立場；它傾向保持現狀，不管現狀的改變對人民的福祉是多麼有益。它反對新理念，也反對轄下人民任何自發的行爲。

長期來說，即便是最爲暴虐專制的政府，手段無論如何殘酷野蠻，也不是理念的對手。贏得多數民眾支持的意識型態終將占有優勢，摧毀暴君的統治基礎。於是，被壓迫的多數將起義革命，推翻他們的壓迫者。然而，這個結果可能來得太遲，而在這過程中，公共福祉可能已經遭到無可挽回的傷害。另外，起義革命必然意味社會合作秩序陷入暴力騷亂，在人民之間製造難以調和的分裂與仇恨，產生甚至好幾世紀也無法完全抹除的憤怒。所謂憲政制度、民主與民治政府的優點與價值，就在於它們使統治方法與人事的和平改變成爲可能。在以代議政府統治的國家，要移除不受民眾喜歡的統治者和他的統治體系，不需要革命與內戰。如果執政當局和他們處理公共事務的方法不再讓大多數國民高興，他們在下一次選舉就會被其他一些人和另一套處理公共事務的方法取代。

個人主義的哲學就這樣推翻了主張上天恩准君主獨裁統治的專制學說。針對所謂經過宗教擦油儀式的君主擁有據稱神聖的權力，個人主義的哲學反駁說，造物主賦予人某些不可剝奪的權利。針對國家自稱有權利強迫人民接受正統思想，並消滅它所認爲的異端邪說，個人主義的哲學高舉思想自由的大旗。針對那些隨著時間流逝而變得愈來愈令人討厭的古老制度仍然保持屹立不搖，個人主義的哲學訴諸理性評估解決。個人主義的哲學於是開啓了一個自由與繁榮進步的時代。

十八和十九世紀早期的自由主義哲學家完全沒想到，會興起一個新的意識型態，將斷然拒絕一切自由原則與個人主義，並且聲稱使個人完全屈服於某一強迫性權威的指導，是政治行爲最值得嚮往的目標，是最爲高貴的歷史目的，是神創造世人時所想到的一切計劃的完滿結果。不僅對休謨（David Hume）、康多塞（M. J. A. Condorcet）與邊沁（Jeremy Bentham）來說，甚至對黑格爾（Hegel）與約翰·穆勒（John Stuart Mill）來說也一樣，如果在他們那個時代有人預言，二十世紀法國與英美語系國家的論述者與科學家，大多將深情款款地熱烈支持某一，在對異議分子的無情迫害方面，以及在企圖剝奪個人一切自發活動的機會方面，將使所有過去的專制暴政都相形見絀的政府體系，他們肯定會拒絕相信這個預言。如果有人告訴他們，廢除自由、廢除一切人權以及廢除以被統治者同意爲基礎的統治體制，將稱爲自由的解放（liberation），他們肯定會認爲那人是一個瘋子。然而，所有這些預言都已成眞。

對於這個極端與突然的意識型態改變，歷史學家能加以了解，並提出情理學觀點的解釋。但，這種解釋絕非證明，對於產生此一思潮變化的那些僞學說，哲學家與經濟學家所給的分析與批評是錯的。

西方文明讓每個人安全享有的那個自發行爲範圍，是西方文明的基礎。沒錯，向來總是有一些人企圖抑制他人的倡議與創新，但迫害者和思想檢察官的權力從來不是絕對的。這種權力阻止不了希臘哲學及其羅馬分支的崛起，乃至現代科學與哲學的發展。思想先驅受到天賦才能的驅策，儘管面對的盡是敵意與反對，仍然完成創新的工作。創新者無須等待任何人的邀請或命令。他能自主決定、勇往直前，拒絕遵守傳統的教誨。在思想領域，西方大體上總是享有自由的祝福。

然後，西方迎來個人在經商領域的解放，這是稱作經濟學的那一門新哲學的成就。富有創業精神，知道如何改善生產方法，使同胞生活更爲富足的人，有了自由決定的權利。於是，大量生產以滿足大眾需要的資本主義經商原則，給普通人帶來了豐饒的生活物資供應。

若要對西方自由理念的影響有一公正的評估，就必須對照西方和其他某些地方的情況，這些地方從來沒抓住自由的眞正意義。

早在現代西方文明代表民族的祖先脫離原始野蠻的蒙昧狀態之前，某些東方民族便已發展出哲學與科學。有很好的理由假設，古希臘的天文學與數學最初的發展動力，來自於接觸到東方的相關成就。後來當阿拉伯人從他們所征服的民族獲得一部分希臘文明的知識後，一種非凡的穆斯林文化便開始在波斯、美索不達米亞和西班牙蓬勃發展。直到十三世紀，阿拉伯人的學識，並不輸給同一時代西方人的成就。但接著，回教權威強迫人民堅定不移的服從正統觀點，從而就像之前在中國、印度和東正教範圍內所發生的情形那樣，穆斯林國家不再有任何知識活動與獨立思考。相反的，正統的力量和對異議者的迫害，並未能完全壓制西方科學與哲學的聲音，因爲在西方，自由與個人主義的精神已經足夠強大，禁得起一切迫害。從十三世紀開始，所有知識、政治和經濟方面的創新，都出自西方。直到東方因爲和西方接觸而在數十年前開始出現成果，歷史在記錄哲學、科學、文學、科技、政府、經商等方面的偉大人物時，幾乎用不著提到任何東方人。直到西方的理念開始滲入，在東方只看得到停滯與一成不變的守舊。奴隸制度、農奴、賤民、諸如寡婦陪葬或女性纏足等習俗、野蠻的刑罰、大規模的苦難、迷信以及不講求衛生，一點也不會讓東方人他們自己心裡覺得不舒服。由於無法抓住自由與個人主義的意義，所以他們現在欣喜若狂的迷戀集體主義的計劃。

儘管這些都是眾所周知的事實，然而，對於一些旨在由某個權威當局統一制定計劃，以取代每一個人自主計劃的政策，現在有無數人正起勁的給予支持。這些人渴望奴隸制度。

當然，極權主義的捍衛者會反駁說，他們想要廢除的「只是經濟的自由」，而所有「其他的自由」將毫髮無損的保留下來。區分經濟生活領域和非經濟生活領域，正是他們最嚴重的思想謬誤。如果某個無所不能的權威，有權力給每一個人指派他必須執行的任務，那就沒有任何能稱作自由與自主的空間留給他做決定。他只有絕對服從或餓死的選擇[6]。

計劃當局可以召集某些專家成立委員會提供建議，決定是否該給某個年輕人機會，讓他進入某一知識或技藝領域學習與工作。但，這種制度安排只會培養出像鸚鵡學舌那樣一味重複前輩理念的弟子。它會攔住創新者，就因爲創新者不同意公認的想法。如果創新者需要某些人事先核准，而這些人的學說正是他想要背棄的，任何創新都不可能完成。黑格爾肯定不會任用叔本華（Schopenhauer）或費爾巴哈（Feuerbach），而Karl Heinrich Rau教授也不會任用馬克思或門格爾（Carl Menger）。如果最高計劃當局將最終決定什麼書該出版、什麼人該在實驗室做實驗、什麼人該畫畫或雕塑，以及科技方法該進行什麼改變，那就不會有任何改善或進步。每一個人都將成爲統治者手中的卒子，在當局的「社會工程」計劃中，當局將像工程師處理那些用來建造房屋、橋梁和機器的材料那樣處理每一個人。在每一個生活領域，每一項創新，不僅對所有墨守成規者，以及對傳統方法的專家與從業人員來說，是一個挑戰，而且對本身曾經是創新者的那些人來說，甚至是一個更不想看到的挑戰。每一項創新最初遇到的，主要是頑固的反對。在經濟自由的社會裡，創新障礙

❻ Hayek, *The Road to Serfdom* (London, 1944), p. 66 ff; Mises, *Socialism*, p. 589.

可以克服。在社會主義的社會裡，創新障礙就難以克服了。

個人自由的眞諦，是個人有機會背離傳統的想法和做法。如果由某一建制權威統一制定計劃，個人便不可能自主計劃。

六、未來的不確定性

歷史最突出的事實是，歷史是由一系列事先任何人都預料不到的事件串起來的。最有遠見的政治家與商人所預見的，頂多是近期將會發生的情況，而這又得假設意識型態和一般情況在預測期間大體上將不會發生激烈的變化。英國與法國那些以他們的著述啓動了法國大革命的哲學家，以及所有西方國家那些熱情歡呼這個偉大歷史轉折最初幾步發展的思想家與詩人，既沒預料到恐怖統治，也沒預料到巴貝夫（F. N. Babeuf）和追隨者會很快重新定義平等原則。那些以他們的理論推翻了箝制經濟自由的前資本主義經濟學家，以及那些以他們的營生買賣啓動了工業革命的商人，沒有哪一個預料到自由企業種種史無前例的成就，或預料到資本主義下受益最大的那些人會懷著敵意反對資本主義。那些把威爾遜總統「使民主在這世界不再受威脅」的政策，視爲萬應靈藥的外交理想主義者，事先並未看出該政策的實際效果。

預言家預測未來的歷史發展時必然會犯下的謬誤，在於他們假定：除了他們本身已經知道的那些理念，絕不會有其他任何理念影響人的心思。例如：黑格爾、孔德和馬克思等幾個最爲出名的預言家，從未懷疑他們自己無所不知。他們每一個都完全相信，他自己就是那股深謀遠慮，引導著一切人間世事發展的神祕力量，挑選出來圓滿結束歷史變遷演化的那個人。此後，歷史不可能發生任何重大的改變。人們將不再需要思考。只有一個任務留待未來的世代完成，那就是：按照傳達天命的使者所留下的箴言安排一切事務。在這方面，穆罕默德與馬克思之間，以及中古世紀的宗教審判官與孔德之間，並沒有任何差別。

到目前爲止，在西方，沒有任何宣揚穩定化與僵化的使者，成功抹除了個人天生會思考、會應用理性審酌一切問題的性格。對於那些聲稱準確知道人類未來會發生什麼事的學說，歷史和哲學所能斷言的，沒有別的，只有前面那一句話。

路德維希·馮·米塞斯（Ludwig von Mises）年表

年代	生平記事
一八八一	九月二十九日出生於奧匈帝國加利西亞蘭堡（現烏克蘭利沃夫）。
一九〇〇	就讀維也納大學，在那裡受到了卡爾·門格爾的影響。
一九〇四－一九一四	受教於奧地利經濟學派學者歐根·博姆·巴維克。結識了著名社會學家馬克思·韋伯。
一九〇六	取得維也納大學法律和經濟學博士學位。
一九〇九－一九三四	擔任維也納商會的祕書，實質為奧地利政府的首席經濟顧問。
一九一二	《貨幣與信用原理》（*The Theory of Money and Credit*）出版。
一九一三－一九三四	於維也納大學以私人講師（Privatdozent）身分授課，主持一個經濟理論研究班。
一九一九	*Nation, State, and Economy* 出版。
一九二二	《社會主義：經濟與社會學的分析》（*Socialism: An Economic and Sociological Analysis*）出版。

年代	生平記事
一九二七	《自由與繁榮的國度》（*Liberalismus:In the Classical Tradition*）出版（一九六二年譯成英文版，以新標題 *The Free and Prosperous Commonwealth* 發表）。
一九二九	*A Critique of Interventionism* 出版。
一九三三	《經濟學的認識論問題》（*Epistemological Problems of Economics*）出版。
一九三四－一九四〇	為了躲避納粹對奧地利的威脅，前往瑞士的日內瓦高級國際關係學院擔任國際研究學院的教授。
一九四〇	移居紐約。*Memoirs* 出版。
一九四一	*Interventionism: An Economic Analysis* 出版。
一九四四	《官僚制》（*Bureaucracy*）與《全能政府：極權國家與總體戰爭的興起》（*Omnipotent Government: The Rise of the Total State and Total War*）出版。

年代	生平記事
一九四五—一九六九	擔任紐約大學的客座教授直到退休為止，不過他始終沒有從大學領取薪資。在此期間，米塞斯參與由奧地利流亡者，時任紐約大學教員的理察·尼古拉斯·馮·康登霍維—凱勒奇領導的國際泛歐聯盟，並著手解決當中的貨幣問題。
一九四七	米塞斯與和其他支持古典自由主義的學者一起創辦了朝聖山學社（Mont Pelerin Society）。 *Planned Chaos* 與 *Observations on the Cooperative Movement* 出版。
一九四九	《人的行為：經濟學專論》（*Human Action: A Treatise On Economics*）出版。
一九五二	*Planning for Freedom, and Other Essays and Addresses* 出版。
一九五六	《反資本主義者的心境》（*The Anti-Capitalistic Mentality*）出版。
一九五七	《理論與歷史：對社會與經濟演變的一個解讀》（*Theory and History: An Interpretation of Social and Economic Evolution*）出版。

年代	生平記事
一九六二	《經濟學的終極基礎：經濟學方法論》（*The Ultimate Foundations of Economic Science: An Essay on Method*）出版。
一九六九	《奧地利經濟學派的歷史背景》（*The Historical Setting of the Austrian School of Economics*）出版。
一九七三	十月十日逝世於美國紐約州紐約市（九十二歲）。
一九七八	《米塞斯回憶錄》（*Notes and Recollections*）出版。 *On the Manipulation of Money and Credit* 出版。 *The Clash of Group Interests and Other Essays* 出版。
一九七九	*Economics Policy: Thoughts for Today and Tomorrow* 出版。
一九八二	米塞斯研究所成立，位於美國阿拉巴馬州歐本市，研究的領域包括經濟學、哲學和政治經濟學。除了紀念奧地利經濟學派的經濟學家路德維希．馮．米塞斯，更發揚奧地利學派的經濟和政治理念。除了數千篇關於經濟和歷史問題的熱門文章之外，研究所還發行了許多書籍和數百篇學術論文。

年代	生平記事
一九八六	米塞斯學院成立。每年舉辦夏季教學活動，教學計劃包括學者的演講和授課，通常有一〇〇至一二五名來自世界各地的學生。
一九九〇	《貨幣、方法與市場過程》（*Money, Method and the Market Process*）出版。
一九九〇	*Economic Freedom and Interventionism: An Anthology of Articles and Essays* 出版。
一九九五	Mises.org 上線，提供每日社論、學習指南、書目、傳記、電子書研究工具、工作論文、訪問錄以及在線出版物目錄。為世界上訪問量最大的經濟學網站之一。

索引

A

B

C

D

F

G

I

J

K

L

M

N

P

Q

R

T

U

V

W

Z

經典名著文庫 088

理論與歷史：對社會與經濟演變的一個解讀（第四版）

(Theory and History: An Interpretation of Social and Economic Evolution)

作　　者 —— 路德維希・馮・米塞斯（Ludwig von Mises）
譯　　者 —— 謝宗林
文庫策劃 —— 楊榮川
編輯主編 —— 張毓芬
責任編輯 —— 唐　筠
文字校對 —— 黃志誠
封面設計 —— 姚孝慈
著者繪像 —— 莊河源
出 版 者 —— 五南圖書出版股份有限公司
發 行 人 —— 楊榮川
總 經 理 —— 楊士清
總 編 輯 —— 楊秀麗
地　　址 —— 106 臺北市大安區和平東路二段 339 號 4 樓
電　　話 —— 02-27055066（代表號）
傳　　眞 —— 02-27066100
網　　址 —— https://www.wunan.com.tw
電子郵件 —— wunan@wunan.com.tw
劃撥帳號 —— 01068953
戶　　名 —— 五南圖書出版股份有限公司
法律顧問 —— 林勝安律師
出版日期 —— 2019 年 8 月初版一刷
2022 年 1 月二版一刷
2023 年 5 月三版一刷
2025 年 2 月四版一刷
定　　價 —— 580 元

國家圖書館出版品預行編目資料

理論與歷史：對社會與經濟演變的一個解讀 / 路德維希 . 馮 . 米塞斯 (Ludwig von Mises) 著；謝宗林譯 . — 四版 . — 臺北市：五南圖書出版股份有限公司，2025.02
面；公分 . --（經典名著文庫；88）
譯自：Theory and history : an interpretation of social and economic evolution
ISBN 978-626-423-044-5（平裝）

1.CST: 經濟理論　2.CST: 歷史哲學

550.1　　113019281